한 권으로 끝내는

# 인사·노무
# 실무가이드

# 1

한 권으로 끝내는

# 인사
# 노무
## 실무가이드

**공인노무사** 이승주·최지희 지음

**2024**
**최신개정판**

새로운제안

"노동법 책들을 몇 권 사봤는데 너무 어려워요!"

초판을 출간하기 한참 전 주말마다 필자에게 노동법 과외를 받던 한 CEO의 말이었다. 그러면서 그분은 필자에게 독자들이 이해하기 쉽게 쓴 몇 권의 세무·회계 관련 책을 보여줬다. 필자는 그분의 말에 전적으로 공감할 수밖에 없었다. 그분 말처럼 시중에 나와 있는 노동법 관련 책들이 많지도 않을 뿐만 아니라, 몇 권 나와 있는 책들도 독자들 입장에서 쉽게 접근하기 어려운 것들이 대부분이라는 것을 부인할 수 없었기 때문이다.

그날의 일이 자극제가 되어 이 책의 저술 작업이 본격적으로 시작되었다. 사실 필자가 인사·노무 관련 실무서적을 출간할 욕심을 가진 것은 오래된 일이다. 지금으로부터 13년 전 13년간의 대기업 생활을 마치고 퇴사한 직후부터였으니까 말이다. 그러나 지금 돌이켜 생각해보면 그때의 생각은 과욕 중의 과욕이었다. 필자가 대기업에서 경험한 인사·노무 업무는 과장하자면 '장님이 코끼리 다리를 만진 경험'에 불과했기 때문이다.

그때로부터 벌써 많은 시간이 흘렀다. 퇴사 후 상공회의소, 기업 현장 등에서 강의와 상담, 자문을 하면서 회사나 근로자들이 가장 궁금해 하는 부분이 무엇인지를 어느 정도 알게 되었고, 그래서 독자들이 원하는 책을 쓸 수 있겠다는 자신감을 갖게 된 것도 이 책을 쓰게 한 원동력 중의 하나가 되었다.

"독자들이 이해하기 어려운 책은 이미 죽은 책이다!"

필자가 이 책을 구상하면서, 그리고 저술하면서 하루도 잊지 않았던 화두이다. 그래서 이 책은 철저하게 독자의 관점에서 다음과 같은 원칙 아래 만들어졌다.

1) 채용(입사) 이전부터 퇴직(퇴사) 이후까지 실무 현장에서 가장 궁금해 하는 주요 이슈를 모두 다룸으로써, 이 책 한 권만으로도 인사 · 노무관리 전반을 이해할 수 있도록 한다.

2) 모든 내용을 교과서식의 서술이 아닌 Q&A(문답)식으로 쉽게 서술한다.

3) 가급적 하나의 이슈에 대한 분량이 1페이지를 넘지 않도록 하여 가독성을 최대한 높인다.

4) 어려운 부분은 사례(관련 판례 및 행정해석, 예시 등)나 그림, 표 등을 이용하여 최대한 이해하기 쉽도록 설명한다.

5) 불필요한 이론적인 부분들은 철저히 배제하고, 실제 현장 및 실무에서 꼭 필요한 내용으로 채운다.


필자가 위와 같은 방향을 잡고 책을 쉽게 쓴다고 했지만 전문가의 시각과 일반인의 시각은 다를 수밖에 없었다. 쉽게 쓴다고 쓴 원고도 일반인에게는 어렵게 느껴졌기 때문이다. 그러나 다행히도 이러한 문제는 이 책을 출간한 출판사 대표를 만나 자연스럽게 극복되었다. 본인 스스로 CEO로서 인사 · 노무에 관심이 많았던 터라 애정을 갖고 많은 조언과 지적을 아끼지 않았다. 이 때문에 이 책이 출판되는 데까지 시간이 더 걸리긴 했지만, 독자들에게 더욱 쉽게 다가갈 수 있는 책이 될 수 있지 않았나 생각한다.

"베스트셀러보다는 스테디셀러를 목표로!"

노동 관계 법령만큼 자주 개정되는 법이 없다고 해도 과언이 아닐 것이다. 특히 최근에는 근로시간, 직장 내 괴롭힘, 휴가, 휴일, 모성보호 및 일·가정 양립 지원, 노사협의회 등과 관련된 법령과 판례 및 행정해석에 큰 변화가 있었다. 2024년 개정판은 이와 같이 최근까지 바뀐 부분들을 모두 반영했을 뿐만 아니라, 다소 딱딱한 표현들을 더 부드럽게 다듬었다.

초판 출간일로부터 어느덧 9년 이상의 세월이 흘렀다. 전문분야, 특히 그동안 시장에서 큰 관심을 끌지 못했던 인사·노무 분야의 책으로 이렇게 꾸준히 개정판을 낼 수 있게 된 것은 무엇보다 독자들의 사랑의 힘이 크다고 할 것이다. 여러모로 부족한 이 책을 선택해 주시고 또 아낌없는 조언을 해주신 독자들께 이 자리를 빌려 무한한 감사의 인사를 전하며, 계속해서 꾸준한 사랑을 받는 책이 될 수 있도록 절차탁마(切磋琢磨)의 자세를 견지할 것을 다짐해 본다.

대표저자 이승주

## 제1장  모집 · 채용 및 근로계약

# 제3장 근로시간 및 휴게

## 제4장 휴일 및 휴가

## 제6장 취업규칙

## 제7장　노사협의회 및 고충처리

# 제8장 해고 등 징벌

## 제9장　근로관계 종료

## 부록

◆ 약칭(略稱) 설명

근기법 : 근로기준법

근로자의날법 : 근로자의 날 제정에 관한 법률

연령차별금지법 : 고용상 연령차별금지 및 고령자고용촉진에 관한 법률

남녀고평법 : 남녀고용평등과 일·가정 양립 지원에 관한 법률

기간제법 : 기간제 및 단시간근로자 보호 등에 관한 법률

파견법 : 파견근로자보호 등에 관한 법률

퇴직급여법 : 근로자퇴직급여보장법

산재법 : 산업재해보상보험법

근참법 : 근로자참여 및 협력증진에 관한 법률

개인정보법 : 개인정보보호법

채용절차법 : 채용절차의 공정화에 관한 법률

공휴일규정 : 관공서의 공휴일에 관한 규정

감독관규정 : 근로감독관 집무규정

노동위규칙 : 노동위원회 규칙

대판 : 대법원 판례

고판 : 고등법원 판례

지판 : 지방법원 판례

행판 : 행정법원 판례

지노위 : 지방노동위원회

중노위 : 중앙노동위원회

# 제1장

# 모집·채용 및 근로계약

## [모집 · 채용 시 유의사항]

# 모집 · 채용 단계에서 유의해야 할 사항으로는 무엇이 있나요?

■ ■ ■ ■ ■ ■ ■ ■

모집 · 채용 단계에서 합리적인 이유 없이 연령 · 성별에 따른 차별을 하거나, 거짓 구인광고를 할 경우 형사처벌 대상이 됩니다.

근로기준법 등 노동관계법령은 근로계약을 체결한 이후에 적용되는 것이 원칙이다. 그러나 모집 · 채용 단계에서 합리적인 이유 없이 연령 · 성별에 따른 차별을 하는 것은 관련 법에 따라 금지된다(위반 시 각각 500만원 이하의 벌금).[1] 또한 회사는 여성근로자를 모집 · 채용할 때 그 직무의 수행에 필요하지 않은 용모 · 키 · 체중 등의 신체적 조건, 미혼 조건 등의 조건을 제시하거나 요구해서는 안 된다.[2]

다만, 직무의 성격에 비추어 특정 연령기준이나 성(성별)이 불가피하게 요구되는 경우는 이와 같은 차별금지의무 위반으로 보지 않는다.[3]

그리고 회사는 거짓 구인광고를 하거나 거짓 구인조건을 제시해서는 안 된다(위반 시 5년 이하의 징역 또는 5,000만원 이하의 벌금).[4] 따라서 신문 · 잡지, 그 밖의 간행물, 유선 · 무선방송, 컴퓨터통신, 간판, 벽보 또는 그 밖의 방법에 의해 구인광고를 하는 경우 구인자가 제시한 직종 · 고용형태 · 근로조건 등이 사실과 다르지 않도록 각별히 유의할 필요가 있다.[5]

1) 연령차별금지법 제4조의4 제1항 · 제23조의3 제2항, 남녀고평법 제7조 제1항 · 제37조 제4항 제1호

2) 남녀고평법 제7조 제2항

3) 연령차별금지법 제4조의5 제1호, 남녀고평법 제2조 제1호 가목

4) 직업안정법 제34조 제1항 · 제47조 제6호, 채용절차법 제4조 제1항 · 제16조

5) 직업안정법 시행령 제34조

# 모집 · 채용 단계에서 개인정보 수집은 어디까지 허용되나요?

**02**

모집 · 채용 단계에서 개인정보 수집은 원칙적으로 허용되지 않으며, 특히 주민등록번호나 범죄경력자료 등에 대한 수집은 엄격히 금지됩니다.

개인정보보호법상 '개인정보'란 살아 있는 개인에 관한 정보로서, 성명 · 주민등록번호 및 영상 등을 통해 개인을 알아볼 수 있는 정보를 말한다.[1]

이와 같은 개인정보 중 '고유식별정보'와 '민감정보'에 대해서는 법령에서 수집을 요구하거나 허용하는 경우를 제외하고는 다른 개인정보의 처리에 대한 동의와 별도로 동의를 받은 경우에 한해서만 수집할 수 있다. 다만, 고유식별정보 중 '주민등록번호'의 경우 원칙적으로 법령에서 구체적으로 허용한 경우에 한해서만 수집할 수 있다(위반 시 5년 이하의 징역 또는 5,000만원 이하의 벌금).[2]

따라서 모집 · 채용 단계에서는 이력서와 자기소개서 등 기본적인 자료만 제출받고 불필요한 개인정보 수집은 피해야 하며, 채용 합격자에 한해 필요한 개인정보를 법이 정한 바에 따라 수집할 필요가 있다(채용 합격자의 경우 4대보험 자격 취득 신고 등을 위해 주민등록번호 등을 수집하는 것이 가능).

☑ **고유식별정보**
주민등록번호, 운전면허번호, 여권번호, 외국인등록번호

☑ **민감정보**
사상 · 신념, 노동조합 · 정당의 가입 · 탈퇴, 정치적 견해, 건강, 성생활 등에 관한 정보, 유전정보, 범죄경력자료 등

[1] 개인정보법 제2조 제1호
[2] 개인정보법 제23조 · 제24조 · 제71조 제3호 및 제4호

# 03

## 근로계약 체결 시 근로계약서를 반드시 교부해야 하나요?

■ ■ ■ ■ ■ ■ ■ ■ ■ ■

근로계약 체결 시에는 ① 임금의 구성항목 · 계산방법 · 지급방법, ② 소정근로시간, ③ 휴일 ④ 연차 유급휴가가 명시된 서면을 근로자에게 교부해야 합니다.

✓ 소정근로시간
법정근로시간 내에서 회사와 근로자 간에 근로하기로 정한 시간

　　회사는 근로계약을 체결할 때 근로자에게 ① 임금, ② 소정근로시간, ③ 휴일 ④ 연차 유급휴가, ⑤ 취업의 장소와 종사해야 할 업무에 관한 사항 등을 명시해야 하며, 특히 임금의 구성항목 · 계산방법 · 지급방법, 소정근로시간, 휴일, 연차 유급휴가가 명시된 서면을 근로자에게 교부해야 한다.

　　또한 위 ①~④에 관한 사항이 단체협약, 취업규칙, 법령의 변경 등으로 인해 변경되는 경우 근로자의 요구가 있으면 그 근로자에게 교부해야 한다(위반 시 500만원 이하의 벌금).[1] 아울러 회사는 근로자명부(부록 #1 참조)와 근로계약서(부록 #2 표준근로계약서 참조) 등 근로계약에 관한 중요한 서류를 3년간 보존해야 한다(위반 시 500만원 이하의 과태료).[2]

　　이와 관련하여 향후 근로계약서 교부 여부에 관해 분쟁이 있을 수 있으므로 근로자가 근로계약서를 교부받았음을 입증할 수 있는 별도의 확인을 받아둘 필요가 있다.

---

1) 근기법 제17조 · 제114조, 근기법 시행령 제8조
2) 근기법 제42조 · 제116조, 근기법 시행령 제22조 제1항

【주문】피고인을 벌금 100만원에 처한다.

【이유】범죄사실

피고인은 서울 ○○구에 있는 ○○병원의 대표로서 상시근로자 600여 명을 사용하여 의료업을 운영하는 사용자이다.

## 1. 휴게시간 미부여의 점

회사는 근로시간이 4시간인 경우에는 30분 이상, 8시간인 경우에는 1시간 이상의 휴게시간을 근로시간 도중에 주어야 한다. 그럼에도 불구하고, 병원은 2010.8.29.부터 2011.8.31.까지 야간경비 업무를 수행하였던 근로자 A와, 2006.4.9.부터 2011.12.10.까지 구급차 등 운전 및 주차관리 업무를 수행하였던 근로자 B에게 위와 같은 휴게시간을 부여하지 않았다.

## 2. 근로조건 불명시의 점

회사는 근로계약을 체결할 때 근로자에 대하여 임금, 근로시간 기타의 근로조건을 명시하여야 하고, 이 경우 임금의 구성항목, 계산방법 및 지불방법에 관하여 서면으로 명시하여야 한다. 그럼에도 불구하고, 병원은 2010.8.29. 근로자 A와 근로계약을 체결하면서 임금의 구성항목, 계산방법 및 지불방법 등 근로조건에 관하여 서면으로 명시하지 않았다.

－서울남부지판 2012고정4007－

# 04

## 아르바이트생에게도 근로계약서를 교부해야 하나요?

■ ■ ■ ■ ■ ■ ■ ■ ■ ▥ ▧

아르바이트생, 파트타이머 등에 대해서도 주요 근로조건에 대한 명시의무 외에 서면 교부의무가 부과됩니다.

---

☑ **기간의 정함이 없는 근로자**

근로계약기간 만료로 근로관계가 자동종료되는 계약직 근로자와 달리 특별한 사정이 없는 한 회사가 정한 정년까지 고용이 보장된 근로자(이른바 '정규직')를 말함

**계약직이나** 아르바이트생, 파트타이머에 대해서는 다음의 근로조건에 대한 명시의무(위반 시 500만원 이하 과태료)[1] 외에 ① 임금의 구성항목·계산방법·지급방법, ② 소정근로시간, ③ 휴일, ④ 연차 유급휴가가 명시된 서면을 근로자에게 교부해야 할 의무를 부담한다(위반 시 500만원 이하의 벌금)[2].

① 근로계약기간에 관한 사항

② 근로시간·휴게에 관한 사항

③ 임금의 구성항목·계산방법 및 지불방법에 관한 사항

④ 휴일·휴가에 관한 사항

⑤ 취업의 장소와 종사해야 할 업무에 관한 사항

⑥ 근로일 및 근로일별 근로시간(단시간 근로자에 한함)

이와 같이 계약직이나 아르바이트생, 파트타이머의 경우 벌금과 과태료가 함께 부과될 수 있다는 점에서 기간의 정함이 없는 근로자보다 더 엄격한 보호를 받는다는 점을 유의할 필요가 있다[3].

1) 기간제법 제17조·제24조 제2항 제2호
2) 근기법 제17조·제114조, 근기법 시행령 제8조
3) 기간제 및 단시간근로자의 근로조건 서면명시와 관련하여 「근로기준법」과 「기간제법」은 일반법과 특별법의 관계에 있다고 보기 어려우므로 두 법률이 모두 적용됨(근로기준정책과-5099, 2017.8.18.).

# 명시된 근로조건이 사실과 다를 경우 근로자가 취할 수 있는 방법은 무엇이 있나요?

**05**

■ ■ ■ ■ ■ ■ ■ ■ ■  ■ ■

손해배상 청구 및 근로계약 해제, 직업안정법 및 채용절차법 위반을 이유로 한 진정·고소 등이 가능합니다.

임금, 소정근로시간, 주 휴일, 연차 유급휴가 등 명시된 근로조건이 사실과 다를 경우 근로자는 노동위원회에 회사를 상대로 근로조건 위반을 이유로 손해배상을 청구할 수 있으며, 즉시 근로계약을 해제할 수 있다. 그리고 근로계약이 해제되었을 때 회사는 근로한 기간에 대한 미지급임금은 물론, 취업을 목적으로 거주를 변경하는 근로자에게 귀향여비를 지급해야 한다.[1]

또한 회사가 실제 제시한 직종·고용형태·근로조건 등이 구인광고 또는 구인조건 제시 당시의 그것과 현저히 다를 경우 근로자는 직업안정법 및 채용절차법에서 금지하고 있는 거짓 구인광고 또는 거짓 구인조건 제시를 이유로 고용노동부에 진정이나 고소를 제기할 수 있으며, 이 경우 회사는 5년 이하의 징역 또는 5,000만원 이하의 벌금에 처해질 수 있다.[2]

따라서 회사는 근로조건을 사실과 다르게 명시하는 일이 없도록 각별히 유의해야 한다.

☑ **소정근로시간**
법정근로시간 내에서 회사와 근로자 간에 근로하기로 정한 시간

---

1) 근기법 제19조

2) 직업안정법 제34조 제1항·제47조 제6호, 채용절차법 제4조 제1항

[근로계약 체결]

# 개인 이메일로 근로조건을 통보한 경우 근로계약서 서면 교부의무를 다했다고 볼 수 있나요?

■■■■■■■■

이메일은 서면으로 볼 수 없어 이메일로 근로조건을 통보한 경우 서면 교부의무를 다했다고 볼 수 없습니다.

근로기준법에서는 임금의 구성항목·계산방법·지급방법 등이 명시된 서면을 근로자에게 교부해야 한다고 규정하고 있는데, 여기서 '서면'이란 일정한 내용을 적은 문서를 의미하고, 전자문서는 회사가 전자결재체계를 완비하여 전자문서로 모든 업무를 기안·결재·시행과정을 관리하는 경우 예외적으로 가능하다고 볼 수 있다. 따라서 개인 이메일을 통한 근로조건 명시의 경우 특별한 사정이 없는 한 서면 교부의무를 이행했다고 보기는 어렵다.[1)]

다만, 이와 같이 서면 교부의무나 명시의무를 다하지 않았다 하더라도 그와 같은 의무 위반에 따른 벌칙을 받을 수는 있으나, 근로계약관계 자체가 성립되지 않았다고 볼 수는 없다. 따라서 실제로 근로를 제공한 사실이 있다면 근로계약서 작성이나 교부, 임금지급 여부와 관계없이 근로계약관계가 성립된 것으로 보아야 한다.

---

1) 근로개선정책과-1128, 2012.
2.7.

# 채용을 확정짓고 입사일을 통보한 이후에도 채용 취소가 가능한가요?

**07**

■ ■ ■ ■ ■ ■ ■ ■ ■ ■ ⅱ

채용이 확정되어 입사일까지 통보했다면 입사일로 통보된 날부터 근로계약이 체결된 것으로 봅니다.

채용을 확정짓고 입사일까지 통보했다면 실제 근로 여부와 관계없이 근로계약이 체결된 것으로 보기 때문에 회사는 그때부터 근로를 시켜야 할 뿐만 아니라 정당한 사유가 없는 한 해고를 시킬 수 없다. 따라서 내부 채용절차를 마치고 최종적으로 입사일을 통보할 때에는 최대한 신중을 기할 필요가 있다.

### 관련 판례

피고 회사가 1997.11월경 최종합격통보를 한 사실, 1997.11.30. 열린 입사예정자 소집 간담회에서 늦어도 1998.4.6.까지는 모두 입사일이 지정되어 근무가 시작될 것임이 고지된 사실, 그 후 1997.11월경부터 IMF 구제금융을 받게 되는 경제위기가 도래하자 피고는 1998.6.11.과 12일 개최된 신입사원 간담회에서 신규채용의 취소를 통보한 사실 등을 보았을 때, 피고가 1997.11월경 원고들에게 최종합격통보를 해 줌으로써 원고들과 피고 사이에 근로계약관계가 유효하게 성립되어 늦어도 1998.4.6. 이후에는 원고들이 피고회사의 근로자가 되었다고 할 것이므로 그 후 피고가 원고들에게 한 신규채용의 취소통보는 실질적으로 해고에 해당한다.

―대판 2000다51476―

근로계약이란 근로자가 사용자에게 근로를 제공하고 사용자는 이에 대하여 임금을 지급하는 목적으로 체결된 것으로서 기본적으로 낙성, 불요식의 계약이며, 채용내정이란 본채용 전에 채용할 자를 미리 결정하는 것으로서 그로 인해 사용자와 채용내정자 사이에 근로관계가 성립했다고 보기 위해서는 채용내정의 통지 및 최종합격자 통보 등을 통해 사용자의 채용내정자에 대한 채용의사가 외부적·객관적으로 명확하게 표명되었을 것이 요구된다. 근로계약의 체결에 있어 청약의 유인에 해당하는 사용자의 모집에 대하여 근로자가 서류전형 및 면접절차에 응모, 응시하는 것은 근로계약의 청약에 해당하고 이에 대하여 사용자가 서류전형 및 면접절차 등을 거친 후 행하는 채용내정통지(최종합격통지)는 그 청약에 대한 승낙으로서 이에 따라 채용내정자와 사용자 사이에 해약권을 유보한 근로계약이 성립한다고 할 것이다(대판 000다25910 판결 등 참조).

원고가 피고의 이 사건 채용공고에 응하여 입사지원서를 제출하는 등 지원을 하였고, 피고가 이 사건 채용절차에서 원고에게 이 사건 합격통지를 함으로써, 피고의 원고에 대한 채용의사가 외부적·객관적으로 명확하게 표명되어 원고와 피고 사이에 해약권을 유보한 근로계약이 성립하였다고 봄이 상당하다.

근로계약은 계약 체결에 관한 당사자들의 의사표시에 무효 또는 취소의 사유가 있으면 상대방은 이를 이유로 근로계약의 무효 또는 취소를 주장하여 그에 따른 법률효과의 발생을 부정하거나 소멸시킬 수 있으나, 이 사건 근로계약에 이 사건 채용절차에서 정한 취소 사유가 있다거나 그 의사표시에 무효 또는 취소 사유가 있다고 볼 수 없으므로, 피고의 원고에 대한 이 사건 합격취소결정은 근거 없이 행해진 것으로 부당하여 무효이다.

−제주지판 2019가합13663−

# 용역업체가 변경된 경우 신규업체가 고용을 승계해야 하나요?

■ ■ ■ ■ ■ ■ ■ ■ ■

용역업체 변경 시 고용승계 기대권이 인정되는 경우 신규업체가 종전 용역업체 소속 근로자에 대한 고용을 승계해야 합니다.

영업의 양도라 함은 인적·물적 조직을 그 동일성은 유지하면서 일체로서 이전하는 것으로, 영업 양도가 이루어진 경우에는 원칙적으로 해당 근로자들의 근로관계가 양수하는 기업에 포괄적으로 승계된다.[1]

또한 영업의 양도·양수가 아니라 하더라도 새로운 용역업체가 종전 용역업체 소속 근로자에 대한 고용을 승계하여 새로운 근로관계가 성립될 것이라는 신뢰관계가 형성되었다면, 특별한 사정이 없는 한 근로자에게는 그에 따라 새로운 용역업체로 고용이 승계되리라는 기대권이 인정된다. 이와 같이 고용승계에 대한 기대권이 인정되는 경우 근로자가 고용승계를 원하였는데도 새로운 용역업체가 합리적 이유 없이 고용승계를 거절하는 것은 부당해고와 마찬가지로 효력이 없다.

이때 근로자에게 고용승계에 대한 기대권이 인정되는지 여부는 새로운 용역업체가 종전 용역업체 소속 근로자에 대한 고용을 승계하기로 하는 조항을 포함하고 있는지 여부를 포함한 구체적인 계약내용, 해당 용역계약의 체결 동기와 경위, 도급업

1) 대판 2002다23826

체 사업장에서의 용역업체 변경에 따른 고용승계 관련 기존 관행, 위탁의 대상으로서 근로자가 수행하는 업무의 내용, 새로운 용역업체와 근로자들의 인식 등 근로관계 및 해당 용역계약을 둘러싼 여러 사정을 종합적으로 고려하여 판단한다.[2]

2) 대판 2016두57045

## [근로계약기간]
# 회사와 근로자는 근로계약기간을 자유로이 정할 수 있나요?

■ ■ ■ ■ ■ ■ ■ ▨ ▨ ▨ ▨

근로계약기간은 자유로이 정할 수 있으나, 2년을 초과할 경우 법에 의해 기간의 정함이 없는 근로자로 신분이 바뀌기 때문에 사실상 2년으로 제한됩니다.

근로계약기간은 단지 근로계약의 존속기간에 불과할 뿐 '근로관계에 있어서 임금·근로시간·후생·해고 등 근로자의 대우에 관해 정한 조건'을 의미하는 근로기준법상의 근로조건에 해당하지 않으므로 근로계약 당사자는 원칙적으로 이를 임의로 정할 수 있다.[1]

다만, 계약직 근로자의 계약기간이 2년을 초과할 경우 원칙적으로 기간의 정함이 없는 근로자로 보기 때문에 회사는 2년을 초과하지 않는 범위 내에서만(기간제 근로계약의 반복갱신 등의 경우에는 그 계속근로한 총기간이 2년을 초과하지 않는 범위 안에서) 계약직 근로자를 고용할 수 있다.[2]

따라서 계약직 근로자의 경우 근로계약기간은 사실상 최대 2년으로 제한되며, 2년을 초과한 근로계약기간을 정할 경우 계약직 근로계약으로서의 의미를 갖지 못함을 유의해야 한다.

☑ 기간의 정함이 없는 근로자

근로계약기간 만료로 근로관계가 자동종료되는 계약직 근로자와 달리 특별한 사정이 없는 한 회사가 정한 정년까지 고용이 보장된 근로자(이른바 '정규직')를 말함

1) 대판 95다5783
2) 기간제법 제4조

## [근로계약기간]
# 기간의 정함이 없는(정규직) 근로자와 계약직 근로자의 차이는 무엇인가요?

■ ■ ■ ■ ■ ■ ■ ■ ■

기간의 정함이 없는(정규직) 근로자는 정년까지 고용해야 하나, 계약직 근로자의 경우 계약기간 만료로 근로관계가 자동종료됩니다.

✓ 기간의 정함이 없는 근로자

근로계약기간 만료로 근로관계가 자동종료되는 계약직 근로자와 달리 특별한 사정이 없는 한 회사가 정한 정년까지 고용이 보장된 근로자(이른바 '정규직')를 말함

✓ 근로관계 자동종료 사유

① 사망
② 정년 도래
③ 계약기간 만료

고용의 유연성 유무이다. 기간의 정함이 없는(이하 '정규직') 근로자에 대해서는 해고 경우가 아닌 등의 예외적인 경우가 아닌 한 회사가 정한 정년까지 고용해야 할 의무가 있지만, 계약직 근로자의 경우 해고 사유의 존재 여부와 관계없이 계약기간 만료로 근로관계가 자동종료된다는 차이가 있다.

이와 같은 근로관계 자동종료 사유로는 ① 근로계약기간 만료 외에도 ② 근로자의 사망, ③ 정년 도래가 있다.[1]

간혹 정규직 근로자와 계약직 근로자 간에 퇴직금이나 연차 유급휴가에 있어 차이가 있다고 알고 있는 경우를 볼 수 있다. 그러나 계약직 근로자라 하더라도 계속근로기간이 1년 이상일 경우 퇴직금이 지급되어야 하며, 연차 유급휴가 또한 근로기준법이 정하는 바에 따라 부여해야 한다는 점에서 차이가 없다.

또한 정규직 근로자와 계약직 근로자 간에 임금이나 상여금, 그 밖의 근로조건 및 복리후생에 있어 합리적인 이유 없이 차별이 금지된다는 점도 유의해야 한다.[2]

1) 대판 2007다62840
2) 퇴직급여법 제4조 제1항, 근기법 제60조, 기간제법 제2조 제3호 · 제8조 제1항

# 연봉계약서를 작성했다는 이유만으로 계약직 근로자로 볼 수 있나요?

■■■■■■■■■

11

연봉계약서는 연봉을 정하기 위해 체결된 것으로 볼 수 있기 때문에 연봉계약서를 작성했다는 이유만으로 계약직 근로자라고 단정할 수는 없습니다.

엄밀히 말해 연봉계약은 근로계약 내용 중 임금에 관한 사항을 약정한 것으로 근로계약의 일부라고 할 수 있다. 따라서 연봉계약서가 1년 단위로 작성될 경우 그 기간은 약정된 연봉의 적용기간으로 보는 것이 타당하며, 근로계약기간으로 보기는 어렵다. 결국 계약직 여부에 관한 분쟁을 예방하기 위해서는 계약서상의 기간이 근로계약기간임을 명확히 할 필요가 있다.

### 관련 판례

원고 협회 사무국 규정에 의하면 참가인은 사무직 일반직원으로서 매년 1년 단위로 연봉계약을 하도록 되어 있는 점, 참가인은 원고 협회의 사무집행을 위한 사무국 직원으로서 그 업무가 지속적이고 사무국 직원들 중 기간이 만료되었다는 이유로 퇴사한 직원은 없는 점, 원고가 참가인 등 사무국 직원을 채용하면서 낸 공고에는 급여를 연봉제로 한다는 내용은 있지만 근무기간에 관한 명시적 내용은 없었던 점 등에 비추어 보면, 원고와 참가인 사이의 위 각 근로계약은 참가인의 1년간 연봉을 정하기 위하여 체결된 것으로 보일 뿐 참가인의 근로존속기간을 정한 것이라고 볼 수 없다.

－서울고판 2010누5464－

# 12

## 계약직 근로자를 2년 초과하여 고용할 수 있는 경우가 있나요?

■■■■■■■■ Ⅲ

회사는 관계 법령에서 정한 일정한 사유가 있는 경우 2년을 초과하여 고용하더라도 계약기간 만료 시 근로관계를 종료할 수 있습니다.

√ 전문적 지식·기술 관련 자격

박사학위(외국에서 수여받은 박사학위를 포함) 소지자, 기술사 등급의 국가기술자격 소지자, 건축사, 공인노무사, 공인회계사, 관세사, 변리사, 변호사, 보험계리사, 손해사정사, 감정평가사, 수의사, 세무사, 약사, 한약사, 한약업사, 한약조제사, 의사, 치과의사, 한의사, 경영지도사, 기술지도사, 사업용조종사, 운송용조종사, 항공교통관제사, 항공기관사, 항공사

회사는 다음의 어느 하나에 해당하는 경우에는 예외적으로 2년을 초과하여 계약직 근로자로 고용할 수 있으며,[1] 계약기간 만료 시 근로관계를 종료할 수 있다.

① 사업의 완료 또는 특정한 업무의 완성에 필요한 기간을 정한 경우[2]

② 휴직·파견 등으로 결원이 발생하여 해당 근로자가 복귀할 때까지 그 업무를 대신할 필요가 있는 경우

③ 근로자가 학업, 직업훈련 등을 이수함에 따라 그 이수에 필요한 기간을 정한 경우

④ 고령자(55세 이상자)와 근로계약을 체결하는 경우

⑤ 전문적 지식·기술의 활용이 필요한 경우로서 근로자가 관련 자격을 소지하고 해당 분야에 종사하는 경우

1) 기간제법 제4조 제1항 단서
2) 건설공사 등 유기사업, 특정 프로그램 개발 또는 프로젝트 완수를 위한 사업 등과 같이 원칙적으로 한시적이거나 1회성 사업의 특성을 갖는 경우로 한정(비정규직대책팀 – 1795, 2007.5.15.)

제1장
모집·채용 및 근로계약

# 계약직 근로자를 2년 초과하여 고용할 경우 어떻게 되나요?

**13**

계약직을 2년 초과하여 고용할 경우 기간의 정함이 없는 근로자로 신분이 전환됩니다.

회사가 계약직 근로자를 2년 초과하여 고용할 수 있는 예외사유가 없거나 소멸되었음에도 불구하고 2년을 초과하여 고용하는 경우 그 계약직 근로자는 법에 의해 기간의 정함이 없는 근로자로 간주(자동적으로 신분이 전환)된다.[1]

따라서 이 경우에는 해고사유가 있는 등의 예외적인 사유가 없는 한, 회사는 그 근로자를 회사가 정한 정년까지 고용해야 하는 의무를 부담하게 된다. 그러므로 회사는 계약직 근로자의 근로기간이 2년이 도래하기 전에 계속 고용할지 여부를 결정해야 하며, 이를 게을리 하여 회사의 의도와 달리 기간의 정함이 없는 근로자로 신분이 전환되는 일이 발생하지 않도록 유의해야 한다.

또한 2년을 초과하여 고용했는지 여부를 따질 때는 수습기간을 포함하여 판단하며,[2] 계약직 근로계약이 반복갱신된 경우에는 그 계속근로한 총기간이 2년을 초과했는지 여부로 판단함을 유의해야 한다.

✓ **기간의 정함이 없는 근로자**

근로계약기간 만료로 근로관계가 자동종료되는 계약직 근로자와 달리 특별한 사정이 없는 한 회사가 정한 정년까지 고용이 보장된 근로자(이른바 '정규직')를 말함

1) 기간제법 제4조 제2항
2) 서울행판 2010구합22764

# 14

## 2년 동안 고용한 계약직 근로자를 파견업체에 취업시켜 파견근로자로 사용할 수 있나요?

■ ■ ■ ■ ■ ■ ■ ■

2년 동안 고용한 계약직 근로자를 고용종료한 후 파견업체에 취업시켜 다시 2년간 파견근로자로 고용할 수 있습니다.

근로관계가 종료된 근로자가 파견업체에 취업한 후 다시 계약직 근로자로 근무하던 사업장에서 파견근로를 하더라도, 이는 계약직 근로자로 2년을 초과하여 고용하는 경우가 아니기 때문에(즉 2년을 초과하는 시점부터는 파견근로자로 고용하는 것임), 원칙적으로 그 근로자는 기간의 정함이 없는 근로자가 되는 것이 아니다.[1]

따라서 2년 동안 고용한 계약직 근로자를 고용종료한 후 파견업체에 취업시켜 파견근로자로 고용하는 것이 가능하다. 다만, 이 경우 해당 근로자가 담당하던 업무가 파견 허용업종(부록 #3 참조)이어야 함을 유의해야 한다.

한편, 법원은 기간제법의 적용을 피하는 방편으로 파견근로의 형식을 취하는 경우 최초 2년이 경과한 날부터 기간의 정함이 없는 근로자로 본다는 입장을 취하고 있기 때문에 기간제법의 적용을 회피하기 위한 목적으로 계약형태를 바꾸어 계속근로를 시키는 것은 피해야 한다.

1) 고용차별개선정책과 – 789, 2009.7.23.

기간제 근로계약에 따라 근무하던 근로자인 원고가 사용사업주인 피고에서 지속적으로 근무하기로 하되 기간제법의 즉시 적용을 피하는 한시적 방편 또는 원고가 피고의 정규직 또는 무기계약직으로 전환하는 과정의 일환으로 상정된 원고와 파견사업주인 A 사이의 근로계약이 체결됨에 따라 파견근로의 형식을 취하다 A로부터 계약만료 통보를 받자 원고가 A에 사직서를 제출한 것은 원고와 A 사이의 형식적 근로계약의 종료에 관한 의사표시로 보일 뿐 원고와 피고 사이의 근로계약 종료에 관한 의사표시로는 보기 어렵다.

또한 파견사업주인 A는 채용, 계약기간 만료 통보 등 인사에 관한 사항, 임금에 관한 사항 및 교육훈련 등 고용관계의 유지에 필요한 노무관리에 관한 사항 등 고용관계에 관한 기본적 사항에 관하여 아무런 권한을 행사하지 않아 파견사업주로서의 존재가 형식적·명목적인 것에 지나지 않은 반면, 원고는 사용사업주인 피고와 종속적인 관계에 있었고 사용사업주인 피고가 원고에 대하여 지휘명령을 하였을 뿐 아니라 고용관계에 관한 기본적인 사항에 관하여도 실질적인 주도권을 행사하였으므로, 원고가 A와 근로계약을 체결한 이후에도 원고와 피고 사이에는 묵시적인 근로계약 관계가 유지되고 있었다고 볼 수 있으므로, 피고는 기간제법의 시행 이후 체결된 근로계약에 의하여 2년을 초과한 기간 동안 원고를 기간제 근로자로 사용한 것에 해당하므로 근로계약상의 근로계약기간과는 관계없이 원고는 2년이 경과한 날부터 피고의 기간의 정함이 없는 근로자로 되었다고 보아야 한다.

따라서 원고가 기간의 정함이 없는 근로자임에도 피고가 A를 통하여 근로계약기간 만료를 이유로 이를 통보함으로써 한 해고는 정당한 이유 없이 피고와의 근로관계를 종료시킨 부당해고에 해당하므로 그 효력을 인정할 수 없다.

－서울고판 2012나59376－

# 15

## 파견근로자를 2년간 사용하고 그 근로자를 계약직 근로자로 직접 고용하는 것이 가능한가요?

■ ■ ■ ■ ■ ■ ■ ■ ■ ■

파견근로자를 2년간 사용하고, 그 근로자를 직접 고용하고자 할 경우 원칙적으로 정규직 근로자로 고용해야 합니다.

☑ 기간의 정함이 없는 근로계약

근로계약기간 만료로 근로관계가 자동종료되는 계약직 근로계약과 달리 특별한 사정이 없는 한 회사가 정한 정년까지 고용이 보장된 근로계약(이른바 '정규직 근로계약')을 말함

**파견근로자보호** 등에 관한 법률에 따르면, 회사가 2년을 초과하여 계속적으로 파견근로자를 고용하는 경우에는 해당 파견근로자를 직접 고용하도록 하고 있다(파견금지업무에 파견근로자를 고용한 경우에는 즉시 직접고용).

이와 관련하여 대법원은 "파견근로자 보호 등에 관한 법률 제6조의2 제1항('직접 고용의무 규정')의 입법 취지 및 목적에 비추어 볼 때 특별한 사정이 없는 한 사용사업주는 직접 고용의무 규정에 따라 근로계약을 체결할 때 기간을 정하지 않은 근로계약을 체결하여야 함이 원칙"이라는 입장을 보이고 있다.[1]

따라서 동법에서는 직접 고용의무만 부과하고 있을 뿐 직접 고용하는 경우의 고용형태에 대해서는 달리 규정하고 있지 않기 때문에, 회사가 파견근로자를 직접 고용하고자 하는 경우 계약직 근로계약도 가능하다고 오해하는 일이 없어야 한다.

---

1) 대판 2018다207847

# 상여금을 정규직에게만 지급하고 계약직 근로자에게는 지급하지 않을 경우 문제가 되나요?

## 16

합리적인 이유 없이 상여금을 정규직에게만 지급하고 계약직 근로자에 대해 지급하지 않는 것은 법에 위반됩니다.

회사는 계약직 근로자임을 이유로 해당 사업 또는 사업장에서 동종 또는 유사한 업무에 종사하는 기간의 정함이 없는 근로자에 비해 '차별적 처우'를 해서는 안 된다.[1]

여기서 말하는 차별적 처우란 ① 임금, ② 정기상여금, 명절상여금 등 정기적으로 지급되는 상여금, ③ 경영성과에 따른 성과금, ④ 그 밖에 근로조건 및 복리후생 등에 관한 사항에 있어서 합리적인 이유 없이 불리하게 처우하는 것을 말한다.

따라서 합리적인 이유 없이 상여금을 기간의 정함이 없는 근로자에게만 지급하고 계약직 근로자에 대해 지급하지 않는 것은 법에 위반된다. 다만, 차별적 처우는 합리적인 이유 없이 불리하게 처우하는 것을 말하므로, 임금 및 근로조건의 결정요소(직무, 능력, 기능, 기술, 자격, 경력, 학력, 근속년수, 책임, 업적, 실적 등), 업무의 권한·책임, 업무범위 등에 따라 임금이나 상여금 등에 있어 차이를 두는 경우에는 합리적인 이유가 있어 차별적 처우에 해당하지 않는다고 볼 수 있다.[2]

☑ 기간의 정함이 없는 근로자

근로계약기간 만료로 근로관계가 자동종료되는 계약직 근로자와 달리 특별한 사정이 없는 한 회사가 정한 정년까지 고용이 보장된 근로자(이른바 '정규직')를 말함

1) 기간제법 제2조 제3호·제8조 제1항
2) 고용평등정책과-698, 2010.5.4.

## [근로계약기간]

## 합리적 이유 없이 계약직 근로자를 정규직 근로자와 차별했을 경우 무슨 문제가 발생하나요?

■ ■ ■ ■ ■ ■ ■ ■ ■

차별을 받은 근로자의 신청에 따라 노동위원회가 차별적 처우에 해당된다고 판단하여 시정명령을 내릴 경우 회사는 이를 이행해야 합니다.

☑ **차별적 처우**

① 임금. ② 정기상여금, 명절 상여금 등 정기적으로 지급되는 상여금. ③ 경영성과에 따른 성과금. ④ 그 밖에 근로조건 및 복리후생 등에 관한 사항에 있어서 합리적인 이유 없이 불리하게 처우하는 것을 말함

계약직 근로자는 차별적 처우를 받은 경우 차별적 처우가 있은 날(계속되는 차별적 처우는 그 종료일)부터 6개월 이내에 노동위원회에 그 시정을 신청할 수 있다. 이때 차별적 처우를 하지 않았다는 입증책임은 회사가 부담하며, 노동위원회가 조사·심문을 종료하고 차별적 처우에 해당된다고 판단하여 '차별적 행위 중지, 임금 등 근로조건 개선 또는 적절한 배상'과 같은 시정명령을 내릴 경우 회사는 이를 이행해야 한다. 여기서 배상액은 차별적 처우로 인해 계약직 근로자에게 발생한 손해액을 기준으로 정하며, 회사의 차별적 처우에 명백한 고의가 인정되거나 차별적 처우가 반복되는 경우에는 손해액을 기준으로 3배까지 배상을 명령할 수 있다.[1]

이 경우 회사는 시정명령을 이행해야 하며, 시정명령이 불복절차(중앙노동위원회 재심, 행정소송 등) 등을 거쳐 확정되었음에도 이를 정당한 이유 없이 이행하지 않게 되면 1억원 이하의 과태료에 처하게 된다.[2]

1) 기간제법 제9조 내지 제13조
2) 기간제법 제14조·제24조 제1항

# 차별시정명령은 차별적 처우를 받은 계약직 근로자만 신청할 수 있나요?

## 18

차별적 처우를 받은 계약직 근로자의 신청이 없다 하더라도, 고용노동부가 노동위원회에 차별 처우 사실을 통보하는 경우 차별시정명령이 내려질 수 있습니다.

회사가 차별적 처우를 한 경우 근로자의 시정 신청이 없다 하더라도 고용노동부장관이 그 시정을 요구할 수 있으며, 회사가 이러한 시정요구에 응하지 않을 경우 고용노동부장관은 차별적 처우의 내용을 구체적으로 명시하여 노동위원회에 통보한다.

이 경우 노동위원회는 지체 없이 차별적 처우가 있는지 여부를 심리하여 차별적 처우에 해당된다고 판단하면 시정명령을 내리게 된다. 이때 불복절차나 확정된 시정명령 불이행에 대한 벌칙 등은 계약직 근로자가 시정을 신청한 경우와 동일하다.[1]

또한 고용노동부장관은 확정된 시정명령을 이행할 의무가 있는 회사에서 그 시정명령의 효력이 미치는 근로자 이외의 계약직 근로자에 대해 차별적 처우가 있는지를 조사하여 차별적 처우가 있는 경우에는 그 시정을 요구할 수 있다.[2]

☑ 차별적 처우

① 임금. ② 정기상여금. 명절상여금 등 정기적으로 지급되는 상여금. ③ 경영성과에 따른 성과금. ④ 그 밖에 근로조건 및 복리후생 등에 관한 사항에 있어서 합리적인 이유 없이 불리하게 처우하는 것을 말함(기간제법 제2조 제3호)

1) 기간제법 제15조의2
2) 기간제법 제15조의3

# 19

## 출산전후휴가기간 중 근로계약기간이 만료되는 경우 근로관계를 종료할 수 있나요?

■ ■ ■ ■ ■ ■ ■ ■ ■ ■

출산전후휴가기간, 육아휴직기간, 산재요양기간 중이라 하더라도 근로계약기간이 만료되는 경우 근로관계를 종료할 수 있습니다.

계약직 근로자라 하더라도 법상 허용된 기한까지 출산전후휴가나 육아휴직이 보장되어야 하는 것이 아닌가 하는 의문이 들 수 있다.

1인 이상 사업장에 근무하는 근로자는 계약직 등 근로형태와 관계없이 근로기준법 및 남녀고용평등과 일·가정 양립 지원에 관한 법률에 의한 출산전후휴가 및 육아휴직을 사업주로부터 부여받을 수 있으나, 출산전후휴가·육아휴직기간 중 계약기간이 만료되면 사업주의 의무도 함께 종료되므로 출산전후휴가 및 육아휴직은 종료된다.[1]

따라서 계약직 근로자의 근로계약기간 만료일이 출산휴가나 육아휴직기간 중이라 하더라도 계약기간 만료에 의한 근로관계 종료가 가능하며,[2] 마찬가지 논리로 업무상 재해로 요양 중인 근로자가 요양 중에 계약기간이 만료될 때에도 당초 약정된 계약기간 종료 시에 근로관계를 종료할 수 있다.[3]

---

1) 여성고용과 - 2112, 2010.6.14.
2) 고용평등정책과 - 698, 2010.5.4.
3) 해지 01254 - 16543, 1987.10.17.,
   해지 01254 - 385, 1986.1.10.

# 근로계약기간이 만료했음에도 근로자가 계속 근무한 경우 근로계약관계는 어떻게 되나요?

**20**

■ ■ ■ ■ ■ ■ ■ ■ ■

근로계약기간이 만료했음에도 근로자에게 계속근로하게 한 경우 이전 근로계약과 동일한 조건으로 다시 근로계약(묵시의 갱신)한 것으로 봅니다.

근로계약기간이 만료한 후 근로자가 계속하여 근로를 제공하는 경우에 회사가 상당한 기간 내에 이의를 하지 않은 때에는 이전 근로계약과 동일한 조건으로 다시 근로계약(묵시의 갱신)한 것으로 본다.[1]

따라서 회사는 계약직 근로자의 계약기간 만료일이 도래하기 전에 계속 고용할지 여부를 결정해야 하며, 이를 게을리 하여 회사의 의도와 달리 이전 근로계약과 동일한 조건으로 다시 근로계약을 체결(묵시의 갱신)한 것으로 보는 일이 발생하지 않도록 유의해야 한다.

한편, 이러한 묵시의 갱신이 이루어지는 '상당한 기간'에 대해 법상 정해진 것은 없으나, 14일 정도가 지난 경우도 상당한 기간이 지나지 않았다고 보아 묵시의 갱신을 인정하지 않은 사례가 있음을 참고할 필요가 있다.

1) 민법 제662조 제1항

민법 제662조에 의하면 고용계약이 만료된 후 노무자가 계속하여 노무를 제공하는 경우에 사용자가 상당한 기간 내에 이의를 하지 아니한 때에는 앞의 고용계약과 동일한 조건으로 고용한 것으로 보게 되어 있으므로 당초의 고용계약기간이 1년이었다면 그 연장계약기간도 특단의 사정이 없는 한 1년으로 연장되었다고 보아야 하며 이에 반하는 주장을 하는 경우, 그 주장자에게 입증책임이 있다.

-서울행판 2012구합43536-

원고가 계약기간 만료 후에도 노무를 계속 제공하고 참가인은 상당한 기간이라 할 수 있는 약 2개월 동안이나 그 노무제공에 대하여 이의를 하지 않았던 이상 민법 제662조 제1항에 의하여 원고와 참가인 간의 전속계약은 묵시적으로 갱신되었다고 보아야 할 것이다.

-대판 97누14132-

참가인이 원고와 당초 약정한 근로계약기간을 도과하여 원고를 근무하게 한 것은 사실이나, 그 기간이 12일에 불과하여 그러한 사정만으로 참가인이 원고와 사이의 근로계약을 묵시적으로 갱신한 것이라고 인정하기에 부족하고, 달리 이를 인정할 증거가 없다.

-서울행판 2006구합3377-

근로계약에 정한 계약기간이 당초 채용공고 내용과 다르다고 하더라도 근로계약서의 작성 경위 등에 비추어 당사자가 체결한 근로계약에 기재된 바와 같은 기간의 정함이 있었던 것으로 인정되고, 회사가 계약기간 만료 여부에 관하여 아무런 통보를 하지 아니한 상황에서 근로자가 2010.12.31. 근로계약 만료일을 경과하여 근무한 사실이 있으나, 그 기간이 14일에 불과하여 민법 제662조 제1항에서와 같은 묵시의 갱신에 해당한다고 볼 수 없다.

-중노위 2011부해275-

# 법적으로 수습기간에 제한이 있나요?

**21**

수습기간에 대한 법적인 제한은 없으므로 자유로이 정할 수 있으나, 3개월 이내가 일반적입니다.

수습기간에 대해 법적인 제한은 없다. 다만, 직무의 성질 등을 감안하여 사회통념상 인정되는 범위 내로 설정하는 것이 바람직하며, 3개월에서 6개월 이내가 일반적이다.

근로자에 대해 수습기간을 적용할 것인가의 여부는 취업규칙이나 근로계약에 명시해야 하고, 만약 취업규칙이나 근로계약서에 수습기간이 적용된다고 명시하지 않은 경우에는 수습근로자가 아닌 정식사원으로 채용되었다고 보아야 한다.[1]

### 관련 행정해석

근로기준법에서 수습사용한 날로부터 3개월 이내인 근로자를 해고예고 예외대상자로 규정하고 있을 뿐 수습기간의 길이에 대하여는 규정한 바 없으므로 동 기간의 길이는 당해 직무의 성질을 감안하여 사회통념상 인정되는 범위 내에서 단체협약 또는 취업규칙 등에 정하면 될 것임. 귀 조합의 수습기간에 대하여는 인사규정 및 단체협약에 규정되어 있는 바, 동 협약에서 정한 수습기간의 길이가 3개월을 초과하였다는 이유만으로는 이를 근로기준법 위반으로 볼 수 없음.

—근기 01254-221, 1993.2.12.—

[1] 대판 99다30473

# 22

## 수습근로자에 대해서는 특별한 사유가 없어도 해고가 가능한가요?

■ ■ ■ ■ ■ ■ ■ ■ □ □

수습근로자라 하더라도 객관적으로 합리적인 이유가 존재하여 사회통념상
상당하다고 인정되어야만 해고가 가능합니다.

수습기간 중에 있는 근로자를 해고하거나 수습기간 만료
시 본계약의 체결을 거부하는 것은 해당 근로자의 업무능력, 자
질, 인품, 성실성 등 업무적격성을 관찰·판단하려는 수습제도
의 취지·목적에 비추어 볼 때 보통의 해고보다는 넓게 인정되
지만, 이 경우에도 객관적으로 합리적인 이유가 존재하여 사회
통념상 상당하다고 인정되어야 한다.[1]

**관련 판례**

> 회사는 창사 이후 수습사원을 채용 취소한 적이 한 번도 없었고,
> 수습사원들에 대하여 수습평가의 기준과 방법 등이 제대로 공고
> 되거나 교육되지도 않은 것으로 보이며, 수습사원평가표에 의한
> 계량화된 수습평가제도 자체가 수습기간 만료 월 이후에 수립되
> 어 수습기간 동안 위 평가표에 의한 지속적인 평가가 이루어져
> 온 것으로 보기에는 부족한 측면이 있는 점 등을 종합하여 보면,
> 비록 근로자들이 수습평가 결과 채용취소가 가능한 '미' 등급을
> 받았다 할지라도, 사회통념상 정식 채용을 거부할 정도로 객관적
> 이고 합리적인 이유가 있다고는 판단되지 않는다.
>
> —서울행판 2002구합7210—

---

[1] 대판 92다15710, 대판 92다
44695, 대판 2003다50580

# 수습 직원에 대해서도 반드시 최저임금 이상을 지급해야 하나요?

## 23

근로계약기간을 1년 이상으로 정한 경우 수습기간 3개월까지 최저임금의 90% 이상만 지급해도 됩니다(단순노무업무 종사자 제외).

수습기간은 업무를 배우는 기간이므로 최저임금보다 감액된 임금을 지급할 수 있으나, 그 기간은 수습기간 3개월까지로 제한되며 최저임금보다 감액한다 하더라도 최소한 최저임금의 90% 이상을 지급해야 한다.

다만, ① 근로계약기간을 1년 미만으로 정한 경우와 ② 단순노무업무로 고용노동부장관이 고시하는 직종에 종사하는 근로자[1]의 경우는 기능숙련 기간이 필요하지 아니하여 최저임금을 감액 지급할 필요가 없으므로 수습기간이라 하더라도 최저임금 이상을 지급해야 한다.[2]

1) 한국표준직업분류상 대분류 9(단순노무 종사자)에 해당하는 사람(고용노동부고시 제2018-23호): 건설 및 광업, 운송, 제조, 청소 및 경비, 가사·음식 및 판매, 농림·어업 및 기타 서비스 관련 단순 노무직

2) 최저임금법 제5조 제2항, 최저임금법 시행령 제3조

# 24

## 수습기간도 연차휴가 부여나 퇴직금 지급을 위한 계속근로기간에 포함되나요?

■ ■ ■ ■ ■ ■ ■ ■ ▪ ▪

연차휴가 부여나 퇴직금 지급을 위한 계속근로기간은 수습기간을 포함하여 산정합니다.

퇴직금은 1년 이상 계속하여 근로한 경우 계속근로연수 1년에 대해 평균임금의 30일분 이상을 지급해야 하는 것이며, 수습기간은 근로계약을 체결한 이후의 기간이므로 연차휴가 부여나 퇴직금 지급을 위한 계속근로기간에 당연히 포함시켜야 한다.

따라서 수습기간을 포함한 기간을 계속근로기간으로 보아 그 기간에 상응하는 연차휴가를 부여하고 퇴직금을 지급해야 한다.

### 관련 행정해석

수습기간이란 정식채용 후에 근로자의 직업능력의 양성·교육 및 직무오리엔테이션을 목적으로 설정되는 기간을 말하는 바, 귀 질의내용이 귀사의 사규 등 취업규칙에서 규정한 것처럼 신규채용된 자에 대하여 3개월의 수습기간을 거치는 경우라면 동 수습기간은 당해 근로자의 계속근로기간에 포함되어야 함.

—근기 68207-65, 2000.1.12.—

# 최초 약정한 수습기간을 회사가 일방적으로 연장할 수 있나요?

**25**

■■■■■■■■■ ■ ■ ■

수습기간은 근로자의 법적 지위에 중대한 영향을 미치므로, 수습기간 연장은 그에 대해 근로자가 동의해야만 유효합니다.

수습기간 3개월까지는 최저임금의 90% 이상만 지급해도 문제가 없으며, 수습근로자에 대해서는 객관적으로 합리적인 이유가 존재하여 사회통념상 상당하다고 인정될 경우 해고가 가능하다는 점에서 보통의 해고보다는 해고사유가 넓게 인정된다.

이와 같이 수습 여부는 근로자의 법적 지위에 중대한 영향을 미치므로 근로자에 대해 수습기간을 적용할 것인가의 여부는 취업규칙이나 근로계약에 명시해야 하며, 수습기간을 연장할 경우에는 당연히 그에 대해 근로자가 동의해야 유효하다.[1]

따라서 최초 약정한 수습기간이 지난 경우 정식채용 여부를 결정하지 못했다 하더라도 회사가 일방적으로 수습기간을 연장하는 것은 허용되지 않는다.

1) 서울행판 2006구합20655

# 결근 시 벌금을 물도록 하는 계약을 체결할 수 있나요?

**26**

■ ■ ■ ■ ■ ■ ■ ■ ■ ■

결근 등 근로계약 불이행에 대해 벌금과 같은 위약금을 물도록 하는 계약은 자칫 부당한 근로의 계속을 강요하는 수단으로 악용될 수 있어 금지됩니다.

근로자가 결근을 하는 등 근로계약을 불이행한 경우 근로에 대한 대가인 임금을 지급받지 못한 것에 더 나아가서 손해 발생 여부 및 실제 손해액과 관계없이 일정액을 벌금과 같은 위약금이나 손해배상액으로 지급해야 한다면, 불리한 근로계약을 체결한 근로자라 하더라도 그 근로계약의 구속에서 쉽사리 벗어날 수 없을 것이다.

따라서 근로자가 퇴직의 자유를 제한받아 부당하게 근로의 계속을 강요당하는 것을 방지하기 위해 이러한 위약금이나 손해배상액 예정의 약정을 금지할 필요가 있다.[1]

이와 같은 취지에 따라 근로기준법에서는 회사가 근로계약 불이행에 대한 위약금 또는 손해배상액을 예정하는 계약을 체결하지 못하도록 하고 있으며(위반 시 500만원 이하의 벌금),[2] 동 금액을 회사가 일방적으로 임금 또는 퇴직금과 상계하는 것도 당연히 금지된다(위반 시 3년 이하의 징역 또는 3,000만 원 이하의 벌금).[3]

다만, 회사가 민사절차에 의해 근로계약 불이행에 따른 손해배상을 청구하는 것은 가능하다.[4]

1) 부산고판 2005나19491
2) 근기법 제20조·제114조
3) 근기법 제43조 제1항·제109조 제1항
4) 근기 01254-455, 1993.3.25.

# 회사 비용으로 연수를 보내면서 연수 후 일정 기간 의무재직하도록 하는 것은 가능한가요?

**27**

회사 비용으로 연수를 받은 근로자에 대해 연수 후 일정기간 소속회사에
근무해야 하며, 위반 시 소요경비를 배상한다는 약정은 유효합니다.

회사 비용으로 연수를 받은 근로자에 대해 연수 후 일정기
간 소속회사에 근무해야 한다는 사규나 약정은 민법이 금지하
고 있는 반사회질서 법률행위나 불공정 법률행위로 볼 수 없다.

그리고 일정기간 근무하지 않으면 연수 소요경비를 배상한
다는 사규나 약정은 근로계약기간이 아니라 경비반환채무의 면
제기간을 정한 것이므로 근로기준법상 위약예정금지에 위배되
는 것도 아니라는 것이 판례의 입장이므로,[1] 위와 같은 연수비
반환 약정을 체결하는 것도 가능하다.

✓ **위약예정금지**

근로계약을 체결함에 있어 근
로자의 근로계약 불이행 시 회
사가 손해발생 여부 및 실제
손해액과 관계없이 일정한 위
약금이나 손해배상금을 청구
할 수 있도록 미리 정해두는
것은 근로자의 의사에 반하는
강제근로를 초래할 수 있어 근
로기준법에서 금지하고 있는
데, 이를 '위약예정금지'라고 함

### 관련 판례

근로자가 일정 기간 동안 근무하기로 하면서 이를 위반할 경우
소정 금원을 사용자에게 지급하기로 약정하는 경우, 그 약정이 사
용자가 근로자의 교육 훈련 또는 연수를 위한 비용을 우선 지출
하고 근로자는 실제 지출된 비용의 전부 또는 일부를 상환하는
의무를 부담하기로 하되 장차 일정 기간 동안 근무하는 경우에는
그 상환 의무를 면제해주기로 하는 취지인 경우에는, 그러한 약정
의 필요성이 인정된다. 이때 주로 사용자의 업무상 필요와 이익을

1) 대판 82다카90

위하여 원래 사용자가 부담하여야 할 성질의 비용을 지출한 것에 불과한 정도가 아니라 근로자의 자발적 희망과 이익까지 고려하여 근로자가 전적으로 또는 공동으로 부담하여야 할 비용을 사용자가 대신 지출한 것으로 평가되며, 약정 근무 기간 및 상환해야 할 비용이 합리적이고 타당한 범위 내에서 정해져 있는 등 위와 같은 약정으로 인하여 근로자의 의사에 반하는 계속 근로를 부당하게 강제하는 것으로 평가되지 않는다면, 그러한 약정까지 구 근로기준법 제27조(위약 예정의 금지)에 반하는 것은 아니다.

-대판 2006다37274-

# 전직금지약정을 체결하여 일정기간 전직을 금지하는 것이 가능한가요?

**28**

전직금지약정은 그 체결된 배경이나 그 내용 및 기간 등에 있어 합리성이 인정되는 경우에 유효합니다.

회사와 근로자 사이에 전직금지약정이 존재한다고 하더라도, 이러한 약정이 헌법상 보장된 근로자의 직업선택 자유와 근로권 등을 과도하게 제한하거나 자유로운 경쟁을 지나치게 제한하는 경우에는 민법 제103조에 정한 선량한 풍속 기타 사회질서에 반하는 법률행위로서 무효라고 보아야 한다.[1]

그러나 ① 영업비밀 등 보호할 가치가 있는 회사의 이익, ② 근로자의 퇴직 전 지위, ③ 경업 제한의 기간, 지역 및 대상 직종, ④ 근로자에 대한 대가의 제공 유무, ⑤ 근로자의 퇴직 경위, ⑥ 공공의 이익 및 기타 사정 등을 종합적으로 고려하여 합리성이 인정되는 경우에는 일정기간 타 경쟁업체로의 전직을 금지하는 전직금지약정이 유효하다.[2]

여기서 말하는 보호할 가치가 있는 회사의 이익은 부정경쟁방지 및 영업비밀보호에 관한 법률에서 정하고 있는 영업비밀뿐만 아니라, 그 정도에 이르지 않더라도 그 회사만이 가지고 있는 지식 또는 정보로서 근로자와 사이에 제3자에게 누설하지 않기로 약정한 것이라면 이에 해당된다.[3]

☑ 영업비밀

공공연히 알려져 있지 않고 독립된 경제적 가치를 가지는 것으로서, 상당한 노력에 의해 비밀로 유지된 생산방법, 판매방법, 그 밖에 영업활동에 유용한 기술상 또는 경영상의 정보(부정경쟁방지법 제2조 제2호)

1) 대판 2009다82244
2) 서울지판 97카합758
3) 서울중앙지판 2007카합3903

회사와 근로자 사이에 체결되는 전직금지약정은 일종의 경업금지 약정으로서, 그 체결된 배경이나 그 내용 및 기간에 합리성이 인정되는 경우에는 헌법상 보장된 직업 선택의 자유를 침해하지 않는 것으로서 공서양속 위반으로 볼 수 없다고 할 것인바, 근로자가 회사에 입사하면서 체결한 이 사건 경업금지약정의 목적이 피신청인으로 하여금 퇴사 후 그가 취직 중 알게 된 판매방법 등에 관한 정보 및 고객 명단 등을 이용하여 동종의 영업분야에서 일하거나 다른 경쟁 제약판매회사 등에 취업함으로써 결국 신청인 회사에 손해를 끼치는 행위를 막기 위한 것이라는 점, 금지기간이 1년으로서 피신청인에게 과도한 제약이 되지 아니하는 점을 고려하면 이 사건 약정은 유효한 경업금지약정으로 보아야 한다.

―서울지판 97카합758―

근로자의 전직금지기간을 퇴직일로부터 1년 동안으로 정한 이 사건 전직금지약정이 비록 근로자의 직업선택 자유와 근로권을 제한하고 있지만, 보호할 가치 있는 사용자의 이익, 근로자의 퇴직 전 지위와 직무내용, 전직금지기간, 지역 및 대상 직종, 근로자에 대한 대가 제공 유무, 근로자의 퇴직 경위, 공공의 이익 및 기타 사정 등을 종합적으로 고려하여 볼 때 민법 제103조에서 정한 선량한 풍속 기타 사회질서에 반하는 법률행위로서 무효라고는 볼 수 없다

―서울고결 2011라1853―

# 근로계약 체결 시 퇴직금을 받지 않기로 약정하는 것이 유효한가요?

## 29

최종 퇴직 시 발생하는 퇴직금청구권을 사전에 포기하는 약정을 하는 것은 강행법규에 위반되어 무효입니다.

퇴직금은 회사가 일정기간을 계속근로하고 퇴직하는 근로자에게 그 계속근로에 대한 대가로서 지급하는 후불적 임금의 성질을 띤 금액으로서, 구체적인 퇴직금청구권은 계속근로가 끝나는 퇴직이라는 사실을 요건으로 하여 발생된다.

따라서 최종 퇴직 시 발생하는 퇴직금청구권을 사전에 포기하거나 사전에 그에 관한 민사상 소송을 제기하지 않겠다는 부제소특약을 하는 것은 강행법규인 근로자퇴직급여보장법에 위반되어 무효이다.[1] 다만, 지급시기가 도래하여 개개의 근로자에게 지급청구권이 발생한 퇴직금의 경우 개개 근로자의 자유의사에 따른 포기가 가능하다.[2]

한편, 회사와 근로자가 매월 지급하는 월급과 함께 퇴직금으로 일정한 금액을 미리 지급하기로 하는 퇴직금 분할약정을 체결했다면 이러한 약정 또한 최종 퇴직 시 발생하는 퇴직금청구권을 근로자가 사전에 포기하는 것으로서 무효이고, 설사 회사가 근로자에게 퇴직금 명목의 금액을 지급했다 하더라도 퇴직금 지급으로서의 효력을 갖지 못한다. 다만 이로 인해 회사는

☑ 부제소특약
소송을 제기하지 않기로 약정하는 것으로, 부제소합의라고도 함

1) 대판 97다49732, 대판 2000다27671, 근로기준과－797, 2009.3.26.
2) 전주지판 99나5708

같은 금원 상당의 부당이득반환채권을 갖게 되어 이를 자동채권으로 하여 근로자의 퇴직금채권과 상계할 수 있으나, 퇴직금채권의 2분의 1을 초과하는 부분에 해당하는 금액에 관하여만 상계가 허용된다.[3]

3) 대판(전원합의체) 2007다90760

# 근로계약과 위임(위탁·용역·프리랜서)계약 또는 도급계약과의 차이는 무엇인가요?

**30**

■ ■ ■ ■ ■ ■ ■ ■ ■ ●

근로계약은 노동관계법의 규제를 받는 반면, 위임(위탁·용역·프리랜서)계약이나 도급계약의 경우 그와 같은 규제를 받지 않는다는 차이가 있습니다.

대등한 당사자 간의 계약인지 여부이다. 근로계약은 회사와 근로자 간의 관계가 종속적인 반면, 사무처리를 위탁하는 위임계약이나 일의 완성을 목적으로 하는 도급계약의 경우 대등한 당사자 간의 계약이라는 차이가 있다. 아울러 근로계약의 경우 근로기준법 등 노동관계법의 적용을 받는 반면, 위임계약이나 도급계약의 경우 민법의 적용을 받는다는 차이도 있다.

따라서 위임계약이나 도급계약을 체결한 경우 원칙적으로 계약 상대방(수임인 또는 수급인)은 근로자가 아니므로 ① 4대보험에 가입시킬 의무가 없으며, ② 퇴직금을 지급하지 않아도 될 뿐만 아니라 ③ 특별한 사유가 없어도 계약을 자유로이 해지할 수 있다.

**☑ 위임계약**

일정한 사무의 처리를 맡기는 계약을 말하며(민법 제680조), 위탁계약이나 용역계약 또는 프리랜서계약 등도 위임계약으로 볼 수 있음

**☑ 도급계약**

어느 일을 완성할 것을 목적으로 체결하는 계약을 말하며(민법 제664조), 위임계약을 도급계약으로 부르는 경우도 있음

**관련 법률**

민법 제689조 (위임의 상호해지의 자유)
① 위임계약은 각 당사자가 언제든지 해지할 수 있다.
② 당사자 일방이 부득이한 사유없이 상대방의 불리한 시기에 계약을 해지한 때에는 그 손해를 배상하여야 한다.

# 31

## 프리랜서계약을 체결한 경우 퇴직금을 지급하지 않아도 되나요?

■ ■ ■ ■ ■ ■ ■ ■ ■ ■

프리랜서계약을 체결했다고 하더라도 실질적으로 근로자로 관리했다면 퇴직금을 지급해야 합니다.

대법원 판례에 따르면 근로기준법상의 근로자인지 여부는 계약이 민법상의 고용계약이든 도급계약이든 계약의 형식에 관계없이 그 실질에 있어 근로자가 사업 또는 사업장에 임금을 목적으로 종속적인 관계에서 근로를 제공했는지 여부에 따라 판단해야 한다고 한다.[1]

다시 말해 계약의 이름이나 형식은 중요하지 않으며, 계약의 상대방과 위임(위탁 · 용역 · 프리랜서)계약이나 도급계약을 체결했다고 하더라도 실질적인 관계에 따라 얼마든지 근로자로 인정될 수 있는 것이다.

따라서 비록 프리랜서계약을 체결했다고 하더라도 실질적으로 프리랜서를 근로자처럼 관리했다면 그 프리랜서에 대해서는 근로자로 보아 퇴직금을 지급해야 함을 유의해야 한다.

1) 대판 2004다29736

# 근로기준법상 근로자인지 여부는 어떤 기준으로 판단하나요?

**■■■■■■■■■**

사규의 적용을 받는지, 회사의 지휘 · 감독을 받아 업무를 수행하는지, 근무시간과 근무장소의 구속을 받는지 여부 등으로 근로자 여부를 판단합니다.

32

근로기준법에서는 근로자 여부(종속적인 관계에서 근로를 제공했는지 여부)에 관한 기준을 별도로 규정하고 있지 않지만, 대법원 판례에서는 사규의 적용을 받는지, 회사의 지휘 · 감독을 받아 업무를 수행하는지, 근무시간과 근무장소의 구속을 받는지 여부 등을 종합적으로 고려하여 근로자인지 여부를 판단하며, 구체적인 고려사항은 다음과 같다.[1]

① 업무내용을 회사가 정하고 취업규칙 또는 복무(인사)규정 등의 적용을 받으며 업무 수행과정에서 회사가 상당한 지휘 · 감독을 하는지

② 회사가 근무시간과 근무장소를 지정하고 근로자가 이에 구속을 받는지

③ 노무 제공자가 스스로 비품 · 원자재나 작업도구 등을 소유하거나 제3자를 고용하여 업무를 대행하게 하는 등 독립하여 자신의 계산으로 사업을 영위할 수 있는지

④ 노무 제공을 통한 이윤의 창출과 손실의 초래 등 위험을 스스로 안고 있는지

1) 대판 2005두524

⑤ 보수의 성격이 근로 자체의 대상적 성격인지

⑥ 기본급이나 고정급이 정해졌는지 및 근로소득세의 원천
징수 여부 등 보수에 관한 사항

⑦ 근로 제공 관계의 계속성과 회사에 대한 전속성의 유무와
그 정도

⑧ 사회보장제도에 관한 법령에서 근로자로서 지위를 인정
받는지

이 경우 기본급이나 고정급이 정해졌는지, 근로소득세를 원
천징수했는지, 사회보장제도에 관해 근로자로 인정받는지 등의
사정은 회사가 경제적으로 우월한 지위를 이용하여 임의로 정
할 여지가 크다. 따라서 기본급이나 고정급이 없고, 사업소득세
를 원천징수하고, 4대보험에 가입되지 않았다는 이유만으로 근
로자성이 쉽게 부정되지 않는다는 점을 유의해야 한다.[2]

2) 대판 2008다27035

## 위임계약을 체결한 임원에 대해서는 자유로이 계약을 해지할 수 있나요?

**33**

■ ■ ■ ■ ■ ■ ▪ ▪ ▫ ▫ ▫ ▪ ▪

위임계약을 체결한 임원이라 하더라도 실질에 있어 임금을 목적으로 종속적 관계에서 업무를 수행했다면 근로자에 해당되어 정당한 이유없이 계약을 해지할 수 없습니다.

근로기준법의 적용을 받는 근로자에 해당하는지 여부는 계약의 형식에 관계없이 그 실질에 있어서 임금을 목적으로 종속적 관계에서 회사에 근로를 제공했는지 여부에 따라 판단해야 한다. 이때 회사의 이사 또는 감사 등 임원이라 하더라도 그 지위 또는 명칭이 형식적·명목적인 것이고, 실제로는 매일 출근하여 업무집행권을 갖는 대표이사나 회사의 지휘·감독 아래 일정한 근로를 제공하면서 그 대가로 보수를 받는 관계에 있다거나 또는 회사로부터 위임받은 사무를 처리하는 외에 대표이사 등의 지휘·감독 아래 일정한 노무를 담당하고 그 대가로 일정한 보수를 지급받아 왔다면 그러한 임원은 근로기준법상의 근로자에 해당한다.[1]

따라서 이 경우 정당한 이유 없는 해고가 금지되는 등 근로기준법을 포함한 노동법의 규제를 받기 때문에 위임계약을 체결한 임원이라 하더라도 근로자인지 여부를 따져 근로자에 해당되는 임원에 대해서는 정당한 이유 없이 함부로 계약을 해지하는 등의 일이 발생하지 않도록 해야 한다.

1) 대판 2002다64681

# 34

## 사업소득자의 경우 퇴직금을 지급하지 않아도 되나요?

■■■■■■■■ ■ ■

위임계약을 맺고 사업소득자로 세무처리를 했다고 하더라도 실질에 있어 임금을 목적으로 종속적 관계에서 업무를 수행했다면 근로자에 해당되어 노동법이 적용되므로, 이 경우에는 퇴직금을 지급해야 합니다.

대법원은 '기본급이나 고정급이 정해졌는지, 근로소득세를 원천징수했는지, 사회보장제도에 관해 근로자로 인정받는지 등의 사정은 회사가 경제적으로 우월한 지위를 이용하여 임의로 정할 여지가 크기 때문에, 그러한 점들이 인정되지 않는다는 것만으로 근로자성을 쉽게 부정해서는 안 된다'는 입장이다.[1]

따라서 사업소득자라고 하여 근로기준법상 근로자가 아니라고 단정할 수는 없으며, 실질에 있어 임금을 목적으로 종속적 관계에서 업무를 수행했다면 근로자에 해당되어 노동법이 적용된다.

실무적으로 4대보험료나 퇴직금 절감 등의 이유로 근로자임에도 사업소득자로 처리하고 대신 월 임금을 다소 높여서 지급하는 경우를 많이 볼 수 있는데, 이와 같은 사실이 관할 공단에 적발될 경우 과거 3년간 미납한 4대보험료 전액(근로자 부담분 포함)을 회사가 납부해야 하며, 사업소득자로 처리한 자가 퇴직금 지급을 요구할 경우에도 퇴직금을 지급해야 하는 문제가 발생하므로 가능하면 근로자를 사업소득자로 처리하는 일이 없도록 해야 한다.

1) 대판 2004다29736

# LABOR·PERSONNEL

# 제2장

임금 및 수당

# 명절선물과 같이 현물로 지급된 금품도 임금에 해당되나요?

**01**

■ ■ ■ ■ ■ ■ ■ ■ Ⅲ

비록 명절선물과 같이 현물로 지급되었다 하더라도 회사가 근로자에게 근로의 대가로 지급해 온 것이라면 임금에 해당됩니다.

임금이란 회사가 근로의 대가로 근로자에게 임금, 봉급, 그 밖에 어떠한 명칭으로든지 지급하는 일체의 금품을 말하며,[1] 근로자에게 ① 계속적이고, ② 정기적으로 지급되며, ③ 그 지급에 관해 단체협약, 취업규칙, 급여규정, 근로계약, 노동관행 등에 의해 회사에게 그 지급의무가 지워져 있는 것이라면 그 명칭에 상관없이 임금에 해당된다.

따라서 회사가 근로의 대상으로 근로자에게 지급한 금품이 비록 명절선물과 같은 현물로 지급(예를 들어 단체협약·취업규칙 등에서 매년 설날과 추석에 전 직원을 대상으로 각각 15만원 상당의 선물을 지급하기로 한 경우)되었다 하더라도 근로의 대가로 지급해 온 금품이라면 임금으로 보아 퇴직금 산정을 위한 평균임금에 산입해야 한다.[2]

이와 달리 현물로 제공되는 중식대의 경우 식사를 하지 않는 근로자들이 식비에 상응하는 현금이나 다른 물품을 청구할 수 있지 않는 이상, 이러한 중식대는 근로자의 후생복지를 위해 제공되는 것으로서 근로의 대가인 임금이라고 보기 어렵다.[3]

1) 근기법 제2조 제1항 제5호
2) 대판 2010두19461
3) 대판 2004다13755, 대판 2003다54322

# 통상임금이란 무엇을 말하며, 어디에 활용되나요?

**02**

■ ■ ■ ■ ■ ■ ■ ■ ■ ■ ■

통상임금은 소정근로에 대해 정기적 · 일률적 · 고정적으로 지급되는 임금을 말하며, 연장근로수당, 연차휴가 미사용수당 등의 지급기준이 됩니다.

통상임금이란 근로자에게 정기적이고 일률적으로 소정근로 또는 총근로에 대해 지급하기로 정한 시간급 금액, 일급 금액, 주급 금액, 월급 금액 또는 도급 금액을 말한다.[1]

따라서 통상임금에 해당하기 위해서는 ① 소정근로 대가성, ② 정기성, ③ 일률성, ④ 고정성 요건을 갖춰야 한다.

한편, 이러한 통상임금은 각종 법정수당을 산정하기 위한 기준이 되는 임금으로, 구체적으로는 연장근로수당, 야간근로수당, 휴일근로수당, 해고예고수당, 연차휴가 미사용수당 지급의 최저기준이 된다.[2]

따라서 연장근로나 야간근로 또는 휴일근로를 많이 실시하는 회사의 경우 통상임금의 범위가 어디까지냐가 노사 간에 중요한 이슈가 되며, 실제 각종 임금항목을 통상임금으로 인정하여 연장근로수당 등 법정수당을 재산정해서 지급해달라는 요구나 소송이 빈발하고 있음을 유의해야 한다.

1) 근기법 시행령 제6조 제1항
2) 근기법 제56조 · 제26조 · 제60조 제5항

# 03

# 1개월을 넘는 주기로 지급되는 정기상여금도 통상임금에 해당될 수 있나요?

■ ■ ■ ■ ■ ■ ■ ■ ■

정기상여금이 1개월을 넘는 주기로 지급된다 하더라도 일정한 주기로 지급되는 것이라면 '정기적'으로 지급되는 것으로, 통상임금에 해당될 수 있습니다.

　　어떤 임금이 통상임금에 속하기 위해 '정기성'을 갖추어야 한다는 것은 그 임금이 일정한 간격을 두고 계속적으로 지급되어야 함을 의미한다.

　　통상임금에 속하기 위한 성질을 갖춘 임금이 1개월을 넘는 기간마다 정기적으로 지급되는 경우, 이는 노사 간의 합의 등에 따라 근로자가 소정근로시간에 통상적으로 제공하는 근로의 대가가 1개월을 넘는 기간마다 분할 지급되고 있는 것일 뿐, 그러한 사정 때문에 그 임금이 소정근로의 대가로서의 성질을 상실하거나 '정기성'을 상실하게 되는 것은 아니다.

　　따라서 정기상여금과 같이 일정한 주기(격월, 분기, 반기, 명절, 연말 등)로 지급되는 임금의 경우 단지 그 지급주기가 1개월을 넘는다는 사정만으로 그 임금이 '정기성'이 상실되어 통상임금에서 제외된다고 할 수는 없다.[1]

1) 대판(전원합의체) 2012다89399

# 일정한 자격자에게만 지급되는 자격수당도 통상임금에 해당될 수 있나요?

## 04

'일정한 조건 또는 기준에 다다른 모든 근로자'에게 지급되는 자격수당도 '일률적'으로 지급되는 것으로, 통상임금에 해당될 수 있습니다.

어떤 임금이 통상임금에 속하기 위해서는 그것이 '일률적'으로 지급되는 성질을 갖추어야 한다. '일률적'으로 지급되는 것에는 '모든 근로자'에게 지급되는 것뿐만 아니라 '일정한 조건 또는 기준에 다다른 모든 근로자'에게 지급되는 것도 포함된다.[1]

따라서 일정한 자격을 갖춘 자에게만 지급되는 자격수당도 '일률적'으로 지급되는 것으로 통상임금에 해당될 수 있다.

한편, 단체협약이나 취업규칙 등에 휴직자나 복직자 또는 징계대상자 등에 대해 특정 임금에 대한 지급제한사유를 규정하고 있다 하더라도, 이는 해당 근로자의 개인적인 특수성을 고려하여 그 임금 지급을 제한하고 있는 것에 불과하므로, 그와 같은 사정을 이유로 정상적인 근로관계를 유지하는 근로자에 대해서까지 '일률성'을 부정할 수는 없다.[2]

---

1) 대판 92다20316, 대판 2011다6106

2) 대판(전원합의체) 2012다89399

# 05

## 부양가족 수에 따라 달라지는 가족수당도 통상임금에 해당될 수 있나요?

■■■■■■■■■

모든 근로자에게 기본적으로 지급되는 가족수당은 '일률적'으로 지급되는 것으로, 통상임금에 해당될 수 있습니다.

일정 범위의 모든 근로자에게 지급된 임금이 '일률성'을 갖추고 있는지 판단하는 잣대인 '일정한 조건 또는 기준'은 통상임금이 소정근로의 가치를 평가한 개념이라는 점을 고려할 때, 작업내용이나 기술 · 경력 등과 같이 소정근로의 가치평가와 관련된 조건이라야 한다.

따라서 부양가족이 있는 근로자에게만 지급되는 가족수당과 같이 소정근로의 가치평가와 무관한 사항을 조건으로 하여 지급되는 임금은 그것이 그 조건에 해당하는 모든 근로자에게 지급되었다 하더라도 여기서 말하는 '일정한 조건 또는 기준'에 따른 것이라 할 수 없어 '일률성'을 인정할 수 없으므로, 통상임금에 속한다고 볼 수 없다.[1]

그러나 모든 근로자에게 기본금액을 가족수당 명목으로 지급하면서 실제 부양가족이 있는 근로자에게는 일정액을 추가적으로 지급하는 경우 그 기본금액은 소정근로에 대한 대가이므로 통상임금에 해당될 수 있다.[2]

---

1) 대판 99다10806, 대판 2003다
   56588
2) 대판 91다5501

## 지급일 현재 재직자에게만 지급하는 수당도 통상임금에 해당될 수 있나요?

# 06

지급일 현재 재직 중인 근로자에게만 지급하기로 정해져 있는 임금은 지급기준일이 도래하기 전에 퇴직하면 해당 임금을 전혀 지급받지 못하므로 '고정성'이 결여되어 통상임금에 해당되지 않습니다.

'고정성'이란 근로자가 제공한 근로에 대해 그 업적, 성과 기타의 추가적인 조건과 관계없이 당연히 지급될 것이 확정되어 있는 성질을 말한다.

지급기준일(예를 들어 여름휴가나 설·추석 연휴 전날)에 재직 중인 근로자에게만 지급하고, 지급기준일 전에 퇴사한 근로자에 대해서는 지급기준일 전에 근로를 제공했다고 하더라도 전혀 지급하지 않기로 정해져 있는 여름휴가비나 설·추석 상여금 등은 그 지급기준일에 재직 중일 것이 임금을 지급받을 수 있는 자격요건이 된다.

따라서 이러한 임금은 근로자가 지급기준일 전의 어떤 날에 근로를 제공하더라도 지급기준일이 도래하기 전에 퇴직하면 전혀 지급받지 못해 근로자가 지급기준일 전의 어떤 날에 근로를 제공하는 시점에서 그 지급조건이 성취될지 여부는 불확실하므로, '고정성'을 결여한 것으로 보아 통상임금성이 부정된다.[1]

1) 대판(전원합의체) 2012다89399

# 07

## 중도퇴사자에게 일할계산하여 지급하는 수당도 통상임금에 해당될 수 있나요?

■ ■ ■ ■ ■ ■ ■ ■ ▧ ▧

근무일수에 따라 일할계산하여 지급되는 임금은 소정근로를 제공하기만 하면 그에 대해 일정액을 지급받을 것이 확정되어 있으므로 '고정적' 지급이 인정되어 통상임금에 해당될 수 있습니다.

매 근무일마다 일정액의 임금을 지급하기로 정함으로써 근무일수에 따라 일할계산하여 임금이 지급되는 경우에는 실제 근무일수에 따라 그 지급액이 달라지기는 하지만, 근로자가 아무 날이라도 근로를 제공하기만 하면 그에 대해 일정액을 지급받을 것이 확정되어 있으므로 이러한 임금은 '고정적' 임금에 해당한다.

한편, 일정 근무일수를 기준으로 계산방법 또는 지급액이 달라지는 경우에도 소정근로를 제공하면 적어도 일정액 이상의 임금이 지급될 것이 확정되어 있다면 그와 같이 최소한도로 확정되어 있는 범위에서는 '고정성'을 인정할 수 있다.

예를 들어 근무일수가 15일 이상이면 특정 명목의 급여를 전액 지급하고, 15일 미만이면 근무일수에 따라 그 급여를 일할계산하여 지급하는 경우, 소정근로를 제공하기만 하면 최소한 일할계산되는 금액의 지급은 확정적이므로 그 한도에서 '고정성'이 인정되어 통상임금에 해당될 수 있다.[1]

1) 대판(전원합의체) 2012다89399

# 근무실적에 연동되는 임금도 통상임금에 해당될 수 있나요?

■ ■ ■ ■ ■ ■ ■ ■ ■

근무실적에 연동되는 임금은 일반적으로 '고정성'이 없다고 볼 수 있으나, 최하등급을 받더라도 최소한도의 지급이 확정되어 있다면 그 부분은 '고정적' 지급이 인정되어 통상임금에 해당될 수 있습니다.

지급대상기간에 이루어진 근로자의 근무실적을 평가하여 이를 토대로 지급 여부나 지급액이 정해지는 임금은 일반적으로 '고정성'이 없다고 볼 수 있다. 그러나 근무실적에 따라 최하등급을 받더라도 일정액을 지급하는 경우와 같이 최소한도의 지급이 확정되어 있다면, 그 최소한도의 임금은 '고정적' 임금이라고 할 수 있다.[1]

예를 들어 근무실적을 A, B, C로 평가하여 최하 C등급은 100만원, B등급은 200만원, A등급은 300만원의 성과급을 지급하기로 했다면 최소 100만원은 보장되므로 100만원만큼은 통상임금에 해당될 수 있다. 그러나 근무실적을 A, B, C로 평가하여 최하 C등급은 0원, B등급은 200만원, A등급은 300만원의 성과급을 지급하기로 했다면, C등급을 받을 경우 성과급이 없기 때문에 이 경우 성과급은 전부 통상임금에 해당되지 않는다.

1) 대판(전원합의체) 2012다89399

# 식대나 자가운전보조금도 통상임금에 해당될 수 있나요?

■ ■ ■ ■ ■ ■ ■ ■ ■

매월 모든 근로자에게 지급되는 식대와 차량 소유자에게 지급되는 자가운전보조금은 통상임금에 해당될 수 있습니다.

**09**

모든 근로자들에게 식대를 급여에 포함시켜 매월 일정액을 지급했고, 차량 소유자에게 자가운전보조금 명목으로 매월 일정액을 지급했다면(중도퇴사자에게는 일할계산하여 지급), 이는 모두 근로의 대가로 실제 근무성적과는 상관없이 일정한 조건을 갖춘 근로자에게 정기적·일률적으로 지급되는 고정적인 임금이므로 통상임금의 범위에 포함된다고 보아야 한다.[1]

| 임금유형별 통상임금 해당 여부 |

| 임금명목 | 임금의 특징 | 통상임금 해당 여부 |
|---|---|---|
| 기술수당 | 기술이나 자격보유자에게 지급되는 수당(자격수당, 면허수당 등) | 통상임금 |
| 근속수당 | 근속기간에 따라 지급 여부나 지급액이 달라지는 임금 | 통상임금 |
| 가족수당 | 부양가족 수에 따라 달라지는 가족수당 | 통상임금 아님 (근로와 무관한 조건) |
| | 부양가족 수와 관계없이 모든 근로자에게 지급되는 가족수당 부분 | 통상임금 (명목만 가족수당, 일률성 인정) |

---

1) 서울남부지판 2011가합17312

| | | |
|---|---|---|
| 성과급 | 근무실적을 평가하여 지급 여부나 지급액이 결정되는 임금 | 통상임금 아님<br>(조건에 좌우됨, 고정성 인정 안 함) |
| | 최소한도가 보장되는 성과급 | 그 최소한도만큼만 통상임금<br>(그만큼은 일률적·고정적 지급) |
| 상여금 | 정기적인 지급이 확정되어 있는 상여금(정기상여금) | 통상임금 |
| | 기업실적에 따라 일시적·부정기적, 회사 재량에 따른 상여금(경영성과분배금, 격려금, 인센티브) | 통상임금 아님<br>(사전 미확정, 고정성 인정 안 함) |
| 특정시점 재직 시에만 지급되는 금품 | 특정시점에 재직 중인 근로자만 지급받는 금품(명절귀향비나 휴가비의 경우 그러한 경우가 많음) | 통상임금 아님<br>(근로의 대가 없음, 고정성 인정 안 함) |
| | 특정시점이 되기 전 퇴직 시에는 근무일수에 비례하여(일할계산하여) 지급되는 금품 | 통상임금<br>(근무일수 비례하여 지급되는 한도에서는 고정성 인정) |

출처 : 대법원 전원합의체 판결(2013.12.18) 보도자료

# 통상임금에 해당되는 임금항목을 통상임금에서 제외하기로 정할 경우 유효한가요?

10

근로기준법상의 통상임금에 속하는 임금을 통상임금에서 제외하기로 단체협약, 취업규칙 또는 근로계약서에 규정했다 하더라도 효력이 없습니다.

근로기준법에서 정하는 근로조건은 최저기준이므로 그 기준에 미치지 못하는 근로조건을 정한 근로계약은 그 부분에 한해 무효로 되며, 이에 따라 무효로 된 부분은 근로기준법에서 정한 기준에 따른다.[1]

통상임금은 연장·야간·휴일근로수당, 해고예고수당, 연차휴가 미사용수당 등의 지급기준을 마련하기 위해 법이 정한 도구개념이므로, 회사와 근로자가 통상임금의 의미나 범위 등에 관해 따로 합의할 수 있는 성질의 것이 아니다.

따라서 성질상 근로기준법상의 통상임금에 속하는 임금을 통상임금에서 제외하기로 단체협약, 취업규칙 또는 근로계약서에 규정했다 하더라도 효력이 없다.[2]

1) 근기법 제3조·제15조
2) 대판(전원합의체) 2012다89399

# 연장근로수당 등을 계산하기 위한 시간당 통상임금은 어떻게 계산하나요?

**11**

■ ■ ■ ■ ■ ■ ■ ■ ■ ■ ■

토요일에 관해 특별한 규정을 두고 있지 않은 일반적인 회사의 경우 월 통상임금을 209시간으로 나누면 시간당 통상임금이 됩니다.

연장근로수당 등은 시간당 통상임금을 알아야만 산정이 가능하다(예를 들어 연장근로수당 = 연장근로시간 × 시간당 통상임금 × 1.5). 따라서 시간당 통상임금을 계산하는 방식을 제대로 이해하는 것이 중요하다.

근로자에 대한 임금을 월급으로 지급할 경우 월급 통상임금에는 근로기준법상의 유급휴일에 대한 임금도 포함되므로,[1] 월 통상임금을 월 소정근로시간 수로 나누는 방법에 의해 시간당 통상임금을 산정함에 있어서는 월 유급휴일에 해당하는 근로시간 수도 월 소정근로시간 수에 포함되어야 한다.[2]

따라서 토요일이 무급인 경우(토요일에 관해 특별한 규정이 없으면 무급임) 월 통상임금을 209시간으로, 토요일 4시간이 유급인 경우 월 통상임금을 226시간으로, 토요일 8시간이 유급인 경우 월 통상임금을 243시간으로 나누면 시간당 통상임금이 산정된다.

☑ **시간당 통상임금 산정 시간 수**

① 토요일이 무급인 경우 : 209시간[(주 소정근로시간 40시간 + 주휴일 유급 8시간) ×4.35주(365일/7일/12월)]
② 토요일 4시간이 유급인 경우 : 226시간[(주 소정근로시간 40시간 + 토요일 유급 4시간 + 주휴일 유급 8시간) × 4.35주(365일/7일/12월)]
③ 토요일 8시간이 유급인 경우 : 243시간[(주 소정근로시간 40시간 + 토요일 유급 8시간 + 주휴일 유급 8시간) × 4.35주(365일/7일/12월)]

1) 근기법 시행령 제6조 제2항
2) 대판 90다카14758, 대판 90다카12493

# 12

## 시간당 통상임금 산정을 위한 시간을 회사가 일방적으로 줄일 수 있나요?

■■■■■■■■ ■■

월급제의 경우 시간당 통상임금 산정을 위한 시간 수를 회사가 일방적으로 줄이더라도 근로자에게 유리하기 때문에 문제가 없으나, 시급제의 경우는 회사가 일방적으로 줄일 수 없습니다.

✔ 시간당 통상임금 산정 시간 수

① 토요일이 무급인 경우 : 209시간[(주 소정근로시간 40시간 + 주휴일 유급 8시간) × 4.35주(365일/7일/12월)]

② 토요일 4시간이 유급인 경우 : 226시간[(주 소정근로시간 40시간 + 토요일 유급 4시간 + 주휴일 유급 8시간) × 4.35주(365일/7일/12월)]

③ 토요일 8시간이 유급인 경우 : 243시간[(주 소정근로시간 40시간 + 토요일 유급 8시간 + 주휴일 유급 8시간) × 4.35주(365일/7일/12월)]

월급제 근로자의 경우(연봉을 12로 나누어 지급받는 경우 포함) 시간당 통상임금 산정을 위한 시간을 낮춘다 하더라도 월 급여에는 변화가 없다. 오히려 시간당 통상임금이 인상되는 효과가 발생한다는 점에서 시간당 통상임금 산정시간 수를 회사가 일방적으로 줄이더라도 법적인 문제가 없다(그러나 시급제의 경우는 월 통상임금이 줄어드는 문제가 있어 회사가 일방적으로 줄일 수 없음). 예를 들어 시간당 통상임금 산정시간 수를 226시간에서 209시간으로 낮출 경우 월 통상임금이 300만원인 근로자의 시간당 통상임금은 13,274원에서 14,354원으로 올라가며, 그에 따라 연장근로수당 등이 인상되는 효과가 발생하기 때문이다.

그러나 반대로 회사가 동 시간 수를 일방적으로 늘리는 것은 시간당 통상임금의 저하를 가져와 결국 연장근로수당 등이 인하되는 문제가 발생하는 등 근로자들에게 불리한 결과를 초래하기 때문에 취업규칙 불이익변경 절차(근로자 과반수의 집단적 동의)[1]와 같은 합법적 절차를 밟아야 한다.

1) 근기법 제94조 제1항

# 평균임금이란 무엇을 말하며, 어디에 활용되나요?

**13**

■ ■ ■ ■ ■ ■ ■ ■ ■ ■ ■

평균임금이란 '산정해야 할 사유가 발생한 날 이전 3개월 동안에 그 근로자에게 지급된 임금의 총액을 그 기간의 총일수로 나눈 금액'을 말하며, 퇴직금 지급, 재해보상, 휴업수당 지급, 감급 제한 등에 활용됩니다.

평균임금이란 근로자의 통상의 생활임금을 사실대로 산정하는 것을 기본원리로 하는 것으로,[1] 이를 산정해야 할 사유가 발생한 날 이전 3개월 동안에 그 근로자에게 지급된 임금의 총액을 그 기간의 총일수로 나눈 금액을 말한다.[2]

따라서 근로자에게 지급한 금품이 평균임금에 산입되기 위해서는 기본적으로 근로기준법상의 '임금'에 해당되어야 한다. 아울러 실제 지급된 임금뿐만 아니라 평균임금의 산정사유가 발생한 날을 기준으로 하여 당연히 지급되었어야 하는 임금 중 지급되지 않은 임금도 포함되어야 한다.[3]

이와 같은 평균임금은 퇴직금 지급, 재해보상, 휴업수당 지급, 감급(감봉) 제한 등의 기준으로 활용된다. 예를 들어 퇴직금은 계속근로기간 1년에 대해 30일분 이상의 평균임금이, 업무상 재해로 인한 사망 시 지급되는 유족보상일시금의 경우 평균임금의 1,300일분이, 회사의 귀책사유로 휴업하는 경우에 지급되는 휴업수당의 경우 평균임금의 70% 이상이 되어야 하며, 1회의 감급(감봉)액은 평균임금의 1일분의 1/2로 제한된다.[4]

√ 평균임금

산정해야 할 사유가 발생한 날 이전 3개월 동안의 임금 총액
─────────────
그 기간 동안의 총일수

1) 대판 95누18888
2) 근기법 제2조 제1항 제6호
3) 전주지판 2010가합5105
4) 퇴직급여법 제8조, 산재법 제52조 이하, 근기법 제46조 · 제95조

# 통상임금과 평균임금의 관계는 어떻게 되나요?

14

■■■■■■■■ ▪

평균임금은 통상임금에 속하지 않는 다른 임금까지 포함한 개념이라는 점에서 일반적으로 통상임금보다 범위가 넓습니다.

통상임금은 기본급을 중심으로 구성되며, 이러한 통상임금을 기초로 연장근로수당, 야간근로수당, 휴일근로수당, 연차휴가 미사용수당 등이 계산되어 통상임금과 함께 평균임금을 구성한다.

이와 같이 평균임금은 통상임금에 속하지 않는 다른 임금까지 포함한 개념이라는 점에서 일반적으로 통상임금보다 평균임금의 범위가 넓으며, 법에서 정한 평균임금 계산방식에 따라 산출된 금액이 통상임금보다 적으면 그 통상임금을 평균임금으로 한다.[1]

| 사용자가 근로자에게 지급하는 금품 |

**통상임금**
기본급, 직책수당,
자격수당, 근속수당 등

**평균임금**
연장·야간·휴일근로수당,
연차휴가 미사용수당,
개인 성과금 등

**기타 금품**
경영성과금, 출장비,
결혼 축의금 등

---

1) 근기법 제2조 제2항

한편, 통상임금은 근로자가 사용자와 사이에 법정근로시간의 범위에서 정한 근로시간(소정근로시간)을 초과하는 근로를 제공할 때 가산임금 등을 산정하는 기준임금으로 기능한다는 점을 고려하면, 근로자가 실제로 연장근로 등을 제공하기 전에 미리 확정되어 있어야 한다.[2]

이에 반해 평균임금은 사전에 확정되는 것이 아니라 사후에 산출되는 것인데다, 퇴직 등의 시점에 따라 달라질 수 있다는 특징이 있다. 왜냐하면 분자에 해당되는 임금액이 매월 달라질 수 있고(예를 들어 실제 연장근로시간에 따라 연장근로수당이 계산되는 경우), 분모에 해당되는 월의 총일수 또한 매월 달라지기 때문이다(예를 들어 매월 같은 임금을 받는다 하더라도 퇴직일 이전 3개월 내에 2월이 포함되어 있는 경우 평균임금이 높아짐).

| 평균임금의 산출식 |

$$평균임금 = \frac{산정해야\ 할\ 사유가\ 발생한\ 날\ 이전\ 3개월\ 동안의\ 임금\ 총액}{그\ 기간\ 동안의\ 총일수}$$

2) 대판(전원합의체) 2012다89399

# 15

## 평균임금 산정기간 중 회사의 승인을 얻어 휴직한 경우 평균임금은 어떻게 계산하나요?

■■■■■■■ ■■

평균임금 산정기간 중에 휴직기간이 있는 경우 그 기간과 그 기간 중에 지급된 임금을 빼고 평균임금을 계산하며, 휴직기간이 3개월을 초과한 경우에는 휴직한 첫날 이전 3개월간을 대상으로 평균임금을 산정합니다.

평균임금 산정기간 중에 회사 승인을 얻어 휴직한 기간과 같이 다음의 어느 하나에 해당하는 기간이 있는 경우에는 그 기간과 그 기간 중에 지급된 임금은 평균임금 산정기준이 되는 기간과 임금의 총액에서 각각 뺀다.[1]

① 근로계약을 체결하고 수습 중에 있는 근로자가 수습을 시작한 날부터 3개월 이내의 기간

② 사용자의 귀책사유로 휴업한 기간

③ 출산전후휴가 및 유산·사산 휴가 기간

④ 업무상 부상 또는 질병으로 요양하기 위하여 휴업한 기간

⑤ 육아휴직 기간

⑥ 쟁의행위기간

⑦ 병역법, 향토예비군설치법 또는 민방위기본법에 따른 의무를 이행하기 위해 휴직하거나 근로하지 못한 기간(다만, 그 기간 중 임금을 지급받은 경우는 예외로 함)

⑧ 업무 외 부상이나 질병, 그 밖의 사유로 사용자의 승인을 받아 휴업한 기간

1) 근기법 시행령 제2조 제1항, 남녀고평법 제19조의3 제4항·제22조의2 제7항

⑨ 육아기 근로시간 단축기간

⑩ 가족돌봄휴직기간

| 사례 |

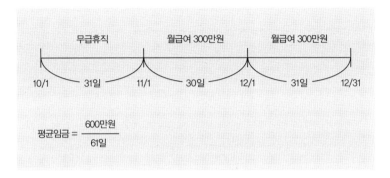

한편, 휴직한 기간이 3개월을 초과하여 평균임금의 산정기준 기간이 없게 되는 경우에는 휴직한 첫날을 평균임금 산정 사유 발생일로 보아 이전 3개월간을 대상으로 평균임금을 산정해야 한다.[2]

아울러 이러한 방법으로 산출된 평균임금액이 해당 근로자의 통상임금보다 적을 경우에는 그 통상임금액을 평균임금으로 해야 한다.[3]

2) 퇴직연금복지과-518, 2008.10.21.
3) 근기법 제2조 제2항

# 퇴직 직전 평균임금을 높이기 위한 행위를 한 경우 평균임금을 어떻게 산정하나요?

**16**

■ ■ ■ ■ ■ ■ ■ ■ ▣

근로자가 퇴직 직전 평균임금을 의도적으로 높이기 위한 행위를 한 경우 그 기간을 제외한 그 직전 3개월간의 임금을 기준으로 평균임금을 산정합니다.

퇴직금제도는 근로자의 통상의 생활을 종전과 같이 보장하기 위한 것이므로, 그 사유가 발생한 날 이전 3개월간에 그 근로자에 대해 지급된 임금이 특별한 사유로 인해 통상의 경우보다 현저하게 많을 경우에도 이를 그대로 평균임금 산정의 기초로 삼는다면 이는 근로자의 통상의 생활을 종전과 같이 보장하려는 제도의 근본 취지에 어긋난다고 볼 수 있다.

따라서 이러한 경우 평균임금은 원칙적으로 근로자가 의도적으로 현저하게 평균임금을 높이기 위한 행위를 한 기간을 제외한 그 직전 3개월간의 임금을 기준으로 산정해야 한다.[1]

### 관련 판례

택시기사인 근로자가 퇴직금을 더 많이 받기 위하여 의도적으로 퇴직 직전 5개월 동안 평소보다 많은 사납금 초과 수입금을 납부한 사안에서, 근로자가 지급받은 임금의 항목들 중 평균임금을 높이기 위한 행위로 통상의 경우보다 현저하게 많아진 것은 사납금 초과 수입금 부분에 그치므로, 그 부분에 대하여는 의도적인 행위를 하기 직전 3개월 동안의 임금을 기준으로 평균임금을 산정하

---

1) 대판 97다18936

되 '의도적인 행위를 한 기간 동안의 동종 근로자들의 평균적인 사납금 초과 수입금의 증가율'을 곱하여 산출하고, 이를 제외한 나머지 임금 항목들에 대하여는 퇴직 전 3개월 동안 지급받은 임금총액을 기준으로 평균임금을 산정함이 적절하다.

—대판 2007다72519—

## [평균임금]

# 정기상여금이나 연차휴가 미사용수당은 평균임금에 어떻게 산입하나요?

■■■■■■■■ ■■

평균임금을 산정해야 할 사유가 발생한 날 이전 12개월 내에 지급된 정기상여금이나 연차휴가 미사용수당 전액의 3/12을 평균임금 산정 기준임금에 포함해야 합니다.

상여금·휴가비 등의 경우 평균임금을 산정해야 할 사유가 발생한 날 이전 12개월 내에 지급한 전액의 3/12을 평균임금 산정 기준임금에 포함해야 한다.[1]

또한 연차휴가 미사용수당의 경우도 평균임금을 산정해야 할 사유가 발생한 날 이전 12개월 내에 지급한 금액(퇴직 전전년도 출근율에 의해 퇴직 전년도에 발생한 연차유급휴가 중 미사용하고 근로한 일수에 대해 지급한 연차유급휴가 미사용수당액)의 3/12을 평균임금 산정 기준임금에 포함시켜야 한다.[2]

| 사례 |

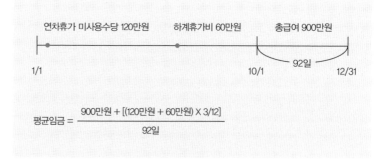

$$평균임금 = \frac{900만원 + [(120만원 + 60만원) \times 3/12]}{92일}$$

1) 대판 77다321. 노동부예규 제39호, 1981.6.5., 연차유급휴가청구권·수당·미사용수당과 관련된 지침(임금근로시간정책팀, 2006.9.21.)

2) 연차유급휴가청구권·수당·미사용수당과 관련된 지침(임금근로시간정책팀, 2006.9.21.)

# 영업사원의 개인 성과에 따라 지급되는 인센티브(성과급)도 평균임금에 포함되나요?

**18**

■ ■ ■ ■ ■ ■ ■ ■   ■ ■

영업사원의 개인 성과에 따라 지급되는 인센티브(성과급)는 근로의 대가로 지급되는 것이므로 평균임금에 포함됩니다.

개인 성과에 따라 지급되는 인센티브(성과급)라 하더라도 영업사원들이 판매를 위해 행하는 영업활동은 회사에 대해 제공하는 근로의 일부로 볼 수 있어 근로의 대가로 지급되는 것이다.

나아가 이와 같은 인센티브(성과급)가 관련 규정 등에서 정한 지급기준과 지급시기에 따라 지급되어 왔다면 당연히 임금에 해당한다고 보아야 할 것이므로 퇴직금 산정의 기초가 되는 평균임금에 포함시켜야 한다.

**관련 판례**

> 회사가 성과급 지급규정 등에 따라 성과급을 지급하여 왔고, 영업사원들이 차량 판매를 위하여 하는 영업활동은 회사에 대하여 제공하는 근로의 일부라 볼 수 있어 성과급은 근로의 대가로 지급되는 것이라고 보아야 하며, 성과급의 지급이 매월 정기적·계속적으로 이루어진데다, 회사로서는 그 실적에 따른 성과급의 인센티브의 지급을 거절할 수 없을 것이라는 점 등에 비추어 보면, 이 사건 성과급은 평균임금에 해당한다.
>
> −대판 2011다23149−

[평균임금]

# 연말 경영성과에 따라 지급 여부나 지급률이 달라지는 성과급도 평균임금에 포함되나요?

■ ■ ■ ■ ■ ■ ■ ■ ■ ■

경영실적이나 목표달성 여부에 따라 그 지급 여부나 지급금액이 달라지는 성과급은 경영성과의 일부 분배금일 뿐 근로의 대상이 아니므로 평균임금 에 포함되지 않습니다.

어떤 금품이 계속적·정기적으로 지급되고 그 지급액이 확정되어 있다면 이는 근로의 대가로 지급되는 임금의 성질을 가지나, 그 지급사유의 발생이 불확정하고 일시적으로 지급되는 것은 임금이라고 볼 수 없다.

따라서 회사가 근로자들에게 지급한 '성과급'이 경영실적이나 목표달성 여부에 따라 그 지급 여부나 지급금액이 달라지는 경우, 이는 경영성과의 일부 분배금으로 볼 수 있을 뿐 근로의 대상으로서의 임금이라 할 수 없으므로, 퇴직금 산정의 기초가 되는 평균임금에 포함되지 않는다.[1]

마찬가지로 팀별 목표달성 여부에 따라 지급 여부가 정해지는 팀 인센티브(성과급) 또한 개인적으로 지급되는 것이 아니어서 평균임금에 포함될 수 없다.[2]

1) 대판 2005다54029
2) 수원지판 2009나33003

# 평균임금은 제세공과금 공제 후 금액으로 계산하나요?

**20**

■■■■■■■■■ ⅲ

제세공과금도 임금에서 공제되는 것이므로 평균임금 산정은 원칙적으로 제세공과금이 공제되기 전의 전체 임금을 기준으로 합니다.

임금은 근로자에게 전액을 지급하는 것이 원칙이나, 법령 또는 단체협약에 특별한 규정이 있는 경우에는 임금의 일부를 공제하고 지급할 수 있다.[1]

이에 따라 일반적으로 회사가 근로자에게 지급하는 임금 중 법령이나 단체협약에 근거하여 그 일부를 공제하고 원천징수하는 경우에는 원칙적으로 공제 전 금액까지 평균임금에 산입되는 임금으로 봄이 타당하다.

이와 달리 근로자와 회사 간에 근로계약을 체결함에 있어 일정금액을 무조건 지급하기로 근로계약을 체결하고 근로자에게 의무가 부여된 사회보험료 및 각종 세금의 납부 등을 회사가 부담하기로 한 경우에는 동 금품을 근로의 대가로서 지급되는 임금으로 보기 어려우므로 평균임금에 산입하지 않는 것이 타당하다.[2]

1) 근기법 제43조 제1항
2) 임금근로시간정책팀-120, 2007. 1.9.

# 21

## 법정가산수당은 어떤 것들이 있고, 가산하는 방법은 어떻게 되나요?

■ ■ ■ ■ ■ ■ ■ ■ ▫ ▫

법정가산수당은 연장근로·야간근로·휴일근로 시에 지급해야 하며, 통상 임금의 50% 이상을 가산하여 지급해야 합니다. 또한 법정가산수당 지급 사유가 중복되는 경우에는 이를 중복 가산합니다.

상시 5명 이상의 근로자를 고용하는 회사에서는 ① 1일 8시간 또는 1주 40시간을 초과하여 연장근로를 하거나, ② 야간 (오후 10시부터 오전 6시까지 사이의 근로) 또는 ③ 휴일(법정휴일 또는 약정휴일)에 근로를 한 경우에는 통상임금의 50% 이상을 가산하여 지급해야 한다.[1]

법정가산수당 지급사유가 중복되는 경우에는 각각의 법정 가산수당을 중복 가산하여 계산해야 한다. 따라서 연장근로와 야간근로가 중복되는 경우에는 연장근무에 대한 가산수당과 야간근로에 대한 가산수당을 중복하여 산정해야 한다.[2]

예를 들어 평일 9시부터 익일 6시까지 철야근무(12시~13시, 18시~19시, 22시~23시 휴게)를 한 경우 소정근로시간인 9시~18시까지는 통상임금의 100%를, 19시~22시까지는 150%(연장근로수당 50% 가산)를, 23시~익일 6시까지는 200%(연장근로수당 50% 및 야간근로수당 50% 가산)를 지급해야 한다.

---

1) 근기법 제56조
2) 대판 90다6545

## 감시 · 단속적 근로자에 대해서도 연장근로수당과 같은 법정가산수당을 지급해야 하나요?

**22**

감시 · 단속적 근로자로서 고용노동부장관의 승인을 받은 자에 대해서는 연장근로수당 및 휴일근무수당을 지급하지 않아도 되나, 야간근무수당은 지급해야 합니다.

'감시적 근로자'는 비교적 피로가 적고 힘들지 않은 감시업무를 주된 업무로 하는 아파트 · 건물 경비원, 회사 수위, 물품 감시원 등을 말하며, '단속적(斷續的) 근로자'는 근로가 간헐적으로 이루어져 실제 근로시간보다는 휴게시간이나 대기시간이 많은 보일러기사, 전용 운전원 등을 말한다.

이와 같이 감시 또는 단속적으로 근로에 종사하는 자로서 회사가 고용노동부장관의 승인을 받은 자에 대해서는 근로기준법상 근로시간, 휴게와 휴일에 관한 규정은 적용하지 않는다(감시 · 단속적 근로에 종사하는 자에 대한 적용제의 승인 요건에 대해서는 부록 #5 참조).[1]

따라서 이들에 대해서는 연장근로수당 및 휴일근무수당에 따른 가산수당을 지급하지 않아도 되나, 오후 10시부터 오전 6시까지 사이의 근로에 대한 대가인 야간근무수당은 지급해야 한다.[2]

1) 근기법 제63조 제3호
2) 근기 01254-10415, 1989.7.12.

[법정가산수당]

# 당직·숙직·일직 근무에 대해서도 연장근로수당과 같은 법정가산수당을 지급해야 하나요?

■ ■ ■ ■ ■ ■ ■ ■

당직·숙직·일직 업무에 대해서는 원칙적으로 정상근무에 준하는 임금을 지급할 필요가 없고, 야간·연장·휴일근로수당 등을 지급하지 않아도 됩니다.

일반적으로 당직·숙직·일직이라 함은 정기적 순찰, 전화와 문서의 수수, 기타 비상사태 발생 등에 대비하여 시설 내에서 대기하고 있는 것으로, 노동의 밀도가 낮고 감시·단속적 근로인 경우가 대부분이라는 점에서 정상적인 업무로 취급되지 않아 별도의 근로계약을 필요로 하지 않는다.

다시 말해 당직·숙직·일직 근무는 원래의 근로계약에 부수되는 의무로 이행되어야 하는 것으로 보며, 따라서 정상근무에 준하는 임금을 지급할 필요가 없고 야간·연장·휴일근로수당 등이 지급되어야 하는 것도 아니어서 실비변상적 금품만 지급하는 것이 일반적이다.

다만, 당직·숙직·일직의 내용이나 질이 감시·단속적 성격을 벗어나 본래의 업무가 연장된 경우이거나, 통상의 근로와 마찬가지로 평가되는 경우에는 그러한 초과근무에 대해서는 연장·야간·휴일근로수당 등을 지급해야 한다.[1]

---

1) 대판 93다46254

# 1주 40시간 미만인 근로자에 대해 초과근로를 시킨 경우 가산수당을 지급해야 하나요?

**24**

이른바 '법내 초과근로'에 대해서는 과거 연장근로수당을 지급할 필요가 없었으나, 관련 법 개정으로 이 경우에도 연장근로수당을 지급해야 합니다.

단시간근로자에 대해 소정근로시간을 초과하여 근로하게 하는 경우에도 근로자의 동의를 얻어야 하며, 이 경우에도 1주간에 12시간을 초과하여 근로하게 할 수 없다(위반 시 1,000만 원 이하의 벌금).[1]

한편, 근로기준법에 정한 기준근로시간(1주 40시간) 범위 안에서 회사와 근로자 사이의 약정 근로시간을 초과하는 근로(이른바 '법내 초과근로')는 근로기준법에서 말하는 연장근로에 해당하지 않으므로 그에 대해서는 가산수당을 지급할 필요가 없었으나,[2] 기간제 및 단시간근로자 보호 등에 관한 법률 개정에 따라 이 경우에도 가산수당을 지급해야 한다.[3]

이는 단시간근로자가 법정근로시간 내 근로를 강요받는 경우가 많아 이를 시정하고자 단시간근로자의 초과근로에 대해 할증임금을 지급하도록 법 개정이 이루어진 데 따른 것이다.

☑ **소정근로시간**
법정근로시간 내에서 회사와 근로자 간에 근로하기로 정한 시간

1) 기간제법 제6조 제1항 · 제22조
2) 대판 97다14200
3) 기간제법 제6조 제3항

[법정가산수당]

# 상시 4명 이하 사업장에서도 연장·야간·휴일근로수당을 지급해야 하나요?

■ ■ ■ ■ ■ ■ ■ ■ ▨ ▨

상시 4명 이하의 근로자를 고용하는 사업 또는 사업장에서는 연장·야간·휴일근로에 대해 가산수당을 지급하지 않아도 됩니다.

근로기준법에서 근로시간은 휴게시간을 제외하고 1주 40시간, 1일 8시간을 초과할 수 없고, 당사자 간 합의하에 1주간에 12시간을 한도로 근로시간을 연장할 수 있으며, 연장근로와 야간근로(오후 10시부터 오전 6시까지 사이의 근로) 또는 휴일근로에 대해서는 통상임금의 50% 이상을 가산하여 지급해야 한다고 규정하고 있으나, 동 규정은 상시 4명 이하의 근로자를 고용하는 회사에는 적용되지 않는다.[1]

따라서 상시 4명 이하의 근로자를 고용하는 회사의 경우 연장·야간·휴일근로에 따른 가산수당을 지급하지 않아도 법적인 문제는 없다. 다만, 이 경우 하나의 회사에서 근로하는 근로자 중 파견근로자를 제외한 기간제근로자(계약직), 단시간근로자(파트타이머), 동거 친족근로자 등 고용형태를 불문하고 직접 고용하고 있는 모든 근로자를 포함하여 상시 4명 이하인지 여부를 판단함을 유의해야 한다.[2]

1) 근기법 제50조 제1항·제53조·제56조, 동법 시행령 [별표 1](부록 #4 참조)
2) 근기법 시행령 제7조2 제4항

# 각종 법정수당을 고정적으로 지급하는 '포괄임금제'에 의한 임금지급계약이 인정되나요?

**26**

■ ■ ■ ■ ■ ■ ■ ■ ■   ●

근로시간 산정이 어려운 업무를 수행하는 근로자에 대해서는 이른바 '포괄임금제'에 의한 임금지급계약을 체결하는 것이 가능합니다.

회사는 근로계약을 체결함에 있어 근로자에 대해 기본임금을 결정하고 이를 기초로 제수당을 가산하여 이를 합산지급함이 원칙이다.

그러나 근로시간, 근로형태와 업무의 성질 등을 참작하여 계산의 편의와 직원의 근무의욕을 고취하는 뜻에서 기본임금을 미리 산정하지 않은 채 제수당을 합한 금액을 월 급여액이나 일당임금으로 정하거나 매월 일정액을 제수당으로 지급하는 내용의 이른바 '포괄임금제'에 의한 임금지급계약을 체결한 경우에 그것이 근로시간 산정이 어려운 업무를 수행하는 근로자에 대한 것이고 근로자에게 불이익이 없는 등 제반 사정에 비추어 정당하다고 인정될 때에는 이를 무효라고 할 수 없다.[1]

여기서 포괄임금제에 의한 임금지급계약이 근로자에게 불이익이 없어야 한다는 것은 단체협약이나 취업규칙에 구체적인 임금지급기준 등이 규정되어 있는 경우에 그러한 규정상의 기준에 비추어 보아 불이익하지 않아야 한다는 것을 의미한다.[2]

1) 대판 2014도8873, 대판 96다24699, 부산고판 96나3869
2) 대판 96다24699

# 27

## 고정 연장근로수당이 법에 따라 산정한 금액에 미달된 경우 추가로 임금을 지급해야 하나요?

■ ■ ■ ■ ■ ■ ■ ■ ▥ ▥ ▦

포괄임금에 포함된 법정수당이 근로기준법이 정한 기준에 따라 산정한 금액에 미달하는 때에는 회사가 근로자에게 그 미달되는 금액을 지급할 의무가 있습니다.

√ **강행성의 원칙**

법에서 정하는 기준에 미치지 못하는 근로조건을 무효로 하는 원칙

√ **보충성의 원칙**

강행성의 원칙에 따라 무효가 된 부분을 법에서 정한 기준에 따른다는 원칙

포괄임금약정이 존재한다 하더라도 그 포괄임금에 포함된 법정수당이 근로기준법이 정한 기준에 따라 산정한 법정수당에 미달하는 때에는 그에 해당하는 포괄임금제에 의한 임금지급계약 부분은 근로자에게 불이익하여 무효이다.

따라서 이 경우 근로기준법의 강행성과 보충성 원칙[1]에 의해 근로자에게 그 미달되는 법정수당을 지급할 의무가 있다.[2]

한편, 포괄임금계약을 미리 약정한 연장·야간·휴일근로 등의 범위 내에서는 실제 연장·야간·휴일근로가 이에 미달하는 경우에도 미리 약정한 제수당을 지급하기로 한 것으로 보아야 하므로, 실제 근로에 따라 제수당을 공제하기로 특별히 정한 경우가 아니라면 연장·휴일근로시간에 대해 근로기준법의 규정에 따라 계산된 임금 및 수당이 포괄임금제로 지급되는 고정급에 미치지 못한다고 하더라도 이를 공제하는 것은 타당하지 않다.[3]

1) 근기법에서 정하는 기준에 미치지 못하는 근로조건을 정한 근로계약은 그 부분에 한해 무효로 하며, 무효로 된 부분은 근기법에서 정한 기준에 따름(근기법 제15조)
2) 대전지판 2011가합7721, 임금 68200-65, 2002.1.30.
3) 근로개선정책과-7771, 2013. 12.13.

# 포괄임금에 포함된 법정수당이 명확히 표시되지 않은 경우 적법한 지급으로 볼 수 있나요?

## 28

고정 연장근로수당이 구분되어 명시되지 않은 경우 원칙적으로 연장근로수당을 지급한 것으로 보지 않습니다.

　　고정급 연장근로수당을 월 임금에 포함시켜 지급한다 하더라도, 노사당사자 간에 월 임금에 포함된 고정 연장근로수당 금액을 명시하거나 연장근로시간(또는 그 상한)을 약정하여 시간급 임금의 산정(포괄역산) 및 연장근로수당의 계산이 가능해야 한다.

　　그런데 고정 연장근로수당 금액을 명시하지 않거나 연장근로시간(또는 그 상한)이 명확하게 표시되지 않아 고정 연장근로수당 금액을 알 수 없는 경우에는 달리 볼 사정이 없는 한 연장근로수당이 적법하게 지급된 것으로 보기 어렵다.[1]

　　따라서 월 급여액에 기본급과 제수당이 포함된 것으로 근로계약을 체결하는 경우에는 근로계약서상에 시간급 통상임금 및 연장·야간·휴일근로시간과 함께 그에 따라 계산된 임금 및 수당액을 구체적으로 명시하여 향후 예상되는 분쟁의 소지를 없앨 필요가 있다.[2]

1) 근로기준과-3172, 2005.6.13.,
　근로기준과-285, 2011.1.14.
2) 근로기준과-7485, 2004.10.19.

**29**

[포괄임금제]

# 연차휴가 미사용수당도 월 급여에 포괄하여 미리 지급할 수 있나요?

■ ■ ■ ■ ■ ■ ■ ■ ▥ ▦

연차휴가 미사용수당을 월 급여액 속에 포함하여 미리 지급하는 근로계약을 체결하는 것은 그 수당을 지급한 이후에도 근로자가 연차휴가를 사용할 수 있도록 허용하는 경우에만 인정됩니다.

연차휴가수당이 근로기준법에서 정한 기간을 근로했을 때 비로소 발생하는 것이라 할지라도 당사자 사이에 미리 그러한 소정기간의 근로를 전제로 하여 연차휴가수당을 일당임금이나 매월 일정액에 포함하여 지급하는 것이 불가능한 것은 아니다.

또한 포괄임금제란 각종 수당의 지급방법에 관한 것으로서 근로자의 연월차휴가권의 행사 여부와는 관계가 없으므로 그와 같은 포괄임금제 자체가 근로자의 연차휴가권을 박탈하는 것이라고 할 수도 없다.[1]

다만, 연차유급휴가에 대해 미사용 연차유급휴가보상금을 월 급여액 속에 포함하여 미리 지급하는 근로계약을 체결하는 것은 그 수당을 지급한 이후에도 근로자가 연차휴가를 사용할 수 있도록 허용하는 경우에만 인정되며, 휴가 사용을 허용하지 않는 경우에는 근로기준법상 근로자에게 인정된 연차휴가를 청구·사용할 권리를 제한하는 것이 되어 인정될 수 없다.[2]

1) 대판 80다2384, 대판 85다카 2473, 대판 91다30828, 대판 92다33398, 대판 96다24699

2) 근로기준과-7485, 2004.10.19., 임금근로시간정책팀-3012, 2007.9.28.

제2장
임금 및 수당

# 시간당 최저임금 및 월 최저임금은 얼마인가요?

**30**

2024년 적용되는 시간당 최저임금은 9,860원이며, 1일 8시간 · 1주 40시간 근로자 기준 월 최저임금은 2,060,740원입니다.

2024년 1월 1일부터 2024년 12월 31일까지 적용되는 시간당 최저임금은 9,860원이며, 1일 8시간 · 1주 40시간 근로자 기준 월 최저임금은 2,060,740원(209시간)이다.[1]

이러한 최저임금은 사업의 종류와 규모, 고용인원과 관계없이 전 사업장에 동일하게 적용된다(단, 수습근로자와 장애인의 경우 일정 요건 충족 시 최저임금 적용이 제외됨).[2]

회사는 ① 적용을 받는 근로자의 최저임금액, ② 최저임금에 산입하지 아니하는 임금, ③ 해당 사업에서 최저임금의 적용을 제외할 근로자의 범위, ④ 최저임금의 효력발생 연월일을 그 사업의 근로자가 쉽게 볼 수 있는 장소에 게시하거나 그 외의 적당한 방법으로 근로자에게 널리 알려야 한다(위반 시 100만원 이하의 과태료).[3]

1) 고용노동부고시 제2023-43호

2) 최저임금법 제5조 제1항

3) 최저임금법 제7조 · 제31조 제1항 제1호, 최저임금법 시행령 제11조

| 최근 시간당 최저임금 추이 |

| 적용년도별(년월일) | 시간당 최저임금액(원) | 인상률(%) |
| --- | --- | --- |
| 2024. 1. 1 ~ 12. 31 | 9,860 | 2.5 |
| 2023. 1. 1 ~ 12. 31 | 9,620 | 5 |
| 2022. 1. 1 ~ 12. 31 | 9,160 | 5.05 |
| 2021. 1. 1 ~ 12. 31 | 8,720 | 1.5 |
| 2020. 1. 1 ~ 12. 31 | 8,590 | 2.9 |
| 2019. 1. 1 ~ 12. 31 | 8,350 | 10.9 |
| 2018. 1. 1 ~ 12. 31 | 7,530 | 16.4 |
| 2017. 1. 1 ~ 12. 31 | 6,470 | 7.3 |
| 2016. 1. 1 ~ 12. 31 | 6,030 | 8.1 |
| 2015. 1. 1 ~ 12. 31 | 5,580 | 7.1 |
| 2014. 1. 1 ~ 12. 31 | 5,210 | 7.2 |
| 2013. 1. 1 ~ 12. 31 | 4,860 | 6.1 |
| 2012. 1. 1 ~ 12. 31 | 4,580 | 6 |
| 2011. 1. 1 ~ 12. 31 | 4,320 | 5.1 |
| 2010. 1. 1 ~ 12. 31 | 4,110 | 2.75 |
| 2009. 1. 1 ~ 12. 31 | 4,000 | 6.1 |
| 2008. 1. 1 ~ 12. 31 | 3,770 | 8.3 |
| 2007. 1. 1 ~ 12. 31 | 3,480 | 12.3 |
| 2005. 9. 1 ~ 2016. 12. 31 | 3,100 | 9.2 |

# 최저임금 위반 여부는 임금총액 기준으로 판단하나요?

■■■■■■■■■ ▒ ✕

최저임금 위반 여부는 임금총액이 아니라 최저임금법에서 정하고 있는 최저임금에 산입하는 임금의 총액을 기준으로 판단합니다.

최저임금법에서는 최저임금에 산입하는 임금의 범위를 "매월 1회 이상 정기적으로 지급하는 임금"으로 하되, 다음의 어느 하나에 해당하는 임금은 산입하지 않는다고 규정하고 있다.[1]

1. 소정근로에 대하여 지급하는 임금 외의 임금으로서 ① 연장근로 또는 휴일근로에 대한 임금 및 연장 · 야간 또는 휴일 근로에 대한 가산임금, ② 연차 유급휴가의 미사용수당, ③ 근로기준법 제55조 제1항에 따른 유급휴일(주휴일) 외의 유급으로 처리되는 휴일에 대한 임금, ④ 위 ①~③에 준하는 것으로 인정되는 임금

2. 상여금, 그 밖에 이에 준하는 임금(① 1개월을 초과하는 기간에 걸친 해당 사유에 따라 산정하는 상여금, 장려가급, 능률수당 또는 근속수당, ② 1개월을 초과하는 기간의 출근성적에 따라 지급하는 정근수당)의 월 지급액 중 해당 연도 시간급 최저임금액을 기준으로 산정된 월 환산액의 일정비율[2]에 해당하는 부분

3. 식비, 숙박비, 교통비 등 근로자의 생활 보조 또는 복리후생을 위한 성질의 임금으로서 ① 통화 이외의 것으로 지급

1) 최저임금법 제6조 제4항 · 부칙 제2조, 동법 시행규칙 제2조
2) 최저임금법 부칙 제2조 제1항에서 정하는 비율

하는 임금, ② 통화로 지급하는 임금의 월 지급액 중 해당 연도 시간급 최저임금액을 기준으로 산정된 월 환산액의 일정비율에 해당하는 부분

따라서 최저임금 위반 여부는 임금총액이 아니라 이와 같은 규정에 따라 최저임금에 산입하는 임금의 총액을 기준으로 판단한다는 점을 유의해야 한다.

소정근로시간이 1주 40시간인 근로자가 2024년 1월 급여 2,155,000원을 받는 경우

| 월급명세서 | | 최저임금에 산입되는 임금 | |
|---|---|---|---|
| 기본급 | 1,500,000원 | 기본급 | 1,500,000원 |
| 직무수당 | 200,000원 | 직무수당 | 200,000원 |
| 교통비 | 100,000원 | 교통비* | 100,000원 |
| 식대 | 100,000원 | 식대* | 100,000원 |
| 시간외수당 | 130,000원 | 상여금* | 125,000원 |
| 상여금 | 125,000원 | | |
| 계 | 2,155,000원 | 계 | 2,025,000원 |

※ 상여금은 기본급의 연 100% (1,500,000원을 12개월로 나눠서 매월 지급)

\* 교통비, 식대, 상여금은 2024년부터 100% 최저임금에 산입

추려낸 임금을 시간당 임금으로 환산
2,025,000원 ÷약 209시간 ≒ 9,689원 〈 9,860원
▶ 최저임금 위반

**32**

# 상여금이나 복리후생비도 최저임금에 산입되나요?

■ ■ ■ ■ ■ ■ ■ ■ ▒

2019년부터 상여금이나 복리후생비의 일부가 최저임금에 산입되며, 매년 단계적으로 산입범위가 확대되어 2024년에는 전액이 최저임금에 산입됩니다.

2018년 6월 12일 최저임금 산입범위를 합리적으로 조정하는 내용의 최저임금법 개정을 통해 2019년부터 매월 정기적으로 지급되는 상여금과 현금으로 지급하는 복리후생적 임금은 각각 해당년도 시간급 최저임금액을 월단위로 환산한 금액의 25%와 7%를 초과하는 부분을 최저임금 산입범위에 포함하되, 연차별로 그 범위를 단계적으로 확대해 2024년 이후에는 모두 포함하도록 했다.[1]

| 년도 | 상여금 | 복리후생비 |
|------|--------|-----------|
| 2019년 | 2019년 최저월급 25% 초과분 | 2019년 최저월급 7% 초과분 |
| 2020년 | 2020년 최저월급 20% 초과분 | 2020년 최저월급 5% 초과분 |
| 2021년 | 2021년 최저월급 15% 초과분 | 2021년 최저월급 3% 초과분 |
| 2022년 | 2022년 최저월급 10% 초과분 | 2022년 최저월급 2% 초과분 |
| 2023년 | 2023년 최저월급 5% 초과분 | 2023년 최저월급 1% 초과분 |
| 2024년 | 전액 | 전액 |

아울러 최저임금으로 산입되는 임금에 포함시키기 위해 1개월을 초과하는 주기로 지급하는 임금을 총액의 변동 없이 매월 지급하는 것으로 취업규칙을 변경할 경우, 과반수 노동조합 또는 과반수 근로자의 의견을 듣도록 했다(위반 시 500만원 이하의 벌금).[2]

1) 최저임금법 제6조 제4항, 부칙 제2조
2) 최저임금법 제6조의2 · 제28조 제3항

# 월급제의 경우 최저임금법 위반 여부를 어떻게 판단하나요?

## 33

■ ■ ■ ■ ■ ■ ■ ■ ■ ▦ ▨

월급제에 대한 최저임금 위반 여부는 최저임금에 산입하는 임금의 총액을 209시간(토요일이 무급인 사업장의 경우)으로 나누어 산정된 금액과 당시 시간급 최저임금을 비교하여 판단합니다.

월급제의 경우 최저임금에 산입하는 임금의 총액을 시간급 임금으로 환산하여 시간급 최저임금과 비교하여 최저임금 위반 여부를 판단한다.

구체적으로는 1일 8시간 · 1주 40시간 근로자의 경우 최저임금에 산입하는 임금의 총액(주휴수당 포함)을 시간당 통상임금 산정시간 수인 209시간으로 나누어 산정된 금액과 당시 시간당 최저임금을 비교한다.[1)]

예를 들어 1일 8시간 · 1주 40시간 근로자에 대해 지급하는 월 임금(기본급으로만 구성)이 205만원이라면 이를 209시간으로 나누어 계산된 금액인 9,809원은 2023년 기준 최저시급인 9,620원을 상회하여 문제가 없으나, 2024년이 되면 최저시급인 9,860원에 미달되는 문제가 발생한다. 따라서 이 경우 늦어도 2024년부터는 월 임금을 인상해야 한다.

✓ 시간당 통상임금 산정 시간 수

① 토요일이 무급인 경우 : 209시간[(주 소정근로시간 40시간 + 주휴일 유급 8시간) × 4.35주(365일/7일/12월)]
② 토요일 4시간이 유급인 경우 : 226시간[(주 소정근로시간 40시간 + 토요일 유급 4시간 + 주휴일 유급 8시간) × 4.35주(365일/7일/12월)]
③ 토요일 8시간이 유급인 경우 : 243시간[(주 소정근로시간 40시간 + 토요일 유급 8시간 + 주휴일 유급 8시간) × 4.35주(365일/7일/12월)]

✓ 시간당 최저임금

2021년 8,720원
2022년 9,160원

1) 최저임금법 시행령 제15조 제1항

# 최저임금은 어느 근로자에게나 예외 없이 적용되나요?

■ ■ ■ ■ ■ ■ ■ ■ ■ ▓ ▓

① 근로계약기간을 1년 이상으로 정한 수습근로자, ② 정신 또는 신체의 장애가 있는 근로자의 경우 예외적으로 최저임금에 미달되는 임금 지급이 허용됩니다.

**34**

√ **감시적 근로자**
비교적 피로가 적고 힘들지 않은 감시업무를 주된 업무로 하는 아파트·건물 경비원, 회사 수위, 물품 감시원 등을 말함

√ **단속적 근로자**
근로가 간헐적으로 이루어져 실제 근로시간보다는 휴게시간이나 대기시간이 많은 보일러기사, 전용 운전원 등을 말함

최저임금법은 사업의 종류나 규모, 고용인원과 관계없이 근로자를 고용하는 모든 사업 또는 사업장에 적용된다.[1]

다만, ① 근로계약기간을 1년 이상으로 정한 경우 수습기간 3개월까지 최저임금의 90% 이상만 지급하면 되며(1년 미만의 기간을 정해 근로계약을 체결한 근로자 및 단순노무업무로 고용노동부장관이 고시하는 직종에 종사하는 근로자[2] 는 제외), ② 정신 또는 신체의 장애가 업무 수행에 직접적으로 현저한 지장을 주는 것이 명백하다고 인정되는 자로서 고용노동부장관의 인가를 받은 자에 대해서도 최저임금을 적용하지 않는다(작업능력은 한국장애인고용공단의 의견을 들어 판단).[3]

한편, 감시 또는 단속적(斷續的)으로 근로에 종사하는 자로서 회사가 고용노동부장관의 승인을 받은 자의 경우도 과거에는 최저임금에 미달하는 금액을 지급할 수 있었으나, 2015년 1월 1일부터 최저임금의 100% 이상을 지급하도록 하고 있다.

1) 최저임금법 제3조 제1항
2) 고용노동부고시 제2018-23호
3) 최저임금법 제5조 제2항·제7조, 최저임금법 시행령 제3조 제1항·제6조, 고용지도팀-235, 2006.12.29.

# 회사 사정으로 일시 휴업을 하려고 할 때 근로자를 무급으로 휴무하게 할 수 있나요?

**35**

회사에게 책임이 있는 사유로 휴업하는 경우 회사는 휴업기간 동안 근로자에게 평균임금의 70% 이상을 휴업수당으로 지급해야 합니다.

회사에게 책임이 있는 사유로 휴업[1]하는 경우에 회사는 휴업기간 동안 근로자에게 평균임금의 70%(평균임금의 70%에 해당하는 금액이 통상임금을 초과하는 경우에는 통상임금) 이상을 휴업수당으로 지급해야 한다(위반 시 3년 이하의 징역 또는 3,000만원 이하의 벌금).

다만, 부득이한 사유로 사업을 계속하는 것이 불가능하여 노동위원회의 승인을 받은 경우에는 위 기준에 못 미치는 휴업수당을 지급할 수 있다(이 경우 무급휴업도 가능)[2].

또한 천재지변 등 불가항력적인 사유는 회사의 지배·관리가 불가능하여 회사의 귀책사유로 볼 수 없기 때문에 이와 같은 사유로 휴업할 때에는 노동위원회의 승인 여부와 관계없이 휴업수당 지급의무가 없다[3].

☑ **회사에게 책임이 있는 사유**

회사의 귀책사유는 민법상의 귀책사유인 고의·과실 이외에도 배급유통기구의 차질에 의한 작업량 감소, 원도급업체의 공사 중단에 따른 하도급업체의 조업 중단, 갱내 붕괴사고, 공장의 소실, 판매부진과 자금난, 원자재의 부족, 전력회사의 전력공급 중단·공장이전 등 회사의 세력범위 안에서 발생한 경영장애까지 해당되는 것으로 넓게 보고 있음(근로기준과-387, 2009.2.13.)

1) 부분휴업(사업장의 일부만 휴업하는 경우나 1일 근로시간 중 일부 근로시간을 단축하는 경우)도 가능
2) 근기법 제46조·제109조 제1항, 대판 99두4280
3) 근기 68207-598, 2000.2.28.

# 임금 지급 시 유의사항으로는 무엇이 있나요?

**36**

■■■■■■■■■ 2)

임금은 원칙적으로 ① 통화(通貨)로 ② 직접 근로자에게 ③ 그 전액을 ④ 매월 1회 이상 일정한 날짜를 정해 지급해야 합니다.

---

√ 반의사불벌죄
피해자가 가해자의 처벌을 원하지 않는다는 의사를 표시하면 처벌할 수 없는 범죄

임금은 ① 통화(通貨)로 ② 직접 근로자에게 ③ 그 전액을 지급해야 한다. 다만, 법령 또는 단체협약에 특별한 규정이 있는 경우에는 임금의 일부를 공제하거나 통화 이외의 것으로 지급할 수 있다.

또한 임시로 지급하는 임금이나 1개월을 초과하는 기간에 걸친 사유에 따라 산정되는 상여금 등을 제외하고 ④ 매월 1회 이상 일정한 날짜를 정해 지급해야 한다.[1]

이를 임금지급의 4대원칙(통화 지급, 직접 지급, 전액 지급, 정기 지급)이라 하는데, 각각의 원칙을 위반할 경우 3년 이하의 징역 또는 3,000만원 이하의 벌금에 처해짐을 유의해야 한다.

다만, 이는 반의사불벌죄에 해당하므로 근로자가 사업주의 처벌을 원하지 않는다는 의사를 명시적으로 표시하면 처벌을 받지 않는다.[2]

1) 근기법 제43조
2) 근기법 제109조

# 근로자가 신용불량자여서 배우자 명의의 계좌로 임금을 입금해 주었는데 적법한가요?

**37**

■ ■ ■ ■ ■ ■ ■ ■ ■

임금을 배우자 등 타인 명의의 계좌로 입금할 경우 그 사유와 관계없이 임금의 직접 지급원칙에 위배됩니다.

임금은 직접 근로자에게 지급해야 하며,[1] 설사 근로자가 신용불량자라는 이유로 배우자 명의의 계좌로 임금을 입금한 경우라 하더라도 이와 같은 직접 지급원칙에 위배된다. 따라서 이와 같은 경우에는 본인에게 직접 현금으로 임금을 지급하고 수령 확인을 받아 두는 것이 바람직하다.

한편, 임금채권의 1/2까지는 원칙적으로 압류가 가능하나, 채무자 등의 생활에 필요한 1월간의 생계비로서 185만원까지는 압류를 할 수 없도록 하고 있기 때문에[2] 월 임금수준이 높지 않은 경우 근로자 명의의 계좌로 임금을 입금하더라도 무방하다. 다만, 이 경우에는 다른 금품과 섞이지 않는 별도의 계좌를 개설하도록 하여 그 계좌로 임금을 입금하는 것이 바람직할 것이다.

1) 근기법 제43조

2) 민사집행법 제246조 제1항 제4호 · 제195조 제3호, 동법 시행령 제3조

## | 압류금지 최고금액[3] |

- 급여채권의 2분의 1에 해당하는 금액이 월 300만원을 초과하는 경우에는 [월 300만원+(월 급여채권액의 1/2−월 300만원)×1/2]을 압류금지 금액으로 합니다(「민사집행법」 제246조제1항제4호 단서 및 「민사집행법 시행령」 제4조).

※ 급여채권별 압류금지금액(「민사집행법」 제246조제1항제4호, 「민사집행법 시행령」 제3조 및 제4조)

| 급여채권 | 압류금지 금액 |
|---|---|
| 월 185만원 이하 | 압류할 수 없음 |
| 월 185만원 초과<br>월 370만원 | 월 185만원 |
| 월 370만원 초과<br>월 600만원 | 월 급여채권액×1/2 |
| 월 600만원 초과 | 월 300만원+[{(월 급여채권액×1/2)−월 300만원}×1/2] |

출처: 대한민국법원 전자민원센터−절차안내−강제집행−채권강제집행−압류금지채권

3) 민사집행법 제246조 제1항 제4호, 민사집행법 시행령 제3조 및 제4조

# 회사에 손해를 끼치고 퇴사하는 자의 퇴직금과
# 회사의 손해액을 일방적으로 상계할 수 있나요?

## 38

근로자가 회사에 손해를 끼치고 퇴사하는 경우라 하더라도 퇴직금과 손해액을 상계하는 것은 임금의 전액 지급원칙에 위배되어 금지됩니다.

근로자가 받을 퇴직금도 임금의 성질을 가진 것이므로 그 지급에 관해서는 근로기준법에 따른 전액 지급의 원칙이 적용된다. 따라서 회사는 근로자의 퇴직금 채권에 대해 그가 근로자에 대해 가지고 있는 불법행위를 원인으로 하는 채권으로 상계할 수 없다.[1]

다만, 회사가 근로자의 퇴직 후 근로자의 동의를 얻어 상계하는 경우에 그 동의가 근로자의 자유로운 의사에 따라 이루어진 것이라고 인정할 만한 합리적인 이유가 객관적으로 존재하는 경우에는 예외적으로 상계가 가능하다. 그러나 이 경우에도 임금 전액 지급의 원칙의 취지에 비추어 볼 때 그 동의가 근로자의 자유로운 의사에 따른 것이라는 판단은 엄격하고 신중하게 이루어진다는 점을 유의해야 한다.[2]

또한 이와 별도로 회사가 민사절차에 의해 손해배상을 청구하는 것도 가능하다.

1) 대판 75다1768
2) 대판 2001다25184, 임금복지과-2332, 2009.10.9.

# 39

## 계산 착오로 임금을 초과지급한 경우 임금이나 퇴직금과 상계하는 것이 가능한가요?

계산의 착오 등으로 임금이 초과지급되었을 때에는 원칙적으로 초과지급된 임금을 지급해야 할 임금이나 퇴직금과 상계하는 것이 가능합니다.

일반적으로 임금은 직접 근로자에게 전액을 지급해야 하므로 회사가 근로자에 대해 가지는 채권으로서 근로자의 임금채권과 상계를 하지 못하는 것이 원칙이다.

그러나 계산의 착오 등으로 임금이 초과지급되었을 때 그 행사의 시기가 초과지급된 시기와 임금의 정산, 조정의 실질을 잃지 않을 만큼 합리적으로 밀접되어 있고 금액과 방법이 미리 예고되는 등 근로자의 경제생활에 손해를 끼칠 염려가 없는 경우나, 근로자가 퇴직한 후에 그 재직 중 지급되지 않은 임금이나 퇴직금을 청구하는 경우에는 초과지급된 임금의 반환청구권을 자동채권으로 하여 상계하는 것은 무방하다.

따라서 근로자가 일정 기간 동안의 미지급 법정수당을 청구하는 경우에 회사가 같은 기간 동안 법정수당의 초과지급 부분이 있음을 이유로 상계나 그 충당을 주장하는 것도 허용된다.[1]

1) 대판 94다26721

# 매월 1일부터 말일까지 근로에 대한 임금을 다음 달 25일에 지급하더라도 적법한가요?

**40**

매월 1일부터 말일까지 임금을 계산하여 다음 달 25일에 지급하는 것은 임금의 정기 지급원칙에 어긋난다고 보아야 합니다.

임금은 원칙적으로 매월 1회 이상 일정한 날짜를 정해 지급해야 하며, 단 하루라도 임금을 체불하면 근로기준법에 위배된다.[1]

이와 같은 근로기준법상 임금 정기 지급원칙은 임금 지급기일의 간격이 지나치게 길고 지급일이 일정하지 않음으로써 야기되는 근로자의 생활불안을 방지하려는 데 그 취지가 있다.

임금의 지급일은 임금의 산정기간(예를 들어 매월 1일부터 말일)을 기준으로 그 기간 도중의 어느 날(예를 들어 그달 25일)로 정할 수도 있고, 그 기간 경과 후 조속한 기일(예를 들어 다음 달 5일)로 정할 수도 있다. 그러나 매월 1일부터 말일까지 임금을 계산하여 다음 달 25일에 지급하는 것은 임금산정기간과 임금지급일의 간격이 길어 합리적이지 못하고 법 취지에도 맞지 않다고 봐야 한다.[2]

---

1) 근기법 제43조 제2항, 대판 2002 도 4323

2) 근로기준과-506, 2010.1.28.

# 41

## 별도 규정이 없는데도 퇴사자가 정기상여금에 대해 일할계산을 요구할 경우 응해야 하나요?

■ ■ ■ ■ ■ ■ ■ ■ ■

정기상여금은 특약이 없는 한 지급기간 만료 전에 퇴사한 자에게도 근로기간에 해당하는 만큼의 금액을 지급해야 합니다.

일정비율의 금액이 상여금으로 정기적으로 지급되어 왔다면 이는 정기일 지급임금의 성격을 띤 것이므로 특별히 다른 정함이 없는 한 상여금 지급기간 만료 전에 퇴직한 근로자라도 근무한 기간에 해당하는 상여금을 청구할 수 있으며, 회사는 이에 응할 의무가 있다.[1]

따라서 보수규정에 따라 매년 6월말과 12월말에 소속 직원들에게 월 통상임금의 100%를 상여금으로 각각 지급해 온 회사에서 근로자가 상여금 지급기간인 6개월의 만료 전에 퇴직한 경우, 별도의 정함(예를 들어 지급일 현재 재직 중인 자에 한해 지급)이 없는 한 근로자가 퇴직한 때가 속하는 반기분의 상여금 중 이미 근무한 기간에 해당하는 금액을 지급해야 한다.

1) 대판 81다카137, 대판 81다카174, 근기 68207-1167, 2005.5.31.

# 이미 지급하기로 정해진 임금을 회사가 일방적으로 삭감할 수 있나요?

**42**

■ ■ ■ ■ ■ ■ ■ ■ ■ ● ●

이미 지급하기로 정해진 임금은 단체협약이나 취업규칙의 개정, 근로계약의 갱신 등을 통해서만 삭감할 수 있을 뿐이며, 회사가 일방적으로 삭감할 수는 없습니다.

임금 삭감은 장래 일정시점 이후부터 종전보다 임금을 낮추어 지급하는 것(예를 들어 상여금 지급률을 기본급의 200%에서 100%로 낮추는 것)으로서, 집단적 의사결정방식에 의해 단체협약이나 취업규칙 변경절차에 따라 결정할 수 있으며, 반드시 개별 근로자의 동의를 받아야 하는 것은 아니다.

따라서 원칙적으로 단체협약이 적용되는 경우 단체협약 갱신만으로 가능하며, 단체협약이 없거나 단체협약 비적용자에게는 취업규칙 불이익변경 절차(근로자 과반수의 집단적 동의)[1]를 거치면 된다.

이와 달리 근로계약으로 임금수준을 정하고 있는 경우에는 근로자의 동의하에 근로계약을 갱신해야만 임금을 삭감할 수 있다.[2]

한편, 취업규칙에서 정하고 있는 임금수준을 그대로 둔 채 근로계약만 불리하게 갱신할 경우 취업규칙에서 정한 기준에 미달하는 부분은 무효가 된다.[3] 또한 이미 근로를 제공하여 구체적으로 지급청구권이 발생한 임금에 대한 포기나 반납은 반드시 근로자의 동의가 필요하다.[4]

1) 근기법 제94조 제1항
2) 근로기준과-797, 2009.3.26.
3) 근기법 제97조
4) 대판 2001다41384

# 43

## 직무변경으로 직무수당이 줄어드는 경우도 임금 삭감으로 보아 근로자 동의를 얻어야 하나요?

■ ■ ■ ■ ■ ■ ■ ■ ■ ■

직무변경이 정당한 처분이라면 그로 인해 임금이 줄어든다 하더라도 임금의 삭감으로 볼 수 없어 별도로 근로자의 동의를 얻을 필요는 없습니다.

√ 전보(전직)
동일 기업 내에서 근로자의 직종이나 직무, 근무장소 등을 변경하는 것을 말함

직무변경과 같은 전보(전직)처분은 근로자의 근로제공의 장소, 직종 등의 변경을 가져온다는 점에서 근로자에게 불이익한 처분이 될 수 있기 때문에 근로기준법에서는 회사가 근로자에 대해 정당한 이유 없이 전보(전직)처분 등을 하지 못하도록 규정하고 있다.[1]

따라서 직무변경을 하기 위해서는 정당한 이유가 있어야 가능하며, 또한 별도의 절차적 규정이 있는 경우에는 그에 따라야 동 처분의 정당성이 인정된다.

한편, 직무변경이 이러한 실체적 요건 및 절차적 요건 측면에서 하자가 없는 정당한 처분이라면 직무변경으로 인해 그 직무에 상응하는 임금이 지급됨으로써 임금의 변동이 발생한다 하더라도 이를 임금의 삭감과 같은 차원의 근로조건의 저하라 볼 수 없으며,[2] 근로자의 동의를 별도로 얻을 필요는 없다.

1) 근기법 제23조 제1항
2) 근기 01254-1987, 1992.12.9.,
   근기 01254-1731, 1992.10.17.

# 임금 지급 시 임금명세서도 반드시 교부해야 하나요?

**44**

■ ■ ■ ■ ■ ■ ■ ■ ▪ ▪ ▫ ▪

회사는 임금을 지급할 때 근로자에게 임금의 구성항목별 금액 및 계산방법, 공제내역 등을 적은 임금명세서를 서면(전자문서 포함)으로 교부하여야 합니다.

회사는 각 사업장별로 임금대장을 작성하고 ① 성명, ② 생년월일, 사원번호 등 근로자를 특정할 수 있는 정보, ③ 고용연월일, ④ 종사하는 업무, ⑤ 임금 및 가족수당의 계산기초가 되는 사항, ⑥ 근로일수, ⑦ 근로시간수, ⑧ 연장근로, 야간근로 또는 휴일근로를 시킨 경우에는 그 시간 수, ⑨ 기본급, 수당, 그 밖의 임금의 내역별 금액, ⑩ 임금의 공제 금액을 임금을 지급할 때마다 적어야 한다.

또한 회사가 임금을 지급하는 때에는 근로자에게 ① 근로자의 성명, 생년월일, 사원번호 등 근로자를 특정할 수 있는 정보, ② 임금지급일, ③ 임금 총액, ④ 기본급, 각종 수당, 상여금, 성과금, 그 밖의 임금의 구성항목별 금액, ⑤ 임금의 구성항목별 금액이 출근일수·시간 등에 따라 달라지는 경우에는 임금의 구성항목별 금액의 계산방법(연장근로, 야간근로 또는 휴일근로의 경우에는 그 시간 수를 포함), ⑥ 임금의 공제 항목별 금액과 총액 등 공제내역을 적은 임금명세서를 서면(「전자문서 및 전자거래 기본법」에 따른 전자문서 포함)으로 교부하여야 한다(위반 시 500만원 이하의 과태료).[1]

---

1) 근기법 제48조·제116조 제2항, 근기법 시행령 제27조의2

# 입금명세서

지급일 : 2021-11-25

| 성명 | 홍길동 | 사번 | 073542 |
|------|--------|------|--------|
| 부서 | 개발지원 팀 | 직급 | 팀장 |

## 세부 내역

| 지 급 | | 공 제 | |
|-------|--|------|--|
| 임금 항목 | 지급 금액(원) | 공제 항목 | 공제 금액(원) |
| 매월 지급 / 기본급 | 3,200,000 | 소득세 | 115,530 |
| 연장근로수당 | 379,728 | 국민연금 | 177,570 |
| 야간근로수당 | 15,822 | 고용보험 | 31,570 |
| 휴일근로수당 | 94,932 | 건강보험 | 135,350 |
| 가족수당 | 150,000 | 장기요양보험 | 15,590 |
| 식대 | 100,000 | 노동조합비 | 15,000 |
| 격월 또는 부정기 지급 | | | |
| | | | |
| | | | |
| 지급액 계 | 3,940,482 | 공제액 계 | 490,610 |
| | | 실수령액(원) | 3,449,872 |

## 계산 방법

| 구분 | 산출식 또는 산출방법 | 지급액(원) |
|------|---------------------|-----------|
| 연장근로수당 | 16시간x15,822원x1.5 | 379,728 |
| 야간근로수당 | 2시간x15,822원x0.5 | 15,822 |
| 휴일근로수당 | 4시간x15,822원x1.5 | 94,932 |
| 가족수당 | 100,000원x1명(배우자)<br>+50,000원x1명(자녀 1명) | 150,000 |
| | | |
| | | |

※ 가족수당은 취업규칙 등에 지급요건이 규정되어 있는 경우 계산방법을 기재하지 않더라도 무방

# LABOR·PERSONNEL

# 제3장

# 근로시간 및 휴게

# 01

## 교육시간도 근로시간으로 보아 임금을 지급해야 하나요?

■ ■ ■ ■ ■ ■ ■ ■ ▫ ▫

회사가 근로시간 중에 실시하는 직무교육과 근로시간 종료 후 또는 휴일에 근로자에게 의무적으로 소집하여 실시하는 교육은 근로시간으로 보아 임금을 지급해야 합니다.

고용노동부는 회사의 지휘하에 업무와 관련되는 교육을 실시하는 경우 이러한 시간은 근로시간으로 보아야 한다는 입장으로, 회사가 근로시간 중에 직무와 관련한 교육·훈련을 실시하거나, 근로시간 종료 후 또는 휴일에 의무적으로 교육·훈련을 실시하는 경우는 교육·훈련시간이 근로시간에 포함된다고 보고 있다.[1]

따라서 회사가 근로시간 중에 작업안전·작업능률 등 생산성 향상과 같은 업무와 관련하여 실시하는 직무교육과 근로시간 종료 후 또는 휴일에 근로자에게 의무적으로 소집하여 실시하는 교육은 근로시간으로 보아 임금을 지급해야 한다.[2]

이와 달리 직원 간 단합 도모 차원의 체육대회나 야유회, 워크숍 등은 노무관리 또는 사업운영상 필요에 의해 회사의 지배·관리하에서 이루어지는 경우라 하더라도 정상근로와는 동일하게 볼 수 없으므로 근로시간으로 인정하지 않아도 무방하다(다만, 회사의 지휘·감독 하에서 효과적인 업무 수행 등을 위한 집중 논의 목적의 워크숍·세미나 시간은 근무시간에 해당).[3]

1) 근기 01254-8238, 1988.5.21., 근기 68207-1482, 1998.7.13.
2) 근로기준과-2993, 2009.8.14.
3) 노동시간 단축 가이드 제97면

# 사업장 밖 근로나 대기시간이 있는 경우 근로시간을 어떻게 산정하나요?

**02**

사업장 밖 근로로 근로시간을 산정하기 어려운 경우 소정근로시간을 근로한 것으로 보며, 대기시간은 전체를 근로시간에 포함합니다.

근로자가 출장이나 그 밖의 사유로 근로시간의 전부 또는 일부를 사업장 밖에서 근로하여 근로시간을 산정하기 어려운 경우에는 소정근로시간을 근로한 것으로 본다. 다만, 그 업무를 수행하기 위하여 통상적으로 소정근로시간을 초과하여 근로할 필요가 있는 경우에는 그 업무의 수행에 통상 필요한 시간을 근로한 것으로 보되, 그 업무에 관하여 근로자 대표와의 서면 합의를 한 경우에는 그 합의에서 정하는 시간을 그 업무의 수행에 통상 필요한 시간으로 본다.[1]

근로기준법상의 근로시간이라 함은 근로자가 회사의 지휘·감독 아래 근로계약상의 근로를 제공하는 시간을 말한다.

따라서 근로자가 작업시간 도중에 현실적으로 작업에 종사하지 않은 대기시간이나 휴게시간으로서 근로자에게 자유로운 이용이 보장된 것이 아니고 실질적으로 회사의 지휘·감독하에 놓여있는 시간이라면 이는 근로시간에 포함된다.[2]

☑ **근로자 대표**

그 사업 또는 사업장에 근로자의 과반수로 조직된 노동조합이 있는 경우에는 그 노동조합. 근로자의 과반수로 조직된 노동조합이 없는 경우에는 근로자의 과반수를 대표하는 자를 말함(근기법 제24조 제3항).

[1] 근기법 제58조 제1항 및 제2항
[2] 근기법 제50조 제3항. 대판 2006다41990, 대판 92다24509

# 03

## 법정근로시간은 어떻게 되며, 소정근로시간이란 무엇을 말하나요?

■ ■ ■ ■ ■ ■ ■ ▪ ▫ ▫

근로기준법상 법정근로시간은 1일 8시간, 1주 40시간이며, 소정근로시간이란 법정근로시간 범위에서 근로자와 회사 사이에 정한 근로시간을 말합니다.

☑ 상시 4명 이하 근로자 고용사업장 여부 판단 방법

상시 4명 이하 근로자 고용 사업장 여부는 파견근로자를 제외한 기간제근로자(계약직), 단시간근로자(파트타이머), 동거친족근로자 등 고용형태를 불문하고 하나의 사업 또는 사업장에서 근로하는 모든 근로자를 포함하여 판단(근기법 시행령 제7조2 제4항)

근로기준법상 법정근로시간은 1일 8시간, 1주 40시간이며, 소정근로시간이란 법정근로시간 범위에서 근로자와 회사 사이에 정한 근로시간을 말한다.[1]

근로기준법에서는 당사자 간에 합의하면 1주간에 12시간을 한도로 법정근로시간을 연장할 수 있다고 규정하고 있다.[2] 그러나 이와 같은 규정은 상시 4명 이하의 근로자를 고용하는 사업 또는 사업장에는 적용되지 않는다.[3]

따라서 상시 4명 이하의 근로자를 고용하는 회사의 경우 위와 같은 근로시간의 제한을 받지 않고 근로를 시킬 수 있다.

한편, 15세 이상 18세 미만인 자의 근로시간은 1일에 7시간, 1주에 35시간을 초과하지 못하며, 당사자 사이의 합의에 따라 1일에 1시간, 1주에 5시간을 한도로 연장할 수 있다.[4]

---

1) 근기법 제50조 · 제2조 제1항 제8호
2) 근기법 제50조 제1항 · 제53조 제1항 · 제56조
3) 근기법 시행령 [별표 1]
4) 근기법 제69조

# 회사가 일방적으로 연장근로를 시킬 수 있나요?

**04**

1주 40시간 사업장의 경우 근로자가 동의하지 않는다면 회사가 일방적으로 연장근로를 시킬 수 없습니다. 따라서 근로계약서에 연장근로에 대한 동의를 미리 받아 둘 필요가 있습니다.

근로기준법에서는 1주 40시간 사업장의 경우 당사자 간에 합의하면 1주간에 12시간을 한도로 근로시간을 연장할 수 있다고 규정하고 있으므로, 근로자가 동의하지 않는다면 회사가 일방적으로 연장근로를 시킬 수 없다(위반 시 2년 이하 징역 또는 2,000만원 이하 벌금).[1]

다만, 당사자 간의 합의라 함은 원칙적으로 회사와 근로자와의 개별적 합의를 의미하는 것이고, 이와 같은 합의는 연장근로를 할 때마다 할 필요는 없으며 근로계약 등으로 미리 이를 약정하는 것도 가능하다.[2]

따라서 미리 근로계약서에서 근로자로부터 연장근로에 대한 동의를 받아놓은 경우라면 별도의 동의가 없더라도 연장근로를 시킬 수 있다.

한편, 연장근로 해당 여부는 실근로시간이 법정근로시간을 초과하였는지 여부를 기준으로 판단하기 때문에 주중에 휴일이 있거나 휴가 사용 등으로 실근로시간이 40시간에 미치지 못한 경우 그 미달되는 시간에 대해 토요일에 근로시키더라도 연장근로에 해당하지 않는다.[3]

1) 근기법 제53조 제1항 · 제110조 제1호
2) 대판 94다19228
3) 근기 68207-2990, 2000.9.28., 근기 01254-16100, 1991.11.6.

# 05

## 1주 단위로 1일 8시간을 초과한 근로시간이 12시간을 초과하면 예외없이 법 위반에 해당하나요?

■■■■■■■

1주간의 연장근로가 12시간을 초과하였는지는 근로시간이 1일 8시간을 초과하였는지를 고려하지 않고 1주간의 근로시간 중 40시간을 초과하는 근로시간을 기준으로 판단하여야 합니다.

과거 고용노동부는 1주간의 근로시간 중 근로일마다 '1일 8시간을 초과하는 근로시간'을 합산하여 해당 주의 위 합산 시간이 12시간을 초과하면, 1주간 연장근로시간의 한도를 12시간으로 정한 근로기준법 제53조 제1항을 위반하였다고 보았다.[1]

그러나 최근 대법원은 "1주간의 연장근로가 12시간을 초과하였는지는 근로시간이 1일 8시간을 초과하였는지를 고려하지 않고 1주간의 근로시간 중 40시간을 초과하는 근로시간을 기준으로 판단하여야 한다."고 판시하였다.[2]

이와 같은 대법원 판례의 입장에 따를 경우 1주 단위로 1일 8시간을 초과한 근로시간이 12시간을 초과한다 하더라도, 연장근로나 휴일근로를 포함한 1주간의 총 근로시간이 52시간을 초과하지 않는다면 근로기준법 제53조 제1항 위반에 해당하지 않는다(고용노동부도 대법원 판례의 입장에 따라 연장근로 한도 위반 기준 행정해석 변경, 부록 #5 고용노동부 2024.1.22. 보도자료 참조).[3]

한편, 30인 미만 사업장의 경우 주 52시간제 시행 계도기간이 2023년에 이어 2024년까지 연장되었음을 참고할 필요가 있다.[4]

1) 근기 32280-1707, 1992.10.12.

2) 대판 2020도15393

3) 예를 들어 1주 3일 각 14시간씩 근무(1일 연장근로시간 6시간)한 경우 1일 8시간을 초과한 근로시간이 18시간이나, 총 근로시간은 42시간으로 52시간을 초과하지 않아 근로기준법 제53조 제1항 위반에 해당하지 않음.

구 근로기준법(2017.11.28. 법률 제15108호로 개정되기 전의 것, 이하 같다) 제50조는 1주간의 근로시간은 휴게시간을 제외하고 40시간을 초과할 수 없고(제1항), 1일의 근로시간은 휴게시간을 제외하고 8시간을 초과할 수 없다(제2항)고 규정하고, 제53조제1항은 당사자 간에 합의하면 1주간 12시간을 한도로 제50조의 근로시간을 연장할 수 있다고 규정하고 있다. 구 근로기준법 제53조제1항은 연장근로시간의 한도를 1주간을 기준으로 설정하고 있을 뿐이고 1일을 기준으로 삼고 있지 아니하므로, 1주간의 연장근로가 12시간을 초과하였는지는 근로시간이 1일 8시간을 초과하였는지를 고려하지 않고 1주간의 근로시간 중 40시간을 초과하는 근로시간을 기준으로 판단하여야 한다. 그 이유는 다음과 같다.

가) 구 근로기준법 제53조제1항은 1주 단위로 12시간의 연장근로 한도를 설정하고 있으므로 여기서 말하는 연장근로란 같은 법 제50조제1항의 '1주간'의 기준근로시간을 초과하는 근로를 의미한다고 해석하는 것이 자연스럽다. 구 근로기준법 제53조제1항이 '제50조의 근로시간'을 연장할 수 있다고 규정하여 제50조제2항의 근로시간을 규율 대상에 포함한 것은 당사자 간에 합의하면 1일 8시간을 초과하는 연장근로가 가능하다는 의미이지, 1일 연장근로의 한도까지 별도로 규제한다는 의미가 아니다.

나) 구 근로기준법은 '1주간 12시간'을 1주간의 연장근로시간을 제한하는 기준으로 삼는 규정을 탄력적 근로시간제나 선택적 근로시간제 등에서 두고 있으나(제53조제2항, 제51조, 제52조), 1일 8시간을 초과하는 연장근로시간의 1주간 합계에 관하여 정하고 있는 규정은 없다.

다) 1일 8시간을 초과하거나 1주간 40시간을 초과하는 연장근로에 대해서는 통상임금의 50% 이상을 가산한 임금을 지급하도록 정하고 있는데(구 근로기준법 제56조), 연장근로에 대하여 가산임금을 지급하도록 한 규정은 사용자에게 금전적 부담을 가함으로써 연장근로를 억제하는 한편, 연장근로는 근로자에게 더 큰

4) 계도기간 중 30인 미만 사업장은 장시간 관련 정기 근로감독 대상에서 제외되며, 그 외 근로감독 또는 진정 등의 처리 과정에서 근로시간 한도 위반이 확인되더라도 필요시 추가적으로 3~6개월의 시정기회를 제공함. 다만, 특별감독, 고소·고발 사건의 경우 계도기간 부여와 관계없이 즉시 사법처리됨(부록 #6 고용노동부 2023.12.29. 보도자료 참조).

피로와 긴장을 주고 근로자가 누릴 수 있는 생활상의 자유시간을 제한하므로 이에 상응하는 금전적 보상을 해 주려는 데에 그 취지가 있는 것으로서(대법원 2013.12.18. 선고 2012다89399 전원합의체 판결 참조), 연장근로 그 자체를 금지하기 위한 목적의 규정은 아니다. 이와 달리 구 근로기준법 제53조제1항은 당사자가 합의하더라도 원칙적으로 1주간 12시간을 초과하는 연장근로를 하게 할 수 없고, 이를 위반한 자를 형사처벌(제110조제1호)하는 등 1주간 12시간을 초과하는 연장근로 그 자체를 금지하기 위한 것이다. 따라서 가산임금 지급 대상이 되는 연장근로와 1주간 12시간을 초과하는 연장근로의 판단 기준이 동일해야 하는 것은 아니다.

－대판 2020도15393－

# 돌발상황이 발생하여 수습하기 위한 긴급한 조치가 필요한 경우에도 예외 없이 1주 12시간을 초과하여 연장근로를 시킬 수 없나요?

**06**

회사는 돌발상황이 발생하여 수습하기 위한 긴급한 조치가 필요한 경우 등 특별한 사정이 있으면 고용노동부장관의 인가와 근로자의 동의를 받아 1주 12시간을 초과하여 연장근로를 시킬 수 있습니다.

회사는 다음과 같은 특별한 사정이 있으면 고용노동부장관의 인가와 근로자의 동의를 받아 1주 12시간을 초과하여 근로시간을 연장할 수 있다. 다만, 사태가 급박하여 고용노동부장관의 인가를 받을 시간이 없는 경우에는 사후에 지체 없이 승인을 받아야 한다.[1]

① 「재난 및 안전관리 기본법」에 따른 재난 또는 이에 준하는 사고가 발생하여 이를 수습하거나 재난 등의 발생이 예상되어 이를 예방하기 위해 긴급한 조치가 필요한 경우

② 사람의 생명을 보호하거나 안전을 확보하기 위해 긴급한 조치가 필요한 경우

③ 갑작스런 시설·설비의 장애·고장 등 돌발적인 상황이 발생하여 이를 수습하기 위해 긴급한 조치가 필요한 경우

④ 통상적인 경우에 비해 업무량이 대폭적으로 증가한 경우로서 이를 단기간 내에 처리하지 않으면 사업에 중대한 지장을 초래하거나 손해가 발생하는 경우

⑤ 「소재·부품·장비산업 경쟁력강화를 위한 특별조치법」

1) 근기법 제53조 제4항, 근기법 시행규칙 제9조 제1항

제2조제1호 및 제2호에 따른 소재·부품 및 장비의 연구개발 등 연구개발을 하는 경우로서 고용노동부장관이 국가경쟁력 강화 및 국민경제 발전을 위해 필요하다고 인정하는 경우

## [야간근로 및 휴일근로]
## 저녁식사 이후 근무와 토요일 근무의 경우 가산수당을 어떻게 지급해야 하나요?

저녁식사 이후의 근로라 하더라도 오후 10시 이후만 가산수당이 지급되는 야간근로에 해당되며, 토요일에 관해 특별한 규정이 없으면 토요일 근무는 휴일근로가 아닌 연장근로에 해당됩니다.

근로기준법에서 가산수당을 지급해야 하는 야간근로는 오후 10시부터 오전 6시까지 사이의 근로를 말한다.[1] 따라서 단순히 저녁식사 이후에 근로를 제공한다고 하여 야간근로수당을 지급해야 하는 것은 아니다(1일 8시간을 초과해 근로한 경우 연장근로수당은 지급해야 함).

한편, 근로기준법에서는 토요일에 관해 규정하고 있지 않으며, 고용노동부는 토요일에 관해 특별한 규정이 없으면 무급휴무일로 본다.[2] 따라서 평일에 40시간을 근로시켰다면 토요일 근무는 연장근로에 해당되어 휴일근로수당이 아닌 연장근로수당을 지급해야 한다.

이와 달리 토요일을 휴일로 정한 경우, 8시간 이내의 휴일근로에 대해서는 통상임금의 50%를 가산하여 지급하고, 8시간을 초과하는 휴일근로에 대해서는 통상임금의 100%를 가산하여 지급해야 한다.[3]

1) 근기법 제56조 제3항
2) 근로기준과－2325, 2004.5.10.
3) 근기법 제56조 제2항

## [휴게시간의 개념 및 법정휴게시간]

# 휴게시간은 언제, 어떻게, 얼마나 주어야 하나요?

■ ■ ■ ■ ■ ■ ■ ■ ■

휴게시간은 근로시간이 4시간인 경우에는 30분 이상, 8시간인 경우에는 1시간 이상을 근로시간 도중에 주어야 하며, 근로자가 자유롭게 이용할 수 있어야 합니다.

회사는 근로시간이 4시간인 경우에는 30분 이상, 8시간인 경우에는 1시간 이상의 휴게시간을 근로시간 도중에 주어야 하며, 휴게시간은 근로자가 자유롭게 이용할 수 있어야 한다.[1]

따라서 명목상 휴게시간에 해당되더라도 그것이 휴게시간으로서 근로자에게 자유로운 이용이 보장된 것이 아니고 실질적으로 회사의 지휘·감독하에 놓여있는 시간이라면 근로시간에 포함되며, 당연히 그 시간에 대한 임금도 지급되어야 한다.[2]

한편, 휴게시간은 작업의 시작에서부터 종료까지 제한된 시간 중의 일부이므로 다음 작업의 계속을 위해 어느 정도의 범위 내에서 사용자의 제약을 받는 것은 부득이한 것이다. 예를 들어 사업장 내의 최소한도의 질서유지를 위해 외출을 어느 정도 제한하거나 휴게시간의 이용장소와 이용방법을 사용자가 어느 정도 제한하는 것은 위법이라 할 수 없다.[3] 또한 휴게시간이 매일 동일한 시간에 주어지지 않았거나 휴게시간 1시간이 연속적으로 주어지지 않았다고 하더라도 그러한 사정만으로 휴게시간이 보장되지 않았다고 볼 수 없다.[4]

1) 근기법 제54조
2) 근기법 제50조 제3항, 대판 2006다41990, 대판 92다24509
3) 법무811-28682, 1980.5.15.
4) 서울남부지판 2011가합7312, 근로개선정책과-4279, 2012.8.23.

# 업종에 관계없이 1주에 연장근로를 12시간까지만 시킬 수 있나요?

**09**

운수업, 보건업 등 법에서 정하고 있는 사업에 대해서는 근로자 대표와 서면 합의를 할 경우 1주 12시간을 초과하여 연장근로를 시킬 수 있습니다.

① 육상운송 및 파이프라인 운송업(노선 여객자동차운송사업은 제외), ② 수상운송업, ③ 항공운송업, ④ 기타 운송 관련 서비스업, ⑤ 보건업의 경우 회사가 근로자 대표(그 사업 또는 사업장에 근로자의 과반수로 조직된 노동조합이 있는 경우에는 그 노동조합, 없는 경우에는 근로자의 과반수를 대표하는 자)와 서면 합의를 한 경우에는 1주 12시간을 초과하여 연장근로를 하게 하거나 휴게시간을 변경할 수 있다.[1]

다만, 이 경우도 1주 12시간을 초과하여 연장근로한 시간에 대해서는 당연히 그에 상응하는 법정가산수당이 지급되어야 한다.

또한 2018.9.1.부터 회사는 근로일 종료 후 다음 근로일 개시 전까지 근로자에게 연속하여 11시간 이상의 휴식 시간을 주어야 한다.[2]

☑ 기존(2018.6.30. 이전) 근로시간 및 휴게시간 특례 업종

① 운수업, 물품 판매 및 보관업, 금융보험업
② 영화 제작 및 흥행업, 통신업, 교육연구 및 조사사업, 광고업
③ 의료 및 위생사업, 접객업, 소각 및 청소업, 이용업
④ 사회복지사업

☑ 현행(2018.7.1. 이후) 근로시간 및 휴게시간 특례 업종

① 육상운송 및 파이프라인 운송업(『여객자동차 운수사업법』에 따른 노선(路線) 여객자동차운송사업은 제외)
② 수상운송업
③ 항공운송업
④ 기타 운송 관련 서비스업
⑤ 보건업

---

1) 근기법 제59조 제1항
2) 근기법 제59조 제2항

[근로시간 · 휴게 및 휴일 적용 제외]

# 건물 경비원이나 시설관리직에 대해서도 연장 근로 제한 규정이 적용되나요?

■ ■ ■ ■ ■ ■ ■ ■ ▨ ▨

건물 경비원이나 시설관리직의 경우 고용노동부로부터 근로시간 · 휴게 및 휴일 적용 제외 승인을 받은 경우에는 특별한 제한 없이 연장근로를 시킬 수 있습니다.

**✔ 감시적 근로자**

비교적 피로가 적고 힘들지 않은 감시업무를 주된 업무로 하는 아파트 · 건물 경비원, 회사 수위, 물품 감시원 등을 말함

**✔ 단속적 근로자**

근로가 간헐적으로 이루어져 실제 근로시간보다는 휴게시간이나 대기시간이 많은 보일러기사, 전용 운전원 등을 말함

건물 경비원이나 시설관리직과 같은 감시(監視) 또는 단속직(斷續的) 근로에 종사하는 자로서 회사가 고용노동부장관의 승인을 받은 자에 대해서는 근로기준법상 근로시간, 휴게와 휴일에 관한 규정을 적용하지 않는다(감시적 · 단속적 근로에 종사하는 자에 대한 적용제외 승인 요건에 대해서는 부록 #7 참조).

따라서 건물 경비원이나 시설관리직이라 하더라도 원칙적으로는 근로기준법상 연장근로 제한규정의 적용을 받지만, 고용노동부장관으로부터 근로시간 · 휴게 및 휴일 적용 제외 승인을 받은 경우에는 특별한 제한 없이 연장근로를 시킬 수 있으며, 이 경우 가산수당은 지급하지 않아도 된다.[1]

마찬가지로 고용노동부장관으로부터 근로시간 · 휴게 및 휴일 적용 제외 승인을 받은 건물 경비원이나 시설관리직에 대해서는 1주 평균 1회 이상 주도록 되어 있는 유급휴일이나, 근로시간이 4시간인 경우에는 30분 이상, 8시간인 경우에는 1시간 이상 주도록 되어 있는 휴게시간을 주지 않아도 된다.

---

1) 근기법 제63조 제3호

# 아파트관리 위탁업체만 바뀐 경우 새로 감시 · 단속적 근로자 승인을 받아야 하나요?

11

새로운 위탁업체가 기존 근로자의 고용을 승계했고, 감시 · 단속적 근로종사자의 종사업무, 승인근로자 수 및 근로형태가 변경되지 않았다면 감시 · 단속적 근로종사자에 대한 적용 제외 승인을 다시 받을 필요가 없습니다.

아파트관리 위탁업체가 변경되어 사업장의 명칭과 대표자가 변경되었다면 근로조건 결정 권한을 가진 회사가 변경된 것이므로 감시적 · 단속적 근로종사자에 대한 근로시간 · 휴게 및 휴일 적용 제외 승인을 새로이 받아야 하는 것이 원칙이다.

다만, 아파트관리 위탁업체가 변경되면서 새로운 위탁업체가 종전 위탁업체 소속 근로자의 고용을 승계했고, 승계 이후 회사의 사업종류, 감시 · 단속적 근로종사자의 종사업무, 승인근로자 수 및 근로형태가 변경되지 않았다면 새로운 위탁업체가 감시적 · 단속적 근로종사자에 대한 적용 제외 승인을 다시 받을 필요는 없다.[1]

그러나 이후 근로형태에 변경이 있거나 승인 기준에 미달하게 된 때에는 그 즉시 새로이 승인을 받을 필요가 있다(승인 취소 사유에 해당할 뿐만 아니라, 재차 승인을 받더라도 그 기간이 소급하지 않기 때문임).[2]

☑ 감시적 근로자

비교적 피로가 적고 힘들지 않은 감시업무를 주된 업무로 하는 아파트 · 건물 경비원, 회사 수위, 물품 감시원 등을 말함

☑ 단속적 근로자

근로가 간헐적으로 이루어져 실제 근로시간보다는 휴게시간이나 대기시간이 많은 보일러 기사, 전용 운전원 등을 말함

1) 근기 68207 – 229, 2001.1.20.
2) 감독관규정 제67조

# 12

## 일이 많을 때는 근로시간을 길게 하고 적을 때는 근로시간을 짧게 하는 것이 가능한가요?

■ ■ ■ ■ ■ ■ ■ ■ ■ ■ Ⅲ

탄력적 근로시간제를 도입할 경우 일정 범위 내에서 근로시간 제한 규정의 적용을 받지 않고 근로시간을 변경하여 운영할 수 있습니다.

☑ **근로자 대표**

그 사업 또는 사업장에 근로자의 과반수로 조직된 노동조합이 있는 경우에는 그 노동조합, 근로자의 과반수로 조직된 노동조합이 없는 경우에는 근로자의 과반수를 대표하는 자를 말함(근기법 제24조 제3항).

회사는 취업규칙에서 정하는 바에 따라 2주 이내 단위기간 평균 1주 근로시간이 40시간을 초과하지 아니하는 범위에서 특정 주에 40시간을, 특정 일에 8시간을 초과하여 근로하게 할 수 있다. 다만, 특정 주의 근로시간은 48시간을 초과할 수 없다.[1]

또한 근로자 대표와의 서면 합의로 ① 대상 근로자의 범위, ② 단위기간(3개월 이내의 일정한 기간), ③ 단위기간의 근로일과 그 근로일별 근로시간, ④ 서면 합의의 유효기간을 정하면 3개월 이내 단위기간 평균 1주 근로시간이 40시간을 초과하지 아니하는 범위에서 특정 주에 40시간을, 특정 일에 8시간을 초과하여 근로하게 할 수 있다. 다만, 특정한 주의 근로시간은 52시간을, 특정 일의 근로시간은 12시간을 초과할 수 없다.[2]

이와 같은 탄력적 근로시간제를 도입할 경우 법정근로시간을 초과한 근로는 연장근로에 해당하지 않으며, 따라서 추가적으로 1주 12시간 한도 내에서 연장근로를 시킬 수 있다.[3] 다만, 15세 이상 18세 미만의 근로자와 임신 중인 여성 근로자에 대하여는 탄력적 근로시간제를 적용할 수 없다.[4]

1) 근기법 제51조 제1항
2) 근기법 제51조 제2항
3) 근기 68207-1039, 2000.5.29.
4) 근기법 제51조 제3항

# 탄력적 근로시간제를 3개월을 초과하는 단위로도 도입하여 운영할 수 있나요?

**13**

■■■■■■■■■■

2021.1.5.부터 3개월 초과 6개월 이내의 탄력적 근로시간제를 도입하여 운영할 수 있습니다.

회사는 근로자 대표와의 서면 합의에 따라 ① 대상 근로자의 범위, ② 단위기간(3개월을 초과하고 6개월 이내의 일정한 기간으로 정하여야 함), ③ 단위기간의 주별 근로시간, ④ 서면 합의의 유효기간을 정하면 3개월을 초과하고 6개월 이내의 단위기간을 평균하여 1주간의 근로시간이 40시간을 초과하지 아니하는 범위에서 특정한 주에 40시간을, 특정한 날에 8시간을 초과하여 근로하게 할 수 있다. 다만, 특정한 주의 근로시간은 52시간을, 특정한 날의 근로시간은 12시간을 초과할 수 없다.

회사는 위와 같은 6개월 이내 탄력적 근로제에 따라 근로자를 근로시킬 경우에는 근로일 종료 후 다음 근로일 개시 전까지 근로자에게 연속하여 11시간 이상의 휴식 시간을 주어야 한다.

또한 회사는 각 주의 근로일이 시작되기 2주 전까지 근로자에게 해당 주의 근로일별 근로시간을 통보하여야 한다.

아울러 회사는 6개월 이내 탄력적 근로제에 따라 근로자를 근로시킬 경우에는 기존의 임금 수준이 낮아지지 아니하도록 임금보전방안을 마련하여 고용노동부장관에게 신고하여야 한

다. 다만, 근로자대표와의 서면합의로 임금보전방안을 마련한 경우에는 그러하지 아니하다.[1)]

이와 같은 탄력적 근로시간제를 도입할 경우 법정근로시간을 초과한 근로는 연장근로에 해당하지 않으며, 따라서 추가적으로 1주 12시간 한도 내에서 연장근로를 시킬 수 있다.[2)]

다만, 15세 이상 18세 미만의 근로자와 임신 중인 여성 근로자에 대하여는 탄력적 근로시간제를 적용할 수 없다.[3)]

1) 근기법 제51조의2 제1항 내지 제5항
2) 근기 68207-1039, 2000.5.29.
3) 근기법 제51조의2 제6항

# 업무의 시작 및 종료 시각을 근로자의 결정에 맡기는 근로형태가 가능한가요?

**14**

근로자 대표와 서면 합의를 한 경우 업무의 시작 및 종료 시각을 근로자의 결정에 맡길 수 있습니다.

**회사는** 취업규칙에 따라 업무의 시작 및 종료 시각을 근로자의 결정에 맡기기로 할 수 있으며, 해당 근로자에 대해 근로자 대표와의 서면 합의에 따라 일정한 사항을 정하면 1개월(신상품 또는 신기술의 연구개발 업무의 경우에는 3개월) 이내의 정산기간을 평균하여 1주 근로시간이 40시간을 초과하지 아니하는 범위에서 1주에 40시간을, 1일에 8시간을 초과하여 근로하게 할 수 있다.

회사가 1개월을 초과하는 정산기간을 정하는 경우에는 ① 근로일 종료 후 다음 근로일 시작 전까지 근로자에게 연속하여 11시간 이상의 휴식 시간을 주고, ② 매 1개월마다 평균하여 1주간의 근로시간이 40시간을 초과한 시간에 대해서는 통상임금의 100분의 50 이상을 가산하여 근로자에게 지급하여야 한다[1]

☑ **근로자 대표**

그 사업 또는 사업장에 근로자의 과반수로 조직된 노동조합이 있는 경우에는 그 노동조합, 근로자의 과반수로 조직된 노동조합이 없는 경우에는 근로자의 과반수를 대표하는 자를 말함(근기법 제24조 제3항)

[1] 근기법 제52조

143

**| 선택적 근로시간제 도입 시 근로자 대표와 서면 합의 사항 |**

① 대상 근로자의 범위(15세 이상 18세 미만의 근로자는 제외), ② 정산기간 ③ 정산기간의 총 근로시간, ④ 반드시 근로해야 할 시간대를 정하는 경우에는 그 시작 및 종료 시각, ⑤ 근로자가 그의 결정에 따라 근로할 수 있는 시간대를 정하는 경우에는 그 시작 및 종료 시각, ⑥ 표준근로시간(유급휴가 등의 계산 기준으로 사용자와 근로자 대표가 합의해 정한 1일의 근로시간)

# 업무 수행 방법을 근로자의 재량에 맡기는 근로형태가 가능한가요?

# 15

■ ■ ■ ■ ■ ■ ■ ▦ ▦ ▦ ● ●

근로자 대표와 서면 합의를 한 경우 업무의 시작 및 종료 시각이나 업무 수행 방법을 근로자의 결정(재량)에 맡길 수 있습니다.

회사는 ① 신상품 또는 신기술의 연구개발이나 인문사회과학 또는 자연과학분야의 연구 업무, ② 정보처리시스템의 설계 또는 분석 업무, ③ 신문, 방송 또는 출판 사업에서 기사의 취재, 편성 또는 편집 업무, ④ 의복 · 실내장식 · 공업제품 · 광고 등의 디자인 또는 고안 업무, ⑤ 방송 프로그램 · 영화 등의 제작 사업에서 프로듀서나 감독 업무, ⑥ 회계 · 법률사건 · 납세 · 법무 · 노무관리 · 특허 · 감정평가 · 금융투자분석 · 투자자산운용 등의 사무에 있어 타인의 위임 · 위촉을 받아 상담 · 조언 · 감정 또는 대행을 하는 업무에 대해 업무 수행 방법을 근로자의 재량에 위임할 수 있으며, 이 경우 회사가 근로자 대표와 서면 합의로 정한 시간을 근로한 것으로 본다.[1]

☑ **근로자 대표**
그 사업 또는 사업장에 근로자의 과반수로 조직된 노동조합이 있는 경우에는 그 노동조합, 근로자의 과반수로 조직된 노동조합이 없는 경우에는 근로자의 과반수를 대표하는 자를 말함(근기법 제24조 제3항)

---

**| 재량 근로시간제 도입 시 근로자 대표와 서면 합의 사항 |**

① 대상 업무, ② 사용자가 업무의 수행 수단 및 시간 배분 등에 관해 근로자에게 구체적인 지시를 하지 않는다는 내용, ③ 근로시간의 산정은 그 서면 합의로 정하는 바에 따른다는 내용

1) 근기법 제58조 제3항, 근기법 시행령 제31조, 고용노동부고시 제2019-36호

# LABOR·PERSONNEL

# 제4장

## 휴일 및 휴가

# 01

## 사기업의 경우 법에 의해 유급으로 쉬게 해주어야 하는 날(법정유급휴일)은 언제인가요?

■ ■ ■ ■ ■ ■ ■ ■ ■ ■

사기업의 경우 법정유급휴일은 주(週) 휴일과 ① 주 휴일, ② 근로자의 날, ③ 공휴일 및 대체공휴일이며, 주 휴일은 반드시 일요일이 아니라도 무방합니다.

**☑ 공휴일규정에따른공휴일**

① 일요일
② 국경일 중 3 · 1절, 광복절, 개천절 및 한글날
③ 1월 1일
④ 설날 전날, 설날, 설날 다음날 (음력 12월 말일, 1월 1일, 2일)
⑤ 부처님오신날 (음력 4월 8일)
⑥ 5월 5일 (어린이날)
⑦ 6월 6일 (현충일)
⑧ 추석 전날, 추석, 추석 다음날 (음력 8월 14일, 15일, 16일)
⑨ 12월 25일 (기독탄신일)
⑩ 「공직선거법」 제34조에 따른 임기만료에 의한 선거의 선거일
⑪ 기타 정부에서 수시 지정하는 날

근로기준법에서 회사는 근로자에게 1주일에 평균 1회 이상의 유급휴일을 주도록 하고 있다.[1] 사기업의 경우 이와 같은 ① 근로기준법상 주(週) 휴일 외에 ② 근로자의 날 제정에 관한 법률에 따른 근로자의 날(5월 1일), ③ 관공서의 공휴일에 관한 규정에 따른 공휴일(단, 일요일은 제외)과 대체공급휴일이 법정유급휴일에 해당한다.[2]

주 휴일은 1주일에 소정의 근로일수를 개근한 자에 한해 1주 평균 1회 이상 유급으로 부여하도록 하고 있으며, 반드시 일요일이 아니라도 무방하다.[3] 이때 '개근'이란 근로제공의 의무가 있는 소정근로일에 결근하지 않는 것을 의미한다.

따라서 1주일 동안 지각 또는 조퇴시간을 합산하여 8시간이 되더라도, 지각 · 조퇴는 결근이 아니므로 1일을 결근처리하여 개근일수에 영향을 미치게 할 수는 없다.[4]

1) 근기법 제55조 제1항
2) 근기법 제55조 제2항
3) 근기법 시행령 제30조, 근기 01254 – 7449, 1988.5.20.
4) 근로기준과 – 5560, 2009.12.23.

# 다음 주 근로가 예정되어 있지 않은 직원에 대해서도 주휴수당을 지급해야 하나요?

**02**

1주간 근로관계가 존속되고 그 기간 동안의 소정근로일에 개근하였다면 1주를 초과하여 근로가 예정되어 있지 않다 하더라도 주휴수당이 발생합니다.

과거 고용노동부는 1주간의 소정근로일을 개근하고 아울러 1주를 초과하여 근로가 예정되어 있는 경우에만 주휴수당이 발생한다는 입장을 보였다.[1)]

그러나 근로기준법에서는 "사용자는 근로자에게 1주에 평균 1회 이상의 유급휴일을 보장"하도록 하고, 근로기준법 시행령에서는 주휴일을 "1주 동안의 소정근로일을 개근한 자"에게 주도록 규정하고 있을 뿐,[2)] 그 다음 주까지 근로관계가 유지되어야 한다는 법령상 근거를 찾을 수 없다는 문제가 있었다.

이에 최근 고용노동부는 1주를 초과하여 근로가 예정되어 있지 않다 하더라도 주휴수당이 발생한다고 보되, 최소한 1주 동안의 근로관계 존속을 전제로 한다고 봄이 타당하다고 행정해석을 변경하였다.[3)]

이와 같이 바뀐 행정해석에 따를 경우, 예를 들어 월요일부터 금요일까지인 소정근로일을 개근했다 하더라도 월요일부터 금요일까지만 근로관계를 유지(토요일에 퇴직)하였다면 주휴수당은 발생하지 않으며, 적어도 월요일부터 일요일까지 근로관계를 유지(그 다음 월요일에 퇴직)해야만 주휴수당이 발생한다.

1) 근로기준정책과-6551, 2015.12.7.
2) 근기법 제55조 제1항, 근기법 시행령 제30조 제1항
3) 임금근로시간과-1736, 2021.8.4.

# 03

## 사기업에서도 공휴일과 대체공휴일을 휴일로 보장해야 하나요?

■ ■ ■ ■ ■ ■ ■ ■ ■

공휴일 및 대체공휴일은 관공서의 휴일로서 사기업의 경우 원칙적으로 휴일이 아닌 근로일이었으나, 최근 관련 법 제·개정으로 사기업에서도 유급휴일로 보장해야 합니다.

과거 공휴일 및 대체공휴일은 관공서의 휴일로서 사기업의 경우 원칙적으로 휴일이 아닌 근로일이었으나(다만, 단체협약이나 취업규칙 등에서 휴일로 정할 수 있었음), 최근 관련 법 제·개정으로 사기업에서도 유급휴일로 보장해야 한다.[1]

공휴일규정에 따른 공휴일 중 사기업에서 유급휴일로 보장해야 하는 공휴일은 ① 국경일 중 3·1절, 광복절, 개천절 및 한글날, ② 1월 1일, ③ 설날 전날, 설날, 설날 다음날(음력 12월 말일, 1월 1일, 2일), ④ 부처님오신날(음력 4월 8일), ⑤ 5월 5일(어린이날), ⑥ 6월 6일(현충일), ⑦ 추석 전날, 추석, 추석 다음날(음력 8월 14일, 15일, 16일), ⑧ 12월 25일(기독탄신일), ⑨ 「공직선거법」에 따른 임기만료에 의한 선거의 선거일, ⑩ 기타 정부에서 수시 지정하는 날이다.[2]

한편 공휴일이 다음 각 호의 어느 하나에 해당하는 경우에는 그 공휴일 다음의 첫 번째 비공휴일을 대체공휴일로 한다.[3]

① 국경일 중 3·1절, 광복절, 개천절 및 한글날, 부처님오신날(음력 4월 8일), 5월 5일(어린이날), 12월 25일(기독탄신일)이

1) 근기법 제55조 제2항
2) 공휴일규정 제2조
3) 공휴일규정 제3조 제1항

토요일이나 일요일과 겹치는 경우

② 설날 전날, 설날, 설날 다음날(음력 12월 말일, 1월 1일, 2일), 추석 전날, 추석, 추석 다음날(음력 8월 14일, 15일, 16일)이 일요일과 겹치는 경우

③ 국경일 중 3·1절, 광복절, 개천절 및 한글날, 설날 전날, 설날, 설날 다음날(음력 12월 말일, 1월 1일, 2일), 부처님오신날(음력 4월 8일), 5월 5일 (어린이날), 추석 전날, 추석, 추석 다음날(음력 8월 14일, 15일, 16일), 12월 25일(기독탄신일)이 토요일·일요일이 아닌 날에 다른 공휴일(일요일, 「공직선거법」에 따른 임기만료에 의한 선거의 선거일, 기타 정부에서 수시 지정하는 날은 제외)과 겹치는 경우

또한 대체공휴일이 같은 날에 겹치는 경우에는 그 대체공휴일 다음의 첫 번째 비공휴일까지 대체공휴일로 하며, 이와 같은 대체공휴일이 토요일인 경우에는 그 다음의 첫 번째 비공휴일을 대체공휴일로 한다.[4]

4) 공휴일규정 제3조 제2항 및 제3항

**[법정휴일 및 약정휴일]**

# 공휴일에 대해 추가로 임금을 지급해야 하나요?

■ ■ ■ ■ ■ ■ ■ ■ ■ ■

월급제 근로자에 대해서는 공휴일에 대한 임금을 추가로 지급할 의무가 없으나, 공휴일에 근로를 제공한 경우에는 휴일근로수당을 추가로 지급해야 합니다.

근로자에 대한 임금을 월급 금액으로 지급하는 경우 특별한 사정이 없는 한 월급 금액에는 공휴일에 대한 임금도 포함된 것으로 볼 수 있으므로, 취업규칙이나 단체협약 등으로 월급 금액 외에 공휴일에 대하여 추가임금을 지급한다는 노사간 특약이나, 그러한 관행이 없는 경우라면 회사는 공휴일에 대한 추가적인 임금을 지급할 의무가 없다.[1]

다만, 월급제 근로자가 공휴일에 근로하는 경우에는 휴일근로수당(8시간 이내는 50%, 8시간을 초과하는 근로시간은 100% 가산)을 추가로 지급하여야 한다.[2]

월급제와는 달리 일급 및 시급제 근로자의 경우에는 근무편성표상 소정근로일이 공휴일에 해당된다면 1일의 통상임금을 유급휴일수당으로 지급해야 하며, 해당일에 근로를 제공하는 경우에는 휴일근로수당을 추가로 지급하여야 한다.

다만, 근로제공이 예정되지 않은 비번일, 무급휴(무)일 등이 공휴일에 해당하는 경우, 이날에 대하여 유급으로 보장한다는 노사간 특약이나, 그간의 관행이 인정되지 아니한 이상 회사는 별도의 추가 임금을 지급할 의무가 없다.[3]

1) 대판 2019다230899, 대판 93다32514, 근로조건지도과-2455, 2008.7.8., 근로자의 날의 경우도 월요일에서 일요일 사이의 어느 날에 속하는지에 관계없이 소정의 월급금액만 지급하면 됨(근로기준과-2156, 2004.4.30.)
2) 근기법 제56조 제2항
3) 임금근로시간과-653, 2021.3.22., 임금근로시간과- 743, 2020.3.30.

# 감시·단속적 근로자에게도 '근로자의 날'을 유급휴일로 보장해야 하나요?

**05**

'근로자의 날'은 근로자의 날 제정에 관한 법률에 의해 특정일을 기념하여 휴일로 규정하고 있으므로 감시·단속적 근로자라 하더라도 유급휴일로 보장되어야 합니다.

　　매월 고정적인 임금을 지급받는 월급제 근로자가 '근로자의 날'에 근로를 제공했다면 휴일근로수당을 지급해야 하지만, 휴무했다면 해당 월의 소정근로일수나 유급휴일수 또는 '근로자의 날'이 월요일에서 일요일 사이의 어느 날에 속하는지에 관계없이 소정의 월급금액만 지급하면 된다.[1]

　　한편, 감시·단속적 근로자로 근로시간·휴게 및 휴일 적용제외 승인을 받은 자는 근로기준법에서 정한 휴일에 관한 규정이 적용되지 않기 때문에 주 휴일에 근로를 제공한다고 하더라도 휴일근로로 보지 않는다.

　　그러나 '근로자의 날'은 근로자의 날 제정에 관한 법률에 의해 특정일을 기념하여 휴일로 규정하고 있으므로 감시·단속적 근로자로 고용노동부장관의 승인을 받은 자라 하더라도 유급휴일로 보장되어야 한다.[2]

1) 근로기준과－2116, 2004.4.29., 근로기준과－2156, 2004.4.30.
2) 근기 01254－6550, 1991.5.9.

## 06

# 토요일에 쉬는 회사의 경우 토요일도 유급휴일에 해당되나요?

■■■■■■■■■■

근로기준법에서는 토요일에 관해 규정하고 있지 않으며, 고용노동부는 토요일에 관해 특별한 규정이 없으면 유급휴일이 아닌 무급휴무일로 봅니다.

**☑ 휴일**
법률이나 약정에 따라 근로제공 의무가 면제된 날

**☑ 휴무일**
근로일로 정할 수 있음에도 근로형태 등에 따라 근로일로 지정되지 않은 날(예를 들어 비번일)

사기업에 있어서는 근로기준법상 주 휴일과 근로자의 날, 공휴일과 대체공휴일이 법정유급휴일에 해당한다.[1] 근로기준법에서는 토요일에 관해 규정하고 있지 않으며, 고용노동부는 토요일에 관해 특별한 정함이 없으면 유급휴일이 아닌 무급휴무일로 본다.[2]

한편, 근로기준법에서 '회사는 근로자에게 1주일에 평균 1회 이상의 유급휴일을 주어야 한다'고 규정하고 있으므로, 토요일을 휴일로 정하더라도 아무런 문제가 없다. 다만, 토요일을 휴무일로 하느냐 휴일로 하느냐에 따라 가산율에 있어 다음과 같이 차이가 발생할 수 있다.[3]

| 구 분 | 휴무일 | 휴일 |
|---|---|---|
| 8시간 이내 | 50% | 50% |
| 8시간 초과 | 50% | 100% |

---

1) 근기법 제55조, 근로자의날법
2) 근로기준과-2325, 2004.5.10.
3) 근기법 제56조 제2항

## [휴일의 대체]

# 원래 휴일을 다른 날로 대체하면 휴일근로수당을 주지 않고 일을 시킬 수 있나요?

■ ■ ■ ■ ■ ■ ■ ■ ■ ■

취업규칙에 근거규정이 있거나 근로자의 동의를 얻은 경우 미리 휴일을 교체할 수 있으며, 이 경우 원래의 휴일에 휴일근로수당을 지급하지 않고 일을 시킬 수 있습니다.

주휴일의 경우 취업규칙 등에서 특정된 휴일을 근로일로 하고 대신 통상의 근로일을 휴일로 교체할 수 있도록 하는 규정을 두거나, 그렇지 않더라도 근로자의 동의를 얻은 경우 미리(24시간 전) 근로자에게 교체할 휴일을 특정하여 고지하면 다른 특별한 사정이 없는 한 이는 적법한 휴일대체가 된다. 따라서 원래의 휴일은 통상의 근로일이 되고 그날의 근로는 휴일근로가 아닌 통상근로가 되므로 회사는 근로자에게 휴일근로수당을 지급할 의무를 지지 않는다.[1]

주휴일과 달리 공휴일은 근로자대표[2]와 서면으로 합의한 경우에만 특정한 근로일로 대체할 수 있다.[3]

이와 달리, 근로자의 날은 법률로써 5월 1일을 특정하여 유급휴일로 정하고 있으므로 다른 날로 대체할 수 없다고 보아야 하며, 다른 날로 대체했더라도 근로자의 날에 근로한 경우에는 근로기준법에 의한 휴일근로수당을 지급해야 한다.[4]

1) 대판 99다7367, 근기 68207-806, 1994.5.16.
2) 그 사업 또는 사업장에 근로자의 과반수로 조직된 노동조합이 있는 경우에는 그 노동조합, 근로자의 과반수로 조직된 노동조합이 없는 경우에는 근로자의 과반수를 대표하는 자를 말 함(근기법 제24조 제3항)
3) 근기법 제55조 제2항 단서
4) 근기-829, 2004.2.19.

[법정 연차유급휴가]

# 연차휴가는 어떻게 주어야 하나요?

■ ■ ■ ■ ■ ■ ■ ■ ■ ▥ ▥

연차휴가는 입사 1년 미만자의 경우 1개월 개근 시 1일의 휴가를, 1년간 소정근로일수의 80% 이상 출근 시 15일부터 시작해 매 2년마다 1일씩 가산한 휴가를 25일 한도로 주어야 합니다.

상시 5명 이상의 근로자를 고용하는 회사는 1년간 소정근로일수의 80% 이상 출근한 근로자에게 15일의 유급휴가를 주어야 하며, 계속하여 근로한 기간이 1년 미만인 근로자 또는 1년간 80% 미만 출근한 근로자에게 1개월 개근 시 1일의 유급휴가를 주어야 한다. 이때 최초 1년간의 근로에 대해 휴가를 주는 경우에는 월 개근에 따라 발생한 휴가를 포함해 15일로 하고, 근로자가 휴가를 이미 사용한 경우에는 그 사용한 휴가일수를 15일에서 빼도록 했으나, 2018년 5월 29일부터 관련 규정을 삭제해 1년 동안 최대 11일, 2년차(1년이 경과한 다음 날)에 15일의 휴가를 주도록 했다.

또한 3년 이상 계속하여 근로한 근로자에게는 15일의 휴가에 최초 1년을 초과하는 계속근로연수 매 2년에 대해 1일을 가산한 휴가를 주어야 하며, 이 경우 가산휴가를 포함한 총휴가일수는 25일을 한도로 한다.[1]

| 근속연수 | 1년 미만 | 1년 | 2년 | 3년 | 4년 | … | 20년 | 21년 | 22년 | … |
|---|---|---|---|---|---|---|---|---|---|---|
| 휴가일수 | 최대 11일 | 15일 | 15일 | 16일 | 16일 | … | 24일 | 25일 | 25일 | 25일 | |

[1] 근기법 제60조

# [법정 연차유급휴가]

## 1년 계약직 근로자가 퇴직할 경우 15일의 연차 휴가가 발생하나요?

■■■■■■■■■ ▪▪ ▪ ▪

1년 계약직 근로자의 경우 80% 이상 출근하였다 하더라도 월 개근에 따른 연차휴가 외에 15일의 연차휴가가 발생하지 않기 때문에 그에 대한 미사용수당을 지급하지 않아도 됩니다.

과거에는 1년간 근로관계가 존속하고 그중 80% 이상 출근하면 15일의 연차휴가가 주어지는데, 만약 1년(365일)의 근로를 마치고 바로 퇴직하는 경우에는 연차휴가를 사용할 수는 없지만 그 15일분의 미사용 연차휴가를 수당으로 청구할 수 있다고 보았다.

그러나 대법원은 최근 1년간 80% 이상 출근한 근로자에게 주어지는 15일의 연차휴가는 그 1년의 근로를 마친 다음날 근로관계가 유지되어야 발생하므로 1년 계약직 근로자에게는 주어지지 않는다고 판시하였다.[1]

이에 최근 고용노동부는 1년간 근로관계가 존속하고 80% 이상 출근했다 하더라도 적어도 그 1년의 근로를 마친 다음날(366일째) 근로관계가 유지되어야만 15일의 연차휴가가 발생하고, 퇴직에 따른 연차휴가 미사용수당도 청구할 수 있는 것으로 행정해석을 변경하였다.[2]

1) 대판 2021다227100
2) 고용노동부 2021.12.16.자 보도자료(부록 #8 참조). 같은 논리로 고용노동부는 1년을 초과하여 근무한 경우라 하더라도 마지막 근무하는 해에 1년(365일)을 근무하고 퇴직하는 경우 그에 따른 연차휴가 미사용수당을 청구할 수 없으며, 계속근로 1년 미만일 때 1개월 개근 시 1일씩 주어지는 연차휴가 미사용수당 또한 그 1개월의 근로를 마친 다음날 근로관계가 존속하지 않는 경우 청구할 수 없다고 입장을 바꿈

# 10

## 입사 2년차가 사용할 수 있는 연차휴가는 최대 며칠인가요?

■ ■ ■ ■ ■ ■ ■ ■ ⅱ

과거에는 최대 26일을 입사 2년차에 몰아서 사용할 수 있었으나, 2020년 3월 31일부터는 최초 1년간의 근로에 따라 발생한 연차휴가(최대 15일)만 사용할 수 있습니다.

근로기준법의 규정에 의한 연차휴가 청구권은 1년간 사용하지 않으면 소멸된다(다만, 사용자의 귀책사유로 사용하지 못한 경우에는 예외임).

1년 미만 근로자의 월 단위로 발생하는 연차휴가(최대 11일)의 경우도 과거에는 발생일로부터 1년간 사용하지 않으면 소멸되었지만, 2020년 3월 31일 근로기준법 개정을 통하여 발생일에 관계없이 입사일로부터 1년간 사용하지 않으면 소멸된다(예: 2022년 1월 1일 입사자가 2022년 1월~11월 개근으로 발생한 연차 11일의 연차는 모두 2022년 12월 31일까지만 사용 가능).[1]

따라서 과거에는 입사 2년차의 경우 입사 1년 미만의 기간 동안 발생한 11일과 1년이 되는 시점에 발생한 15일까지 최대 26일을 입사 2년차에 몰아서 사용할 수 있었으나, 2020년 3월 31일부터는 최초 1년간의 근로에 따라 발생한 연차휴가(15일)만 사용할 수 있다.

---

1) 근기법 제60조 제7항

[법정 연차유급휴가]

# 사용하지 않은 연차휴가에 대해서는 어떻게 보상해야 하나요?

■ ■ ■ ■ ■ ■ ■ ■ ■ ■ ⅃

연차휴가청구권은 발생일로부터 1년간 행사하지 않으면 소멸되고 연차휴가 미사용수당 지급청구권으로 전환되며, 연차휴가청구권이 소멸된 날 이후 첫 임금 지급일에 통상임금 또는 평균임금으로 지급해야 합니다.

연차휴가청구권은 발생일로부터 1년간 행사하지 않으면 소멸되며, 연차휴가 미사용수당 지급청구권으로 전환되어 3년간 행사가 가능하다.[1]

이때 연차휴가 미사용수당은 취업규칙이나 그 밖의 정하는 바에 따라 통상임금 또는 평균임금으로 지급해야 하며, 연차휴가청구권이 소멸된 날 이후 첫 임금 지급일에 지급하는 것도 무방하다.[2]

예를 들어 2020년 1월 1일 입사자의 경우 2021년 1월 1일 발생한 15일의 연차휴가를 2021년 12월 31일까지 사용할 수 있으나, 이를 전혀 사용하지 않은 경우 2022년 1월 1일(또는 1월 급여 지급일도 무방) 15일분의 연차휴가 미사용수당(15×시간당 통상임금×8시간)을 지급해야 한다.

1) 근기법 제60조, 대판 90다카 12493, 대판 90다카14758, 대판 94다18553
2) 임금근로시간정책팀−2820, 2006. 9.21.

# 12

## 1년간 80% 미만 출근자에 대해서는 연차휴가를 주지 않아도 되나요?

■ ■ ■ ■ ■ ■ ■ ▦ ▦

계속근로기간이 1년이 넘는 근로자가 1년간 80% 미만 출근했다 하더라도
1개월 개근 시 1일의 연차유급휴가를 주어야 합니다.

과거에는 계속근로한 기간이 1년 미만인 근로자에게만
1개월 개근 시 1일의 연차유급휴가를 주고, 계속근로기간이 1년
이 넘는 근로자의 경우 1년간 80% 미만 출근 시에는 수개월을
개근했다고 하더라도 연차유급휴가를 전혀 주지 않았다. 그러
나 현행 근로기준법 개정에 따르면 계속근로기간이 1년이 넘는
근로자가 1년간 80% 미만 출근했다 하더라도 1개월 개근 시 1일
의 연차유급휴가를 주도록 하고 있다.[1]

다만, 여기서 주의할 점은 '1년간' 80% 미만 출근이 요건이므
로 1년을 근무해야 휴가사용권이 발생한다는 점이다.[2]

예를 들어 2020년 1월 1일 입사자가 2021년 1월부터 2021년
6월까지 6개월간 휴직을 한 후 복직했다가 2021년 11월 30일 퇴
직하는 경우, 2021년 7월부터 2021년 11월까지 매월 개근을 했
다 하더라도 1년(2021년)간 근로한 것이 아니기 때문에 월 개근에
따른 연차유급휴가를 줄 의무가 없다.

1) 근기법 제60조 제2항. 대판 81
다카1140

2) 유급(연차휴가수당)으로 연차휴
가를 사용할 권리는 근로자가 1
년간 소정의 근로를 마친 대가
로 확정적으로 취득하는 것이
다(대판 2003다48549, 2003다
48556).

# 연차휴가를 주기 위한 출근율 산정 시 휴직기간을 결근으로 볼 수 있나요?

**13**

연차휴가 부여를 위한 출근율 산정 시 산재휴직기간 및 육아휴직기간은 출근한 것으로 보아야 하며, 개인적 사정으로 휴직한 기간은 소정근로일수에서 제외하여야 합니다.

연차휴가를 주기 위한 출근율 산정 시 다음의 기간은 출근한 것으로 보아야 한다.[1]

① 근로자가 업무상의 부상 또는 질병으로 휴업한 기간

② 임신 중의 여성이 출산전후휴가 또는 유산 · 사산 휴가로 휴업한 기간

③ 육아휴직으로 휴업한 기간

④ 예비군 동원 · 훈련기간

⑤ 민방위 동원 · 훈련기간

⑥ 연차휴가 사용기간

개인적 사정 등에 의한 휴직기간의 경우, 대법원이 개인적 사정에 의한 휴직기간에 대해 근로자의 주된 권리 · 의무가 정지된 것으로 보아 그 기간 도중에 있는 유급휴일에 대한 임금 청구권을 불인정한다는 점에 비춰 볼 때 근로관계의 권리 · 의무가 정지된 기간으로 보아 소정근로일수에서 제외하는 것이 타당하다.[2]

1) 근기법 제60조 제6항, 향토예비군법 제10조, 민방위법 제27조, 근기 68207-2410, 2000.8.11.

2) 대판 2007다73277, 임금근로시간과-1736, 2021.8.4.

# 개인적 사정으로 휴직한 기간이 있는 경우 연차휴가일수는 구체적으로 어떻게 산정하나요?

**14**

■ ■ ■ ■ ■ ■ ■ ■ ■ ▪

'실질 소정근로일수'를 기준으로 출근율을 산정하되, 그 출근율이 '연간 소정근로일수'에 대하여 80% 미만인 경우에는 정상적인 연차휴가일수에 대하여 '실질 소정근로일수'를 '연간 소정근로일수'로 나눈 비율을 곱하여 산정합니다.

개인적 사정 등에 의한 약정 육아휴직 또는 질병 휴직 기간은 연차유급휴가 산정 시 결근으로 처리하는 것은 부당하며, 근로관계의 권리·의무가 정지된 기간으로 보아 소정근로일수에서 제외하는 것이 타당하다.[1]

즉, '연간 소정근로일수'에서 '휴직기간 등'의 기간을 제외한 나머지 일수('실질 소정근로일수')를 기준으로 근로자의 출근율을 산정하되, 그 출근율이 연간 소정근로일수에 대하여 80% 미만인 경우에는 본래 평상적인 근로관계에서 산출되었을 연차휴가 일수에 대하여 '실질 소정근로일수'를 '연간 소정근로일수'로 나눈 비율을 곱하여 산출한다.

> 15일 × [(연간 소정근로일수 - 휴직기간 중 소정근로일수) / 연간 소정근로일수]

다만, 그 출근율이 '연간 소정근로일수'에 대하여 80% 이상인 경우까지 비례하여 적용하는 것이 아니라는 점을 유의할 필요가 있다.[2]

1) 임금근로시간과-1736, 2021.8.4.
2) 대판 2015다66052, 임금근로시간과-1818, 2021.8.12.

# 연차휴가는 근로자가 청구한 시기에 반드시 주어야 하나요?

**15**

■■■■■■■■□□

회사는 연차휴가를 근로자가 청구한 시기에 주어야 하나, 근로자가 청구한 시기에 휴가를 주는 것이 사업 운영에 막대한 지장이 있는 경우에는 그 시기를 변경할 수 있습니다.

회사는 연차휴가를 근로자가 청구한 시기에 주어야 하는 것이 원칙이지만, 근로자가 청구한 시기에 휴가를 주는 것이 사업 운영에 막대한 지장이 있는 경우에 한해 그 시기를 변경할 수 있다.[1]

따라서 근로자가 휴가 사용시기를 특정하여 청구한 경우 회사의 승인 없이 연차유급휴가를 사용했다 하더라도 회사가 사업 운영에 막대한 지장이 있어 시기변경권을 행사하지 않는 한 이를 결근 처리할 수는 없다.[2]

한편, 사업 운영에 막대한 지장이 있는지의 여부는 기업의 규모, 업무의 성질, 작업의 바쁜 정도, 대행자의 배치 난이도, 같은 시기에 휴가를 청구한 근로자의 수 등을 종합적으로 고려하여 판단해야 하며, 그에 대한 입증책임은 회사에 있다.[3]

1) 근기법 제60조 제5항
2) 근기 68207-1569, 2002.4.16.
3) 근기 01254-3454, 1990.3.8.

# 16

## 연차휴가를 입사일별이 아닌 회계연도 단위로 일률적으로 주고 싶은데 가능한가요?

■ ■ ■ ■ ■ ■ ■ ■ ■ ▪▪▪ ▫

노무관리의 편의를 위해 회사의 회계연도 등을 기준으로 모든 근로자의 연차휴가 산정기간을 일률적으로 적용하는 것이 가능하며, 이 경우 다음 연도 1월 1일에 근속기간에 비례하여 미리 휴가를 주어야 합니다.

연차휴가는 개별 근로자의 입사일을 기준으로 산정하는 것이 원칙이지만, 노무관리의 편의를 위해 회사의 회계연도 등을 기준으로 모든 근로자의 연차휴가 산정기간을 일률적으로 적용하는 것도 가능하다. 그러나 이 경우에도 근로자에게 불리하지 않아야 하므로 연도 중 입사자에 대해서는 다음연도 1월 1일에 근속기간에 비례하여(15일 × 출근일수/연간 소정근로일수) 미리 휴가를 주어야 한다.[1]

또한 근로자의 입사일로부터 1년이 되기 전까지 매월 개근했을 경우 매월 1일의 연차휴가를 별도로 준다.

예를 들어 2021년 7월 1일 입사한 근로자에 대한 회계연도 단위 연차유급휴가 부여방법(회사의 회계연도 단위가 1월 1일~12월 31일인 경우)을 살펴보자.

① 2021년 7월 1일~12월 31일까지 매월 개근할 경우 2021년 8월 1일~2022년 1월 1일까지 매월 1일씩 6일의 휴가가 발생

② 2022년 1월 1일에 7.5일의 휴가가 발생(15일×6월/12월)

③ 2022년 1월 1일~5월 31일까지 매월 개근할 경우 2022년

---

1) 주40시간제 도입 매뉴얼(2010. 12.) 제19면, 근기 68207-620, 2003.5.23., 근로기준과-5802, 2009.12.31.

2월 1일, 3월 1일, 4월 1일, 5월 1일, 6월 1일에 각 1일씩 5
　　일의 연차유급휴가가 발생
　④ 2023년 1월 1일에 15일의 연차유급휴가가 발생


　　다만, 연차휴가 산정기간을 회계연도를 기준으로 모든 근로
자에게 일률적으로 적용하더라도 근로자에게 불리하지 않아야
하므로, 퇴직시점에서 총휴가일수가 근로자의 입사일을 기준으
로 산정한 휴가일수에 미달하는 경우에는 그 미달하는 일수에
대해 연차휴가 미사용수당으로 정산해야 한다.[2]
　　예를 들어 2022년 7월 1일 입사자가 2023년 11월 30일까지
근무하고 퇴사하는 경우, 입사일별 관리 시 최대 26일(11일+15
일)의 연차휴가가 발생하나, 회계연도별 관리 시 최대 18.5일(6
일+7.5일+5일)만 발생하므로 그에 미달되는 7.5일에 대한 미사용
수당을 추가로 지급해야 한다.

2) 근로기준과-5802, 2009.12.31.

# 17

## 연차휴가를 1년간 사용하지 않아 소멸한 경우 별도로 보상을 해야 하나요?

**근로기준법의 규정에 의한 연차휴가를 1년간 사용하지 않아 휴가청구권이 소멸한 경우 미사용휴가일수에 대해 수당으로 보상해야 합니다.**

근로기준법의 규정에 의한 연차휴가는 1년간 사용하지 않으면 소멸된다(다만, 사용자의 귀책사유로 사용하지 못한 경우에는 예외임).[1] 그러나 이 같이 연차휴가 청구권이 소멸된다 하더라도 미사용휴가일수에 대해 수당으로 보상해야 하며, 그 지급액은 최종휴가청구권이 있는 달의 임금 지급일의 임금(별도의 규정이 없으면 통상임금)을 기준으로 산정·지급되어야 한다.[2]

유급으로 연차휴가를 사용할 권리는 근로자가 1년간 소정의 근로를 마친 대가로 확정적으로 취득하는 것이므로, 근로자가 일단 연차휴가권을 취득한 이후에는 연차휴가를 사용하기 전 퇴직 등의 사유로 근로관계가 종료된 경우, 근로관계의 존속을 전제로 하는 연차휴가를 사용할 권리는 소멸된다 할지라도 근로관계의 존속을 전제로 하지 않는 연차휴가 미사용수당을 청구할 권리는 그대로 잔존하는 것이어서, 근로자는 근로관계 종료 시까지 사용하지 못한 연차휴가일수 전부에 상응하는 연차휴가 미사용수당을 회사에 청구할 수 있다.[3]

1) 근기법 제60조 제7항
2) 대판 71다1713
3) 대판 95다36695, 대판 2003다 48549, 48556, 임금근로시간 정책팀-2820, 2006.9.21.

# 퇴직하기 전 이미 지급한 연차휴가 미사용수당을 평균임금에 포함해야 하나요?

**18**

■ ■ ■ ■ ■ ■ ■ ■ ■ ▪

퇴직 전 1년 내에 지급했거나 지급했어야 할 연차휴가 미사용수당의 경우 그 3/12을 '퇴직금 산정을 위한 평균임금 산정 기준임금'에 포함해야 합니다.

월 단위로 지급되지 않는 임금의 경우 퇴직 전 1년 내에 지급했거나 지급했어야 할 금액의 3/12을 평균임금 산정 시 포함시켜야 한다. 따라서 퇴직 전전년도 출근율에 의해 퇴직 전년도에 발생한 연차유급휴가 중 미사용한 연차에 대해 수당을 지급한 경우, 그 3/12을 '퇴직금 산정을 위한 평균임금 산정 기준임금'에 포함해야 한다.[1]

예를 들어 2020년 1월 1일 입사한 근로자가 2020년도 중 80% 이상 출근하여 2021년도에 사용할 연차유급휴가가 15일 발생했으나, 이 중 5일만 사용하고 10일의 연차유급휴가를 미사용함에 따라 2022년 1월에 연차유급휴가 미사용수당을 지급받은 상태에서 2022년 12월 31일까지 근무 후 퇴직하는 경우 2022년 1월에 지급된 10일분의 연차유급휴가 미사용수당의 3/12은 '퇴직금 산정을 위한 평균임금 산정 기준임금'에 포함된다.

| 사례 |

$$\text{평균임금} = \frac{[\text{퇴직 전 3개월간 지급된 임금} + (\text{10일분 연차휴가 미사용수당} \times 3/12)]}{\text{퇴직 전 3개월의 일수}}$$

1) 대판 77다1321, 임금근로시간정책팀 - 2820, 2006.9.21., 임금근로시간정책팀 - 3295, 2007.11.5.

# 19

## 퇴직으로 인해 지급사유가 발생한 연차휴가 미사용수당도 평균임금에 포함해야 하나요?

**■■■■■■■■■■■**

퇴직함으로써 비로소 지급사유가 발생하는 연차휴가 미사용수당은 산정사유 발생일 이전에 그 근로자에 대해 지급된 임금이 아니므로 '퇴직금 산정을 위한 평균임금 산정 기준임금'에 포함되지 않습니다.

평균임금은 산정사유 발생일 이전에 지급된 임금을 기준으로 산정한다.[1]

따라서 퇴직 전년도 출근율에 의해 퇴직연도에 발생한 연차유급휴가를 미사용하고 퇴직함으로써 비로소 지급사유가 발생하는 연차유급휴가 미사용수당은 산정사유 발생일 이전에 그 근로자에 대해 지급된 임금이 아니므로 '퇴직금 산정을 위한 평균임금 산정 기준임금'에 포함되지 않는다.[2]

예를 들어 2021년 1월 1일 입사자가 2022년 1월 1일 발생한 15일의 연차유급휴가를 전혀 사용하지 않은 상태에서 2023년 1월 1일 퇴직하는 경우에는 미사용한 일수 15일에 대한 연차유급휴가 미사용수당을 퇴직일로부터 14일 이내에 전액 지급하되, 이 경우 지급된 연차유급휴가 미사용수당은 '퇴직금 산정을 위한 평균임금 산정 기준임금'에 포함되지 않는다.

---

1) 근기법 제2조 제6호
2) 임금근로시간정책팀-2820,
   2006.9.21., 임금근로시간정책
   팀-3295, 2007.11.5.

[법정 연차유급휴가]

# 1년 미만 근무한 퇴직자에 대해서도 연차휴가 미사용수당을 지급해야 하나요?

■ ■ ■ ■ ■ ■ ■ ■ ■ ■

계속하여 근로한 기간이 1년 미만인 근로자라 하더라도 1년 미만 계속근로 기간 중 발생한 휴가를 사용하지 못하고 퇴직하는 경우에는 미사용한 휴가에 대해서 연차휴가 미사용수당을 지급해야 합니다.

회사는 계속하여 근로한 기간이 1년 미만인 근로자에게 1개월 개근 시 1일의 유급휴가를 주어야 하며,[1] 만일 그 근로자가 1년 미만 계속근로기간 중 발생한 휴가를 사용하지 않고 퇴직하는 경우에는 미사용한 휴가에 대해 연차휴가 미사용수당을 지급해야 한다.[2]

예를 들어 2022년 1월 1일 입사하여 2022년 6월 30일까지 6개월간 개근하고 퇴직한 근로자가 5일(6월 개근에 대한 연차는 발생하지 않음)의 연차유급휴가를 사용할 수 있었음에도 그동안 연차유급휴가를 전혀 사용하지 않았다면 퇴직 시 5일분의 연차유급휴가 미사용수당을 지급해야 하며, 일부를 사용했다면 사용일수만큼을 공제한 나머지 일수만큼의 연차유급휴가 미사용수당을 지급해야 한다.

---

1) 근로기준법 제60조 제2항
2) 근로조건지도과-2244, 2009.4.16.

[법정 연차유급휴가]

# 퇴직 전 1년 미만 근로에 대해서도 연차휴가 미사용수당을 지급해야 하나요?

■ ■ ■ ■ ■ ■ ■ ■ ■ ▦

연차휴가는 1년간의 근로에 대한 것이며, 80% 이상을 출근한 1년간의 근로를 마침으로써 확정되는 것이므로 퇴직 전 1년 미만의 근로에 대해서는 연차휴가를 주거나 연차휴가 미사용수당을 지급할 필요가 없습니다.

연차휴가라는 것은 원칙적으로 근로자가 1년 동안 계속근로한 경우 80% 이상 출근했을 때 비로소 부여받을 수 있다. 이와 같이 연차휴가는 1년 동안 근로에 대한 것이며, 80% 이상을 출근한 1년 동안의 근로를 마침으로써 확정되는 것이므로 퇴직 전 1년 미만의 근로에 대해서는 연차휴가를 주거나 연차휴가 미사용수당을 지급할 필요가 없다.[1]

따라서 예를 들어 매년 1월 1일부터 12월 31일까지를 기준으로 하여 연차휴가 미사용수당을 지급하도록 정하고 있는 회사에서 2022년 1월에 연차미사용수당을 정산받은 근로자가 2022년 11월 30일 퇴사할 경우, 2022년 출근율이 80% 이상이라 하더라도 그 근로자가 2022년 1월 1일 이후 퇴사할 때까지 근로한 기간은 1년에 미달되기 때문에 위 근로기간에 대해 연차휴가를 주거나 연차휴가 미사용수당을 지급하지 않아도 법적인 문제가 없다.

---

1) 대판 2003다48549, 2003다
   48556, 근로개선정책과-4641,
   2011.11.21.

# 1년간 사용하지 않은 연차휴가를 수당 지급 대신 이월시켜 사용을 강제할 수 있나요?

**22**

■ ■ ■ ■ ■ ■ ■ ■ ■ ■

연차휴가는 1년간 행사하지 않으면 소멸되므로 원칙적으로 연차휴가를 이월시켜 사용하게 할 수 없으나, 당사자 간 합의가 있는 경우에는 금전보상 대신 휴가를 이월시켜 사용하도록 할 수 있습니다.

연차휴가는 회사의 귀책사유로 사용하지 못한 경우를 제외하고 1년간 행사하지 않으면 소멸되며, 대신 그 다음날부터 연차휴가 미사용수당 지급청구권이 발생하여 3년간 권리행사가 가능하다.[1]

연차유급휴가 청구권이 소멸되기 이전에 회사가 미리 연차유급휴가 미사용수당을 지급하고 향후 그만큼 휴가를 부여하지 않기로 하는 것은 실질적으로 근로자의 연차유급휴가 청구권을 제한하는 효과를 가져 올 수 있어 근로기준법상의 휴가제도의 취지에 위반될 수 있으나, 근로자의 자유로운 휴가 사용을 보장하는 등 근로자의 연차유급휴가 청구권을 제한하지 않는다면 법 위반으로 보기는 어렵다.

한편, 1년간 행사하지 않으면 소멸되는 연차유급휴가 청구권을 1년이 지난 이후까지 이월시켜(넘겨) 연차유급휴가를 사용하게 하는 것도 원칙적으로 허용되지 않는다. 다만, 당사자 간 합의가 있는 경우에는 휴가청구권이 소멸된 미사용휴가에 대해 금전보상 대신 휴가를 이월시켜 사용하도록 할 수는 있다.[2]

---

1) 근기법 제60조 제7항, 대판 94
   다18553
2) 근로조건지도과 - 1046, 2009.
   2.20.

171

[법정 연차유급휴가]

# 연차휴가 미사용수당의 소멸시효 및 기산일은 어떻게 되나요?

■ ■ ■ ■ ■ ■ ■ ■ ▥ ▥

연차휴가 미사용수당 지급청구권의 성질은 임금이므로 3년의 소멸시효가 적용되고, 그 기산일은 휴가사용권을 취득한 날로부터 1년의 경과로 그 휴가 불실시가 확정된 다음 날입니다.

근로기준법의 규정에 따라 회사는 1년간 80% 이상 근로한 자에게는 유급휴가를 부여해야 하며, 근로자가 이를 1년간 모두 사용하지 않을 경우 회사는 근로자에게 잔여 연차일수만큼 연차휴가 미사용수당을 지급해야 한다.[1]

이와 같이 연차휴가 미사용수당 지급청구권은 근로기준법 소정의 연차유급휴가 청구권을 취득한 근로자가 그 휴가청구권이 발생한 때로부터 1년 이내에 그 연차휴가를 사용하지 않은 채 근로한 대가로 발생하는 것으로서 그 성질은 임금이므로, 이에 대해서는 근로기준법의 규정에 의한 3년의 소멸시효가 적용되고,[2] 그 기산일은 연차유급휴가 청구권을 취득한 날로부터 1년의 경과로 그 휴가 불실시가 확정된 다음 날이다.[3]

예를 들어 2021년 1월 1일 입사자의 경우 2022년에 1년간 연차휴가를 사용할 수 있으며, 2023년 1월 1일부터 미사용 연차휴가에 대한 수당을 3년간 청구할 수 있다. 이 경우 회사는 전년도에 사용하지 않은 연차휴가일수에 대해 취업규칙이나 그 밖의 정하는 바에 의해 통상임금 또는 평균임금을 지급해야 한다.[4]

1) 대판 71다1713
2) 근기법 제49조
3) 대판 94다18553
4) 임금근로시간정책팀-2820, 2006.9.21.

# 연차휴가 미사용수당을 지급할 경우 어느 시점의 임금을 수당 산정의 기준으로 하나요?

**24**

연차휴가 미사용수당은 최종휴가청구권이 있는 달의 임금 지급일의 임금을 기준으로 산정·지급되어야 합니다.

근로기준법의 규정에 의한 연차휴가를 1년간 사용하지 않아 휴가청구권이 소멸하여 미사용휴가일수에 대해 수당으로 지급하고자 하는 경우 그 지급액은 최종휴가청구권이 있는 달의 임금 지급일의 임금(별도의 규정이 없으면 통상임금)을 기준으로 산정·지급되어야 한다.[1]

예를 들어 2021년 1월 1일 입사자의 경우 2022년에 1년간 연차휴가를 사용할 수 있으며, 2023년 1월 1일 미사용 연차휴가에 대한 보상을 해야 하는데, 이때 보상기준이 되는 임금은 연차휴가를 사용할 수 있었던 마지막 달인 2022년 12월의 임금을 기준으로 보상을 하면 된다.

한편, 근로자가 전전년도 근로의 대가로 발생한 연차휴가를 전년도에 사용하지 않고 근로를 제공한 경우 연차휴가청구권이 소멸된 다음 날(위의 예의 경우 2023년 1월 1일)에 연차휴가 미사용수당 청구권이 발생하지만, 취업규칙 등으로 연차휴가 청구권이 소멸된 날 이후 첫 임금 지급일(위의 예의 경우 2023년 1월 임금 지급일)에 지급하는 것으로 규정해도 무방하다.[2]

1) 근기 01254 – 3999, 1990. 3.19.
2) 임금근로시간정책팀–2820, 2006. 9.21.

# 25

## 연차휴가 미사용수당 지급 부담을 덜기 위해 휴가 사용을 강제하는 것이 가능한가요?

■ ■ ■ ■ ■ ■ ■ ■ ■

회사가 근로기준법에서 정하고 있는 대로 연차휴가 사용촉진 조치를 취할 경우 연차휴가 미사용수당을 지급하지 않아도 됩니다.

근로기준법에서는 연차휴가 사용가능기한 6개월 전을 기준으로 10일 이내에 회사가 근로자별로 미사용 휴가일수를 알려주어 근로자가 그 사용시기를 정해 회사에게 통보하도록 '서면'으로 촉구하도록 하고, 촉구를 받은 근로자가 촉구를 받은 때부터 10일 이내에 미사용휴가의 사용시기를 정해 회사에게 통보하지 않은 경우에는 연차휴가 사용기한 2개월 전까지 회사가 미사용휴가의 사용시기를 정해 근로자에게 '서면'으로 통보하도록 하고 있다. 그리고 그러한 휴가사용촉진 조치에도 불구하고 근로자가 휴가를 사용하지 않아 휴가가 소멸되는 경우 회사는 그 미사용휴가에 대한 보상을 할 의무가 없다고 규정하고 있다.[1]

따라서 회사가 이와 같은 연차휴가 사용촉진 조치를 취할 경우 원칙적으로 연차휴가 미사용수당을 지급하지 않아도 문제가 없다.

아울러 연차유급휴가 사용촉진 조치는 취업규칙에 명문의 규정이 없더라도 회사에서 일방적으로 시행할 수 있다.[2]

1) 근기법 제61조
2) 근로기준과-5454, 2004.10.12.

# 입사 1년 미만자에 대해서도 연차휴가 사용촉진 조치를 시행할 수 있나요?

**26**

■■■■■■■■□□□

2020.3.31. 근로기준법 개정을 통하여 1년 미만 근로자 및 1년 이상 근로자 중 전년도 출근율이 80% 미만인 자의 연차휴가에 대해서도 연차휴가 사용촉진제도를 도입하였습니다.

기존 근로기준법에서는 "계속하여 근로한 기간이 1년 미만인 근로자 또는 1년간 80% 미만 출근한 근로자에게 1개월 개근 시 부여하는 유급휴가"를 연차 유급휴가의 사용 촉진 대상에서 제외하였다.[1]

그러나 연차휴가가 임금보전의 수단이 아닌 휴식권 보장을 위해 인정되는 것이라는 제도의 취지를 살리기 위해 2020년 3월 31일부터 1년 미만 근로자 및 1년 이상 근로자 중 전년도 출근율이 80% 미만인 자의 연차휴가에 대해서도 연차휴가 사용촉진제도를 도입하였다. 다만 이와 같은 개정 내용은 2020년 3월 31일 이후 발생한 연차휴가부터 적용된다.[2]

다만, 계속하여 근로한 기간이 1년 미만인 근로자의 연차휴가 사용을 촉진하기 위해서는 연차휴가 사용가능 기한 3개월 전을 기준으로 10일 이내에 사용자가 근로자별로 미사용 휴가일수를 알려주어 근로자가 그 사용시기를 정해 사용자에게 통보하도록 '서면'으로 촉구(사용자가 서면 촉구한 후 발생한 휴가에 대해서는 최초 1년의 근로기간이 끝나기 1개월 전을 기준으로 5일 이내에 촉구)하

1) 근기법 제61조
2) 근기법(법률 제17185호) 부칙 제2조

고, 촉구를 받은 근로자가 촉구를 받은 때부터 10일 이내에 미사용휴가의 사용시기를 정해 사용자에게 통보하지 않은 경우에는 연차휴가 사용가능 기한 1개월 전까지(사용자가 서면 촉구한 후 발생한 휴가에 대해서는 최초 1년의 근로기간이 끝나기 10일 전까지) 사용자가 미사용휴가의 사용시기를 정해 근로자에게 '서면'으로 통보하도록 하고 있다. 이와 같은 휴가사용촉진 조치에도 불구하고 근로자가 휴가를 사용치 아니하여 휴가가 소멸되는 경우, 사용자는 그 미사용 휴가에 대한 보상을 할 의무가 없다.[3]

| 구 분 | 시기지정 요구 | 휴가시기 통보 |
|---|---|---|
| 계속하여 근로한 기간이 1년 이상인 근로자 (1년간 80% 미만 출근한 근로자 포함) | 연차휴가 사용가능 기한 6개월 전을 기준으로 10일 이내 | 연차휴가 사용가능 기한 2개월 전까지 |
| 계속하여 근로한 기간이 1년 미만인 근로자 | 최초 1년의 근로기간이 끝나기 3개월 전을 기준으로 10일 이내 (사용자가 서면 촉구한 후 발생한 휴가에 대해서는 최초 1년의 근로기간이 끝나기 1개월 전을 기준으로 5일 이내) | 최초 1년의 근로기간이 끝나기 1개월 전까지 (사용자가 서면 촉구한 후 발생한 휴가에 대해서는 최초 1년의 근로기간이 끝나기 10일 전까지) |

| 입사 1년 미만자 연차휴가 부여시 사용촉진(1.1. 입사자 기준 예시) |

| 시기지정 요구 | 사용시기 지정 | 휴가시기 통보 | 휴가 사용 |
|---|---|---|---|
| (회사) | (근로자) | (회사) | |
| (1차) 10/1 | 10/10 | 10/20 | ~11/30 · 12/31 |
| (2차) 12/1 | 12/5 | 12/15 | ~12/21 · 12/31 |

# 연차휴가 사용촉진 조치는 연중 어느 시점부터 시행할 수 있나요?

**27**

■■■■■■■■ ■ ■ ■

연차유급휴가를 회계연도 단위(1/1~12/31)로 일률적으로 부여하는 회사의 경우, 7월 1일부터 연차휴가 사용촉진 조치 시행이 가능합니다.

과거에는 연차유급휴가 사용촉진 조치를 시행할 수 있는 시점을 1년간의 휴가청구권 행사기한 '3개월 전'으로 규정하고 있었으나, 근로기준법 개정을 통해 이를 '6개월 전'으로 앞당김으로써 연차유급휴가 사용촉진 조치 시행가능기간을 연장했다.[1]

따라서 연차유급휴가를 회계연도 단위(1/1~12/31)로 일률적으로 부여하는 회사의 경우 과거 10월 1일부터 연차유급휴가 사용촉진 조치 시행이 가능했던 것과 달리 지금은 7월 1일부터 동 조치의 시행이 가능하다.

| 회계연도 기준 연차휴가 부여 시 사용촉진(예시) |

| 시기지정 요구 | 사용시기 지정 | 휴가시기 통보 | 휴가 사용 |
|---|---|---|---|
| (회사) | (근로자) | (회사) | |

7/1　　　　7/10　　　　7/20　　　8/1~10/31　　　12/31

---

1) 근기법 제61조

## [연차유급휴가 사용촉진]

# 이메일을 활용하여 통보하는 방식으로 연차휴가 사용촉진 조치를 시행할 수 있나요?

■ ■ ■ ■ ■ ■ ■ ■ ■

이메일을 활용한 방식으로 연차휴가 사용촉진 조치를 취하는 것은 원칙적으로 근로기준법에서 정하고 있는 '서면' 촉구 또는 통보로 인정되지 않습니다.

근로기준법에서 연차휴가 사용촉진 조치와 관련하여 회사로 하여금 '서면'으로 촉구 또는 통보하도록 규정한 것은 휴가 사용촉진 조치가 명확하게 이행되도록 하여 근로자의 권리보호를 보다 충실하게 하고 불명확한 조치로 인한 당사자 간의 분쟁을 방지하려는 취지로 볼 수 있다.

따라서 '이메일을 활용하여 통보'하거나 '근로자별 미사용 휴가일수를 게제한 공문을 사내 게시판에 게시'하는 것은 그러한 방법이 근로자 개인별로 '서면' 촉구 또는 통보하는 것에 비해 명확하다고 볼 수 없는 한 근로기준법에서 정하고 있는 연차휴가 사용촉진제도를 시행한 것으로 인정받기 어렵다.[1]

예를 들어 이메일을 통해 통보한다 하더라도 개별 근로자가 메일을 미확인하는 등의 이유로 근로자 개인별로 '서면' 촉구 또는 통보하는 것에 비해 도달 여부의 확인 등이 불명확한 경우에는 그 효력이 문제될 수 있음을 유의해야 한다.[2]

---

1) 근로기준과-3836, 2004.7.27.
2) 근로개선정책과-6488, 2013. 11.1.

# 휴가 사용시기를 지정하고도 출근한 경우 연차휴가 미사용수당을 지급해야 하나요?

■■■■■■■■■■■●

근로자가 휴가 사용시기를 지정하고도 출근한 경우 회사가 노무수령 거부의 의사표시 없이 근로를 제공받았다면 휴가일 근로를 승낙한 것으로 보아야 하므로 연차휴가 미사용수당을 지급해야 합니다.

**연차휴가** 사용촉진 조치에 의해 근로자가 휴가 사용시기를 정해 회사에 휴가 사용계획서를 제출했다면 그 지정된 시기에 연차유급휴가를 사용하겠다는 의사표시로 볼 수 있을 것이므로 휴가를 청구한 것으로 볼 수 있다.

그러나 연차유급휴가 사용계획서를 제출하고도 휴가 사용시기에 출근한 경우 연차유급휴가 미사용수당을 지급해야 하는지 여부는 ① 회사가 근로자의 업무수행 및 근태관리에 대해 구체적으로 지시 및 통제를 하는지, ② 지시 및 통제가 가능하다면 노무수령 거부의사를 명확히 했음에도 불구하고 근로제공을 했는지, ③ 지시 및 통제가 불가능하다면 출근사유가 업무수행과 긴밀한 관련성이 있는지 등 구체적인 사실관계를 종합적으로 고려하여 판단해야 할 것이다.[1]

만일 근로자가 휴가 사용시기를 지정하고도 출근한 경우 회사가 노무수령 거부의 의사표시 없이 근로를 제공받았다면 휴가일 근로를 승낙한 것으로 보아야 하므로 연차휴가 미사용수당을 지급해야 한다.[2]

1) 근로기준과-5562, 2009.12.23.
2) 임금근로시간정책팀-285, 2005. 10.21.

[연차유급휴가의 대체]

# 근로자의 의사와 관계없이 하계휴가일에 연차를 사용하여 휴무하게 할 수 있나요?

■ ■ ■ ■ ■ ■ ■ ■ ▪ ▫ ▫

하계휴가일을 약정휴일로 정하고 있지 않은 회사의 경우 근로자 대표와의 서면 합의를 하게 되면 하계휴가일에 연차유급휴가를 사용하여 집단적으로 휴무하도록 할 수 있습니다.

☑ **근로자 대표**
그 사업 또는 사업장에 근로자의 과반수로 조직된 노동조합이 있는 경우에는 그 노동조합. 근로자의 과반수로 조직된 노동조합이 없는 경우에는 근로자의 과반수를 대표하는 자를 말함(근기법 제24조 제3항)

회사는 근로자 대표와의 서면 합의에 따라 연차유급휴가일을 갈음하여 특정한 근로일에 근로자를 휴무시킬 수 있다.[1] 따라서 하계휴가일 등을 약정휴일로 정하고 있지 않은 회사의 경우 해당일에 대해 연차유급휴가를 사용하여 집단적으로 휴무하도록 할 수 있다.

다만, 이러한 연차유급휴가 사용대체가 유효하기 위해서는 반드시 근로자 대표와의 서면 합의가 있어야 하며, 회사가 근로자 대표와의 서면 합의 없이 일방적으로 근로일로 되어 있는 하계휴가일 등을 연차휴가로 갈음하여 쉬도록 하는 것은 근로기준법에 따른 연차휴가의 대체로 볼 수 없다.

마찬가지로 취업규칙이나 근로계약서에 그와 같은 내용을 규정한다 하더라도 그것만으로는 효력을 갖지 못한다는 점을 유의해야 한다.[2]

1) 근기법 제62조
2) 근로조건지도과-2364, 2008.12.29.

# 연장근로수당 지급이 부담스러울 경우 수당 지급 대신 휴가를 줄 수도 있나요?

## 31

회사는 근로자 대표와의 서면 합의에 따라 연장근로에 대해 임금을 지급하는 것을 갈음하여 휴가를 줄 수 있으나, 이 경우 임금(가산수당 포함)을 지급하는 것과 동등한 가치의 휴가를 주어야 합니다.

회사는 근로자 대표와의 서면 합의에 따라 연장근로 · 야간근로 및 휴일근로에 대해 임금을 지급하는 것을 갈음하여 휴가(보상휴가)를 줄 수 있다(이른바 '보상휴가제').[1] 이때 서면 합의에 담길 내용으로는 ① 개별 근로자의 청구를 요건으로 할 것인지 아니면 별도 청구가 없어도 일률적으로 보상휴가로 줄 것인지, ② 보상휴가를 시간 단위로 부여할 것인지 아니면 모아서 일 단위로 부여할 것인지 등이 될 것이다.

한편, 여기서 보상휴가의 적용대상이 가산수당을 포함한 전체 임금인지 아니면 가산수당에만 국한되는 것인지가 문제될 수 있으나, 근로기준법에서 가산수당이라고 제한하고 있지 않으므로 연장근로 등에 대한 임금에 가산수당을 포함한 전체 임금에 대해서도 보상휴가를 줄 수 있다.

이때 전체 임금을 적용대상으로 하기로 한 경우라면, 8시간의 연장근로에 대해서는 임금(가산수당 포함)을 지급하는 것과 동등한 가치의 휴가에 해당되는 12시간(8시간×1.5)의 보상휴가를 주어야 한다.[2]

☑ 근로자 대표

그 사업 또는 사업장에 근로자의 과반수로 조직된 노동조합이 있는 경우에는 그 노동조합, 근로자의 과반수로 조직된 노동조합이 없는 경우에는 근로자의 과반수를 대표하는 자를 말함(근기법 제24조 제3항)

1) 근기법 제57조
2) 임금근로시간정책팀 - 2363, 2007. 7.13.

# LABOR·PERSONNEL

# 제5장

# 모성보호 및
# 일·가정 양립 등

여성근로자에 대한 근로시간 규제
생리휴가
임신여성 보호
출산 관련 휴가 및 출산여성 보호
육아휴직 및 육아기 근로시간 단축
가족돌봄 등 지원
휴가 • 휴직 복귀자 보호
직장 내 성희롱 예방
장애인 인식개선교육

# 01

## 여성근로자도 일반근로자와 동일하게 근로를 시킬 수 있나요?

■ ■ ■ ■ ■ ■ ■ ■ ■ ▪

여성근로자에 대해 연장근로·야간근로·휴일근로를 시킬 경우 일반근로자와 달리 엄격한 요건이 필요하며, 특히 임신 중인 근로자의 경우 연장근로를 일체 시킬 수 없습니다.

여성근로자에 대해 연장근로나 야간 및 휴일근로를 시킬 경우 일반근로자와 달리 다음과 같은 엄격한 요건이 필요하다. 이 중에서 임신 중인 근로자의 경우 연장근로를 일체 시킬 수 없음을 특히 유의해야 한다(위반 시 2년 이하의 징역 또는 2,000만 원 이하의 벌금).[1]

| 구 분 | 기준 근로시간 | | 연장근로 | 야간 및 휴일근로 |
|---|---|---|---|---|
| | 1일 | 1주 | (시간외근로) | |
| 여성근로자 | 8 | 40 | 당사자 합의, 주 12시간 | 본인 동의[2] |
| 임신 중 근로자 | 8 | 40 | 불가[3] | 본인 명시적 청구, 고용노동부장관 인가[4] |
| 산후 1년 미만 여성근로자 | 8 | 40 | 당사자 합의, 1일 2시간, 1주 6시간, 1년 150시간[5] | 본인 동의, 고용노동부장관 인가[6] |

1) 근기법 제110조 제1호
2) 근기법 제70조 제1항
3) 근기법 제74조 제5항, 근기법 제74조 제5항에서의 시간외 근로는 소정근로시간이 아닌 법정근로시간을 초과한 근로를 말하며(법제처 22-0186, 2022.4.26.), 시간외 근로수당이 실제 시간외 근로의 유·무와는 상관없이 매월 일정액을 근로자에게 지급하는 금품이라면, 임신 중의 여성 근로자가 실제로 시간외 근로를 하지 않더라도 이를 지급하는 것은 무방함(근로조건지도과-4492, 2008.10.15.).
4) 근기법 제70조 제2항 제3호
5) 근기법 제71조
6) 근기법 제70조 제2항 제2호

# 생리휴가는 언제, 어떻게 주어야 하나요?

**02**

회사는 여성근로자가 청구하면 월 1일의 생리휴가를 주어야 하나, 이 경우 유급으로 주어야 할 의무는 없습니다.

회사는 여성근로자가 청구할 경우 연령, 직종, 개근 여부, 근로일수(월 중간 입·퇴사) 등과 상관없이 월 1일의 생리휴가를 주어야 한다.[1]

과거에는 이와 같은 생리휴가를 유급으로 부여해야 했으나, 현행 근로기준법에 따를 경우 무급이 원칙이므로 임금 지급의 무가 당연히 발생하지는 않는다(생리휴가 사용일에 대한 임금 공제 가능). 다만, 취업규칙 등에 의해 유급휴가로 명시하는 등 달리 약정한 사실이 있다면 그에 따라야 한다.[2]

이와 같은 생리휴가는 생리사실 없이 청구하는 경우가 아닌 이상 여성근로자가 청구할 경우 반드시 부여해야 하며(위반 시 500만원 이하의 벌금),[3] 무급으로 부여하는 경우라 하더라도 법정휴가에 해당되므로 주휴, 연차휴가 부여를 위한 출근율 산정 시 출근한 것으로 보아야 한다.[4]

1) 근기법 제73조
2) 여성고용팀-289, 2007.5.21.
3) 근기법 제114조 제1호, 여성고용과-1081, 2004.5.28.
4) 여성고용과-1485, 2004.7.13.

# 03

## 임신 중인 여성근로자가 유산·조산의 위험을 막기 위해 근로시간 단축을 신청할 수 있나요?

■ ■ ■ ■ ■ ■ ■ ■ ▪ ▪

유산 또는 조산의 위험이 있는 임신 후 12주 이내 또는 36주 이후의 여성 근로자는 1일 2시간까지 근로시간 단축을 신청할 수 있으며, 이 경우 회사는 이를 허용해야 합니다.

임신 12주 이내는 유산의 위험이 가장 높고, 임신 36주 이후는 조산의 위험이 높기 때문에 임신·출산 친화적인 근로 환경을 조성하기 위해 최근 법 개정을 통해 '임신기 근로시간 단축제'를 도입했다.

이에 따를 경우 회사는 임신 후 12주 이내 또는 36주 이후에 있는 여성근로자가 1일 2시간의 근로시간 단축을 신청하는 경우 이를 허용해야 하며, 1일 근로시간이 8시간 미만인 근로자에 대해서는 1일 근로시간이 6시간이 되도록 근로시간 단축을 허용할 수 있다(위반 시 500만원 이하 과태료).

이 경우 회사는 근로시간 단축을 이유로 해당 근로자의 임금을 삭감할 수 없다.[1]

또한 회사는 임신 중인 여성 근로자가 1일 소정근로시간을 유지하면서 업무의 시작 및 종료 시각의 변경을 신청하는 경우 이를 허용하여야 한다. 다만, 정상적인 사업 운영에 중대한 지장을 초래하는 경우나 업무의 시작 및 종료 시각을 변경하게 되면 임신 중인 여성 근로자의 안전과 건강에 관한 관계 법령을 위반하게 되는 경우에는 그러하지 아니하다.[2]

1) 근기법 제74조 제7항 및 제8항·제116조 제1항 제2호
2) 근기법 제74조 제9항

# 임신한 여성근로자가 정기건강진단을 받는 데 필요한 시간을 청구하면 허용해야 하나요?

**04**

회사는 임신한 여성근로자가 모자보건법에 따른 임산부 정기건강진단을 받는 데 필요한 시간을 청구하는 경우 이를 유급으로 허용해야 합니다.

과거에는 임신한 여성근로자가 정기건강진단을 받고자 하는 경우라 하더라도 단체협약 또는 취업규칙 등에 규정이 없는 한 별도의 휴가를 사용해야 했었다(임신과 같이 생리가 없는 경우에는 생리휴가 사용을 통해 건강진단을 받는 것도 불가능함).[1]

그러나 현행 근로기준법은 이러한 문제를 해결하기 위해 임산부 정기건강진단 시간에 대한 유급 허용 규정을 마련하고 있다. 이에 따를 경우 회사는 임신한 여성근로자가 다음과 같이 모자보건법에 따른 임산부 정기건강진단을 받는 데 필요한 시간을 청구하는 경우 이를 허용해야 한다(위반 시 별도 벌칙은 없음).

① 임신 28주까지 : 4주마다 1회

② 임신 29주에서 36주까지 : 2주마다 1회

③ 임신 37주 이후 : 1주마다 1회

또한 회사는 건강진단 시간을 이유로 그 근로자의 임금을 삭감해서는 안 된다.[2]

1) 여성고용과-1081, 2004.5.28.
2) 근기법 제74조의2, 모자보건법 제10조, 모자보건법 시행규칙 [별표 1]

# 05

## 출산전후휴가는 언제, 어떻게 주어야 하나요?

▪ ▪ ▪ ▪ ▪ ▪ ▪ ▪ ▪ ▪ ▪ ▪

회사는 임신 중의 여성에게 출산 전후 90일의 출산전후휴가를 주어야 하며, 이 경우 출산 후에 45일 이상이 되도록 배정해야 합니다.

회사는 임신 중의 여성에게 출산 전과 출산 후를 통해 90일(한 번에 둘 이상 자녀를 임신한 경우에는 120일)의 출산전후휴가를 주어야 한다(위반 시 2년 이하의 징역 또는 2,000만원 이하의 벌금). 이 경우 휴가기간의 배정은 출산 후에 45일(한 번에 둘 이상 자녀를 임신한 경우에는 60일) 이상이 되어야 한다.[1]

이때 휴가기간 90일은 역일(曆日)상의 기간을 말하므로 각 사업장의 단체협약이나 취업규칙 등에 별도의 규정이 없는 한, 출산전후휴가기간 중에 법정휴일, 기타 회사의 약정휴일 등이 포함되어 있다 하더라도 역일상 90일을 주면 된다(예를 들어 2018년 10월 1일 출산전후휴가를 시작할 경우 2018년 12월 29일까지).[2]

이때 산후에 45일 이상이 확보되도록 해야 하므로 출산이 예정보다 늦어짐으로 인해 출산 전의 휴가가 45일을 초과했다 하더라도 산후 45일 이상의 유급휴가는 부여되어야 한다.

다만, 이 경우 산전에 45일을 초과한 부분에 대해서는 단체협약과 취업규칙 등에 별도의 정함이 없으면 무급으로 처리할 수 있다.[3]

1) 근기법 제74조 제1항 및 제2항 · 제110조 제1호
2) 여성고용팀-333, 2006.1.24.
3) 부소 68240-203, 1997.9.11.

# 출산전후휴가를 나누어 쓸 수도 있나요?

**06**

임신 중인 여성근로자가 유산·사산의 경험이 있는 등의 사유로 출산전후휴가 분할사용을 청구하는 경우 회사는 이를 허용해야 한다. 다만, 이 경우에도 출산 후의 휴가기간은 연속하여 45일 이상이 되어야 합니다.

과거에는 임신 중인 여성근로자가 유산 또는 사산의 위험이 있는 경우라 하더라도 단체협약 또는 취업규칙 등에 규정이 없는 한 별도의 휴가를 사용해야 하는 문제가 있었다.[1]

그러나 현행 근로기준법은 이와 같은 문제를 해결하기 위해 출산전후휴가를 분할하여 사용할 수 있도록 하고 있다. 이에 따를 경우 회사는 임신 중인 여성근로자가 다음의 사유로 출산전후휴가 분할 사용을 청구하는 경우 출산 전 어느 때라도 휴가를 나누어 사용할 수 있도록 해야 한다.

① 임신한 근로자에게 유산·사산의 경험이 있는 경우
② 임신한 근로자가 출산전후휴가를 청구할 당시 연령이 만 40세 이상인 경우
③ 임신한 근로자가 유산·사산의 위험이 있다는 의료기관의 진단서를 제출한 경우

다만, 이 경우에도 출산 후의 휴가기간은 연속하여 45일(한 번에 둘 이상 자녀를 임신한 경우에는 60일) 이상이 되어야 한다.[2]

1) 여성고용과-101, 2004.1.16.
2) 근기법 제74조 제2항

**[출산 관련 휴가 및 출산여성 보호]**

# 유산 · 사산휴가는 언제, 어떻게 주어야 하나요?

■ ■ ■ ■ ■ ■ ■ ■ ■ ※

회사는 유산 또는 사산한 여성근로자의 청구가 있을 경우 근로기준법이 정하는 바에 따라 유산 · 사산휴가를 주어야 합니다.

회사는 임신 중인 여성이 유산 또는 사산한 경우로서, 그 근로자가 청구하면 다음과 같이 유산 · 사산휴가를 주어야 한다.[1]

① 임신기간이 11주 이내인 경우 : 유산 또는 사산한 날부터 5일까지

② 임신기간이 12주 이상 15주 이내인 경우 : 유산 또는 사산한 날부터 10일까지

③ 임신기간이 16주 이상 21주 이내인 경우 : 유산 또는 사산한 날부터 30일까지

④ 임신기간이 22주 이상 27주 이내인 경우 : 유산 또는 사산한 날부터 60일까지

⑤ 임신기간이 28주 이상인 경우 : 유산 또는 사산한 날부터 90일까지

한편, 유산 · 사산휴가기간은 유산 또는 사산한 날부터 시작되므로 휴가를 늦게 시작할수록 사용할 수 있는 휴가일수가 줄어든다는 것을 유의해야 한다.

[1] 근기법 제74조 제3항, 근기법 시행령 제43조 제3항

# 출산전후휴가와 유산·사산휴가는 회사에서 무급으로 주어도 되나요?

08

■■■■■■■■■■ ▪

출산전후휴가와 유산·사산휴가 중 최초 60일은 유급으로 주어야 하나, 고용보험에서 출산전후휴가 급여가 지급된 경우에는 그 금액의 한도에서 지급의 책임을 지지 않습니다.

근로기준법은 출산전후휴가와 유산·사산휴가 중 최초 60일(한 번에 둘 이상 자녀를 임신한 경우에는 75일)에 대해 회사가 유급으로 주도록 하고 있다(통상임금으로 지급하면 됨). 다만, 남녀고용평등과 일·가정 양립 지원에 관한 법률에 따라 고용보험에서 출산전후휴가 급여 등이 지급된 경우에는 그 금액의 한도에서 지급의 책임을 지지 않는다.[1]

한편, 고용보험에서 출산전후휴가 또는 유산·사산휴가기간 동안 근로자에게 30일 단위로 지급하는 출산전후휴가 급여 등은 통상임금에 해당하는 금액이나, 월 상한액이 210만원으로 제한되어 있다.[2]

예를 들어 월 통상임금이 300만원인 근로자에 대해 출산전후휴가나 유산·사산휴가를 부여할 경우, 60일까지는 근로자가 통상임금 300만원을 모두 지급받을 수 있으나(회사 지급 90만원 + 고용보험 급여 210만원), 마지막 30일은 고용보험으로부터 210만원만 지급받을 수 있다.

1) 근기법 제74조 제4항
2) 고용보험법 제76조, 고용보험법 시행령 제101조, 고용노동부고시 제2023-83호

# 09

## 출산 여성근로자가 청구하면 수유시간을 주어야 하나요?

■ ■ ■ ■ ■ ■ ■ ■ ▥

회사는 생후 1년 미만의 유아를 가진 여성근로자가 청구하면 1일 1시간 이상의 유급 수유시간을 주어야 합니다.

회사는 생후 1년 미만의 유아(乳兒)를 가진 여성근로자가 청구하면 1일 2회 각각 30분 이상의 유급 수유시간을 주어야 하며(위반 시 2년 이하의 징역 또는 1,000만원 이하의 벌금),[1] 이와 같은 수유시간은 휴게시간과 별도로 보장되어야 한다.

수유시간은 회사와 근로자가 합의하여 근무시간 중 또는 출퇴근시간을 조정하여 활용할 수 있으며, 1일 1회 1시간과 같이 1일 1시간에 미달되지 않는 범위 내에서 구체적인 수유시간이나 횟수를 법에서 정한 것과 달리 정해도 무방하다.[2]

또한 직접 직장에서 모유수유를 하지 못하는 근로자의 경우 수유시간을 모유 유축(모유를 미리 빼내어 저장해두는 것)시간으로도 활용할 수 있다. 이를 위해 고용노동부는 사업주에게 모유수유 근로자가 활용할 수 있도록 수유실, 모유보관용 냉장고, 유축기 등의 비치를 권장하고 있다.

1) 근기법 제75조 · 제110조 제1호
2) 여원 68240 - 249, 2000.8.5.,
   여성고용팀-5362, 2006.12.28.

# 근로자가 배우자의 출산을 이유로 휴가를 청구하는 경우에도 휴가를 주어야 하나요?

**10**

■ ■ ■ ■ ■ ■ ■ ▨ ▨ ░

회사는 근로자가 배우자의 출산을 이유로 휴가를 청구하는 경우에 10일의 유급휴가를 주어야 합니다.

회사는 남성근로자가 배우자의 출산을 이유로 휴가를 청구하는 경우에 10일의 유급휴가를 주어야 한다(위반 시 500만원 이하의 과태료). 이때 배우자 출산휴가기간 중 근로제공 의무가 없는 날(휴일 등)이 포함된 경우에는 당해 휴가 일수에 산입하지 않는다. 배우자 출산휴가는 출산일 이후에 사용하는 것이 일반적이며, 배우자 출산휴가기간에 출산일이 포함된다면 출산을 위한 준비 등을 위해 출산일 전에 시작하는 것도 가능하나, 출산일로부터 90일이 지나면 청구할 수 없으며, 1회에 한정하여 나누어 사용할 수 있다.[1]

우선지원대상기업(중소기업) 근로자의 경우 최초 5일에 대해 401,910원을 한도로 고용보험에서 배우자 출산휴가 급여가 지급되며, 회사는 그 금액의 한도에서 지급책임을 면한다.[2]

1) 남녀고평법 제18조의2 · 제39조 제3항, 여성고용정책과-843, 2019.6.14.

2) 남녀고평법 제18조의2 제2항, 고용노동부고시 제2023-84호

# 육아휴직은 어떤 경우에 신청할 수 있고, 얼마나 사용할 수 있나요?

**11**

■ ■ ■ ■ ■ ■ ■ ■ ■ ▒

육아휴직은 임신 중인 여성 근로자가 모성을 보호하거나, 근로자가 만 8세 이하 또는 초등학교 2학년 이하의 자녀를 양육하기 위하여 1년 이내의 기간을 정해 사용할 수 있습니다.

회사는 임신 중인 여성 근로자가 모성을 보호하거나, 근로자가 만 8세 이하 또는 초등학교 2학년 이하의 자녀(입양한 자녀를 포함)를 양육하기 위하여 육아휴직을 신청하는 경우에 이를 허용하여야 한다(위반 시 500만원 이하의 벌금).[1]

그러나 예외적으로 육아휴직을 시작하려는 날의 전날까지 해당 사업에서 계속 근로한 기간이 6개월 미만인 근로자에 대해서는 사업주가 육아휴직을 허용하지 않을 수 있다(2020년 2월 28일부터 부부 동시 육아휴직 허용).[2]

육아휴직의 기간은 1년 이내로 하며, 근속기간에 포함한다. 회사는 육아휴직을 이유로 해고나 그 밖의 불리한 처우를 하여서는 아니 되며, 육아휴직 기간에는 그 근로자를 해고하지 못한다. 또한 회사는 육아휴직을 마친 근로자에 대해 휴직 전과 같은 업무 또는 같은 수준의 임금을 지급하는 직무에 복귀시켜야 한다.[3]

---

1) 남녀고평법 제19조 · 제37조 제4항, 남녀고평법 시행령 제11조
2) 남녀고평법 시행령 제10조
3) 남녀고평법 제19조

## 육아휴직을 신청할 수 있는 근로자가 근로시간을 단축하여 근무할 수도 있나요?

**12**

■ ■ ■ ■ ■ ■ ■ ■ ▫ ▫ ▫

육아휴직을 신청할 수 있는 근로자가 근로시간의 단축을 신청할 경우 회사는 원칙적으로 이를 허용해야 하며, 단축 후 근로시간은 주당 15시간 이상 35시간 이내여야 합니다.

육아휴직을 신청할 수 있는 근로자(임신 중인 여성 근로자가 모성을 보호하기 위한 경우는 제외)는 근로시간의 단축을 단축개시 예정일 30일 전까지 신청할 수 있으며, 이 경우 회사는 원칙적으로 이를 허용해야 한다(위반 시 500만원 이하의 과태료).

육아기 근로시간 단축을 허용하더라도 그 기간은 1년 이내(단, 육아휴직을 신청할 수 있는 근로자가 육아휴직 기간 1년 중 사용하지 아니한 기간이 있으면 그 기간을 가산한 기간 이내)이며, 단축 후 근로시간은 주당 15시간 이상 35시간 이내여야 한다.[1]

또한 회사는 육아기 근로시간 단축을 하고 있는 근로자에게 단축된 근로시간 외에 연장근로를 요구할 수 없다(위반 시 1,000만원 이하의 벌금). 다만, 그 근로자가 명시적으로 청구하는 경우에는 주 12시간 이내에서 연장근로를 시킬 수 있다.[2]

1) 남녀고평법 제19조의2 · 제39조 제2항, 남녀고평법 시행령 제15조 제1항
2) 남녀고평법 제19조의3 · 제37조

# 13

## 근로자가 육아기 근로시간 단축을 청구할 경우 회사는 예외 없이 허용해야 하나요?

■ ■ ■ ■ ■ ■ ■ ■ ▨ ▨

단축개시 예정일 전날까지 근속기간이 6개월 미만인 근로자가 신청한 경우 등은 근로자의 육아기 근로시간 단축 청구를 받아들이지 않을 수 있습니다.

근로자가 육아기 근로시간 단축을 청구한 경우라도 다음과 같은 사유가 있는 경우 회사는 이를 허용하지 않을 수 있다(2020년 2월 28일부터 부부 동시 육아기 근로시간 단축 허용). 다만, 이 경우 회사는 근로자에게 그 사유를 서면으로 통보하고 육아휴직을 사용하게 하거나 그 밖의 조치를 통해 지원할 수 있는지를 협의해야 한다(위반 시 500만원 이하의 과태료).[1)]

① 단축개시 예정일의 전날까지 해당 사업에서 계속근로한 기간이 6개월 미만인 근로자가 신청한 경우

② 사업주가 직업안정기관에 구인신청을 하고 14일 이상 대체인력을 채용하기 위해 노력했으나 대체인력을 채용하지 못한 경우(다만, 직업안정기관의 장의 직업소개에도 불구하고 정당한 이유 없이 2회 이상 채용을 거부한 경우는 제외)

③ 육아기 근로시간 단축을 신청한 근로자의 업무 성격상 근로시간을 분할하여 수행하기 곤란하거나 그 밖에 육아기 근로시간 단축이 정상적인 사업 운영에 중대한 지장을 초래하는 경우로서 회사가 이를 증명하는 경우

---

1) 남녀고평법 제19조의2 · 제39조 제2항, 남녀고평법 시행령 제15조의2

# 근로자가 육아휴직을 분할해서 사용할 수도 있나요?

■ ■ ■ ■ ■ ■ ■ ■ ■ ▫

근로자는 육아휴직을 1회 분할하여 사용할 수 있으며, 육아기 근로시간 단축은 3개월 이상 단위로 분할해서 사용할 수 있습니다.

육아휴직 및 육아기 근로시간 단축을 사용할 수 있는 기간은 각각 1년 이내이나, 육아휴직을 신청할 수 있는 근로자가 육아휴직 기간 1년 중 사용하지 아니한 기간이 있으면 그 기간을 가산한 기간 이내로 육아기 근로시간 단축을 사용할 수 있다.

한편, 근로자는 육아휴직을 2회에 한정하여 나누어 사용할 수 있으며, 이 경우 임신 중인 여성 근로자가 모성보호를 위하여 육아휴직을 사용한 횟수는 육아휴직을 나누어 사용한 횟수에 포함하지 아니한다. 육아기 근로시간 단축도 나누어 사용할 수 있으나, 나누어 사용하는 1회의 기간은 3개월(근로계약기간의 만료로 3개월 이상 근로시간 단축을 사용할 수 없는 계약직 근로자에 대해서는 남은 근로계약기간) 이상이 되어야 한다.[1]

---

1) 남녀고평법 제19조의4

# 15

## 취업규칙에 규정이 없어도 가족의 질병 치료를 위해 휴직을 신청하는 경우 허용해야 하나요?

■ ■ ■ ■ ■ ■ ■ ■ ▫ ▫

회사는 취업규칙에 규정이 없더라도 근로자가 가족의 질병, 사고, 노령으로 인해 그들을 돌보기 위한 휴직을 신청하는 경우 원칙적으로 이를 허용해야 합니다.

회사는 근로자가 조부모, 부모, 배우자, 배우자의 부모, 자녀 또는 손자녀(이하 '가족')의 질병 · 사고 · 노령으로 인해 그들을 돌보기 위한 휴직을 신청하는 경우 이를 허용해야 한다(위반시 500만원 이하의 과태료). 다만, 다음의 어느 하나에 해당하는 경우에는 허용하지 않아도 된다.[1]

① 가족돌봄휴직 개시예정일의 전날까지 해당 사업에서 계속근로한 기간이 6개월 미만인 근로자가 신청한 경우

② 가족돌봄휴직을 신청한 근로자 외의 가족이 돌봄이 필요한 가족을 돌볼 수 있는 경우

③ 조부모 또는 손자녀를 돌보기 위하여 가족돌봄휴직을 신청한 근로자 외에도 조부모의 직계비속 또는 손자녀의 직계존속이 있는 경우(다만, 조부모의 직계비속 또는 손자녀의 직계존속에게 질병, 노령, 장애 또는 미성년 등의 사유가 있어 신청한 근로자가 돌봐야 하는 경우는 제외)

---

1) 남녀고평법 제22의2 제1항 · 제39조의 제2항 제7호, 남녀고평법 시행령 제16조의3

④ 사업주가 직업안정기관에 구인신청을 하고 14일 이상 대체인력을 채용하기 위해 노력했으나 대체인력을 채용하지 못한 경우(다만, 직업안정기관의 장의 직업소개에도 불구하고 정당한 이유 없이 2회 이상 채용을 거부한 경우는 제외)

⑤ 근로자의 가족돌봄휴직으로 인해 정상적인 사업 운영에 중대한 지장이 초래되는 경우로서 사업주가 이를 증명하는 경우

또한 사업주는 근로자가 가족(조부모 또는 손자녀를 돌보기 위하여 가족돌봄휴가를 신청한 근로자 외에도 조부모의 직계비속 또는 손자녀의 직계존속이 있는 경우는 제외)의 질병, 사고, 노령 또는 자녀의 양육으로 인하여 긴급하게 그 가족을 돌보기 위한 휴가(이하 '가족돌봄휴가')를 신청하는 경우 이를 허용하여야 한다(위반 시 500만원 이하의 과태료). 다만, 근로자가 청구한 시기에 가족돌봄휴가를 주는 것이 정상적인 사업 운영에 중대한 지장을 초래하는 경우에는 근로자와 협의하여 그 시기를 변경할 수 있다.[2]

2) 남녀고평법 제22의2 제2항 · 제39조의 제2항 제8호, 동법 시행령 제16조의3 제2항

[가족돌봄 등 지원]

# 가족돌봄휴직기간의 상한은 얼마인가요, 그리고 그 기간은 유급인가요?

■ ■ ■ ■ ■ ■ ■ ■ ■

가족돌봄휴직기간은 연간 최장 90일(30일 이상의 기간을 정해 분할사용 가능)이며, 그 기간 중 급여는 무급이 원칙입니다.

가족돌봄휴직기간은 연간 최장 90일로 하며, 이를 나누어 사용할 수 있다. 이 경우 나누어 사용하는 1회의 기간은 30일 이상이 되어야 한다. 또한 가족돌봄휴가 기간은 연간 최장 10일로 하며, 일단위로 사용할 수 있다(다만, 가족돌봄휴가 기간은 가족돌봄휴직 기간에 포함됨).[1]

또한 가족돌봄휴직기간 중 급여는 원칙적으로 무급으로 하되, 회사와 근로자가 합의하는 경우 유급이 가능하다.

가족돌봄휴직은 1년에 90일까지 사용이 가능하므로, 1년에 90일을 사용한 후 그다음 해에도 90일을 사용할 수 있다. 이때 1년을 나누는 기준은 입사일·회계연도 등 회사 사정에 따라 정할 수 있으나, 특별히 정한 것이 없으면 근로자의 입사일이 기준이 된다.

이와 같은 가족돌봄휴직기간은 근속기간에 포함한다. 다만, 근로기준법에 따른 평균임금 산정기간에서는 제외한다.[2]

---

1) 남녀고평법 제22조의2 제4항
2) 남녀고평법 제22조의2 제6항

# 가족돌봄휴직을 사용한 근로자에 대해서는 어떻게 처우해야 하나요?

**17**

가족돌봄휴직기간은 퇴직금 등을 산정하기 위한 근속기간에 포함시켜야 하며, 가족돌봄휴직을 이유로 근로자를 해고하는 등의 불이익한 처우가 금지됩니다.

가족돌봄휴직기간은 연차휴가일수 가산, 퇴직금 산정 등을 위한 근속기간에 포함시켜야 한다. 또한 가족돌봄휴직을 이유로 근로자를 해고하거나 근로조건을 악화시키는 등 불이익한 처우가 금지되며, 이를 위반하면 3년 이하의 징역 또는 3,000만원 이하의 벌금에 처하게 된다.[1)]

연차유급휴가의 발생요건인 출근율은 가족돌봄휴직기간을 제외한 나머지 소정근로일수(근로자와 회사가 근로하기로 정한 날)의 출근율을 가지고 산정하며, 연차유급휴가일수는 가족돌봄휴직기간을 제외한 나머지 소정근로일수와 연간 총소정근로일수의 비율에 따라 산정한다.

예를 들어 2023년 1월부터 3월까지 가족돌봄휴직을 사용하고 2023년 4월부터 12월까지 개근한 경우, 출근율은 100%로 연차휴가 발생에 문제가 없으나 연차휴가일수는 정상적으로 발생할 연차휴가일수의 3/4이 된다.

1) 남녀고평법 제22조의2 제6항 및 제7항·제37조 제2항

## [가족돌봄 등 지원]

# 가족돌봄 등을 위해 근로시간을 단축하여 근무할 수도 있나요?

■ ■ ■ ■ ■ ■ ■ ▪ ▫ ▫

회사는 근로자가 가족을 돌보거나 본인의 건강, 은퇴 준비, 학업을 위해 근로시간 단축을 신청하는 경우 원칙적으로 이를 허용해야 합니다.

회사는 근로자가 다음 각 호의 어느 하나에 해당하는 사유로 근로시간의 단축을 신청하는 경우에 이를 허용하여야 한다.

① 근로자가 가족의 질병, 사고, 노령으로 인하여 그 가족을 돌보기 위한 경우

② 근로자 자신의 질병이나 사고로 인한 부상 등의 사유로 자신의 건강을 돌보기 위한 경우

③ 55세 이상의 근로자가 은퇴를 준비하기 위한 경우

④ 근로자의 학업을 위한 경우

다만, 대체인력 채용이 불가능한 경우, 정상적인 사업 운영에 중대한 지장을 초래하는 경우 등 남녀고용평등과 일·가정 양립 지원에 관한 법률 시행령으로 정하는 경우에는 허용하지 않을 수 있다. 이 경우 해당 근로자에게 그 사유를 서면으로 통보하고 휴직을 사용하게 하거나 그 밖의 조치를 통하여 지원할 수 있는지를 해당 근로자와 협의하여야 한다.

회사가 가족돌봄 등을 위한 근로시간 단축을 허용하는 경우 단축 후 근로시간은 주당 15시간 이상 30시간 이내여야 한다. 근로시간 단축의 기간은 1년 이내로 하되, 다음의 어느 하나에 해당하는 근로자는 합리적 이유가 있는 경우에 추가로 2년의 범위 안에서 근로시간 단축의 기간을 연장할 수 있다.

① 근로자가 가족의 질병, 사고, 노령으로 인하여 그 가족을 돌보기 위한 경우

② 근로자 자신의 질병이나 사고로 인한 부상 등의 사유로 자신의 건강을 돌보기 위한 경우

③ 55세 이상의 근로자가 은퇴를 준비하기 위한 경우

회사는 근로시간 단축을 이유로 해당 근로자에게 해고나 그 밖의 불리한 처우를 하여서는 아니 되며(위반 시 3년 이하의 징역 또는 3천만원 이하의 벌금), 근로자의 근로시간 단축기간이 끝난 후에 그 근로자를 근로시간 단축 전과 같은 업무 또는 같은 수준의 임금을 지급하는 직무에 복귀시켜야 한다.[1]

1) 남녀고평법 제22조의3 · 제37조 제2항 제7호

## [휴가 · 휴직 복귀자 보호]
## 회사는 출산전후휴가 등을 마친 근로자에게 휴가 전과 동일한 업무를 부여해야 하나요?

■ ■ ■ ■ ■ ■ ■ ■ ■ ░

출산전후휴가, 육아휴직, 육아기 근로시간 단축을 마친 근로자에 대해 휴직 전과 동일한 업무가 아닌 동등한 수준의 임금을 지급하는 직무에 복귀시키는 것도 가능합니다.

회사는 출산전후휴가기간과 그 후 30일 동안은 그 근로자를 해고하지 못하며(위반 시 5년 이하의 징역 또는 5,000만원 이하의 벌금), 육아휴직을 이유로 해고나 그 밖의 불리한 처우를 해서는 안 될 뿐만 아니라, 육아휴직기간에는 그 근로자를 해고하지 못한다(위반 시 3년 이하의 징역 또는 3,000만원 이하의 벌금).[1]

또한 회사는 출산전후휴가, 육아휴직, 육아기 근로시간 단축을 마친 근로자에 대해 휴가 · 휴직 · 단축 전과 같은 업무 또는 같은 수준의 임금을 지급하는 직무에 복귀시켜야 한다(위반 시 500만원 이하의 벌금).[2]

아울러 회사는 가족돌봄휴직을 이유로 근로자를 해고하거나 근로조건을 악화시키는 등 불리한 처우를 해서는 안 된다(위반 시 3년 이하의 징역 또는 3,000만원 이하의 벌금).[3] 따라서 가족돌봄휴직을 마친 근로자에 대해서도 휴직 전과 같은 업무 또는 같은 수준의 임금을 지급하는 직무에 복귀시켜야 한다.

다만, '같은 수준의 임금을 지급하는 직무'를 대신 부여할 경우 그 직무가 출산전후휴가 등 전 업무보다 불리한 직무가 아니어야 함을 유의할 필요가 있다.[4]

1) 근기법 제23조 제2항 · 제107조, 남녀고평법 제19조 제3항 · 제37조 제2항 제3호
2) 근기법 제74조 제6항 · 제114조 제1호, 남녀고평법 제19조 제4항 · 제19조의2 제6항 · 제37조 제4항
3) 남녀고평법 제22조의2 제4항 · 제37조 제2항
4) 대판 2017두76005

남녀고용평등과 일·가정 양립 지원에 관한 법률(이하 '남녀고용평등법'이라 한다) 제19조 제3항의 '불리한 처우'란 육아휴직 중 또는 육아휴직을 전후하여 임금 그 밖의 근로조건 등에서 육아휴직으로 말미암아 육아휴직 사용 근로자에게 발생하는 불이익 전반을 의미하므로, 사업주는 육아휴직 사용 근로자에게 육아휴직을 이유로 업무상 또는 경제상의 불이익을 주지 않아야 하고, 복귀 후 맡게 될 업무나 직무가 육아휴직 이전과 현저히 달라짐에 따른 생경함, 두려움 등으로 육아휴직의 신청이나 종료 후 복귀 그 자체를 꺼리게 만드는 등 근로자로 하여금 심리적으로 안정된 상태에서 육아휴직을 신청·사용함에 지장을 초래하지 않아야 한다.

남녀고용평등법 제4조, 제5조, 제19조 제1항, 제3항, 제4항의 문언, 체계 및 취지 등에 비추어 보면, 사업주가 남녀고용평등법 제19조 제4항에 따라 육아휴직을 마친 근로자를 복귀시키면서 부여한 업무가 휴직 전과 '같은 업무'에 해당한다고 보려면, 취업규칙이나 근로계약 등에 명시된 업무내용뿐만 아니라 실제 수행하여 온 업무도 아울러 고려하여, 휴직 전 담당 업무와 복귀 후의 담당 업무를 비교할 때 그 직책이나 직위의 성격과 내용·범위 및 권한·책임 등에서 사회통념상 차이가 없어야 한다. 만약 휴직기간 중 발생한 조직체계나 근로환경의 변화 등을 이유로 사업주가 '같은 업무'로 복귀시키는 대신 '같은 수준의 임금을 지급하는 다른 직무'로 복귀시키는 경우에도 복귀하는 근로자에게 실질적인 불이익이 있어서는 아니 된다. 사업주가 위와 같은 책무를 다하였는지는 근로환경의 변화나 조직의 재편 등으로 인하여 다른 직무를 부여해야 할 필요성 여부 및 정도, 임금을 포함한 근로조건이 전체적으로 낮은 수준인지, 업무의 성격과 내용·범위 및 권한·책임 등에 불이익이 있는지 여부 및 정도, 대체 직무를 수행하게 됨에 따라 기존에 누리던 업무상·생활상 이익이 박탈되는지 여부 및 정도, 동등하거나 더 유사한 직무를 부여하기 위하여 휴직 또는 복직 전에 사전 협의 기타 필요한 노력을 하였는지 여부 등을 종합적으로 고려하여 판단하여야 한다.

−대판 2017두76005−

# 20

## 직장 내 성희롱 예방교육은 언제, 어떻게 실시해야 하나요?

■ ■ ■ ■ ■ ■ ■ ■ ▪ ▪

회사는 직장 내 성희롱 예방교육을 연 1회 이상 반드시 실시해야 하며, 이 때 자체교육 또는 위탁교육 모두 가능합니다.

　　　　　회사는 직장 내 성희롱을 예방하고 근로자가 안전한 근로환경에서 일할 수 있는 여건을 조성하기 위해 다음의 내용이 담긴 직장 내 성희롱 예방교육을 연 1회 이상 실시해야 하며(위반 시 500만원 이하 과태료), 사업주 및 근로자는 이와 같은 성희롱 예방교육을 받아야 한다.[1]

① 직장 내 성희롱에 관한 법령

② 해당 사업장의 직장 내 성희롱 발생 시의 처리절차와 조치기준

③ 해당 사업장의 직장 내 성희롱 피해 근로자의 고충상담 및 구제절차

④ 그 밖에 직장 내 성희롱 예방에 필요한 사항

　　이때 자체교육 혹은 위탁교육 모두 가능하며, 교육실시 후 교육일시 · 장소 · 대상 · 방법 · 교육내용 등을 기록으로 남겨두면 되고 이를 별도로 지방노동관서에 보고할 의무는 없다.[2]

　　또한, 회사는 성희롱 예방 교육의 내용을 근로자가 자유롭게 열람할 수 있는 장소에 항상 게시하거나 갖추어 두어 근로자에게 널리 알려야 한다(위반 시 500만원 이하 과태료).[3]

1) 남녀고평법 제13조 · 제39조 제3항, 남녀고평법 시행령 제3조
2) 근정 68240-249, 1999.5.19.
3) 남녀고평법 제13조 제3항 · 제39조 제3항

# 직장 내 성희롱 예방교육은 사이버 교육으로도 가능한가요?

**21**

■ ■ ■ ■ ■ ■ ■ ■ ■ ■

직장 내 성희롱 예방교육은 사이버 교육을 통해 실시할 수 있으나, 이 경우 피교육자에게 교육내용이 제대로 전달되는지 여부를 확인할 수 있는 기능이 구비되어 있어야 합니다.

직장 내 성희롱 예방교육은 사업의 규모나 특성 등을 고려하여 직원연수 · 조회 · 회의, 인터넷 등 정보통신망을 이용한 사이버 교육 등을 통해 실시할 수 있다.[1]

이때 정보통신망을 이용한 사이버 교육 등의 경우 구성단위별 진도체크, 교육내용에 대한 테스트(확인), 궁금증에 대한 질의 · 응답 등 피교육자에게 교육내용이 제대로 전달되는지 여부를 확인할 수 있는 기능이 구비되어 있어야 하며, 개인별 메일 서비스나 게시판에 공지하는 등의 방법과 같이 피교육자에게 교육내용이 제대로 전달되었는지 여부를 확인할 수 없는 경우에는 남녀고용평등과 일 · 가정 양립 지원에 관한 법률상의 성희롱 예방교육을 실시한 것으로 인정받을 수 없다는 점을 유의해야 한다.[2]

1) 남녀고평법 제13조 · 제39조 제3항, 남녀고평법 시행령 제3조
2) 근정 68240-249, 1999.5.19.

# 22

## 직장 내 성희롱 예방교육은 교육자료 배포만으로도 가능한가요?

■ ■ ■ ■ ■ ■ ■ ■ ■ ■ ░

단순히 교육자료를 배포하는 데 그치는 등 근로자에게 교육내용이 제대로 전달되었는지 확인하기 곤란한 경우에는 원칙적으로 직장 내 성희롱 예방교육을 한 것으로 보지 않습니다.

단순히 교육자료 등을 배포·게시하거나 전자우편을 보내거나 게시판에 공지하는 데 그치는 등 근로자에게 교육내용이 제대로 전달되었는지 확인하기 곤란한 경우에는 원칙적으로 직장 내 성희롱 예방교육을 한 것으로 보지 않는다.

그러나 규모가 작거나 직장 내 성희롱이 발생할 우려가 현저히 낮은 경우 등 특별한 사정이 있는 회사에 대해서는 예외가 적용된다.

구체적으로는 ① 상시 10명 미만의 근로자를 고용하는 사업, ② 사업주 및 근로자 모두가 남성 또는 여성 중 어느 한 성(性)으로 구성된 회사에서는 성희롱 예방교육 내용을 근로자가 알 수 있도록 교육자료 또는 홍보물을 게시하거나 배포하는 방법으로 직장 내 성희롱 예방교육을 할 수 있다.[1]

1) 남녀고평법 시행령 제3조 제3항 및 제4항

# 직장 내 성희롱 발생 시 회사는 어떤 조치를 취해야 하나요?

**23**

■ ■ ■ ■ ■ ■ ▪ ▪ ▪ ▫ ▪ ▫

직장 내 성희롱 발생 시 회사는 사실 확인 조사 후 결과에 따라 피해근로 자에 대해 배치전환, 가해자에 대해 징계 등의 조치를 취해야 합니다.

회사는 직장 내 성희롱 발생 사실을 신고받거나 알게 된 경우에는 지체 없이 사실 확인을 위해 조사해야 하며, 조사 기간 동안 피해근로자 등을 보호하기 위해 필요한 경우 해당 피해근로자 등에 대해 근무장소 변경, 유급휴가 명령 등 적절한 조치를 해야 한다.

회사는 조사 결과 직장 내 성희롱 발생 사실이 확인된 때는 피해근로자가 요청하면 근무장소 변경, 배치전환, 유급휴가 명령 등 적절한 조치를 해야 하며, 직장 내 성희롱 행위를 한 사람에 대해 지체 없이 징계, 근무장소 변경 등 필요한 조치를 해야 한다.

또한 회사는 성희롱 발생 사실 신고근로자 및 피해근로자 등에게 ① 해고, 징계, 정직, 감봉, 강등, 승진 제한 등 부당한 인사조치, ② 직무 미부여, 직무 재배치, 그 밖에 본인의 의사에 반하는 인사조치, ③ 평가 등에서 차별이나 그에 따른 임금 등의 차별 지급, ④ 교육훈련 기회의 제한, ⑤ 집단 따돌림, 폭행 또는 폭언 등의 행위를 하거나 그 행위의 발생을 방치하는 행위, ⑥ 그 밖에 신고근로자 및 피해근로자 등의 의사에 반하는 불리한 처우 등을 해서는 안 된다.

아울러 회사는 근로자가 고객 등으로부터 성희롱을 당해 그로 인한 고충 해소를 요청할 경우 근무장소 변경, 배치전환, 유급휴가 명령 등 적절한 조치를 취해야 한다.[1]

1) 남녀고평법 제14조

# 직장 내 성희롱을 하거나 관련 조치 의무를 이행하지 않은 자는 어떤 책임을 지나요?

**24**

■■■■■■■■■ ■ ●

남녀고용평등과 일·가정 양립 지원에 관한 법률에 따른 과태료가 부과되나, 이는 사업주가 직장 내 성희롱을 한 경우에 국한됩니다.

남녀고용평등과 일·가정 양립 지원에 관한 법률에 따를 경우 사업주가 직장 내 성희롱을 한 경우에는 1,000만원 이하의 과태료를 부과하게 되나, 사업주가 아닌 자의 경우에는 과태료 처분을 받지 않는다(다만, 성희롱 정도에 따라 형법 등에 따른 처벌을 받을 수 있음).

또한 사업주가 ① 직장 내 성희롱 발생이 확인되었는데도 지체 없이 행위자에게 징계나 그 밖에 이에 준하는 조치를 하지 않은 경우나 ② 근로자가 고객 등에 의한 성희롱 피해를 주장하거나 고객 등으로부터의 성적 요구 등에 불응한 것을 이유로 해고나 그 밖의 불이익한 조치를 한 경우에도 500만원 이하의 과태료가 부과된다.[1]

아울러 사업주는 직장 내 성희롱과 관련하여 피해를 입은 근로자 또는 성희롱 피해 발생을 주장하는 근로자에게 해고나 그 밖의 불리한 조치를 하여서는 안 되며, 이를 위반할 경우 3년 이하의 징역 또는 3,000만원 이하의 벌금에 처해진다.[2]

1) 남녀고평법 제39조 제2항 및 제3항
2) 남녀고평법 제14조·제37조 제2항

남녀고용평등과 일·가정 양립 지원에 관한 법률(2017. 11. 28. 법률 제15109호로 개정되기 전의 것, 이하 '남녀고용평등법'이라 한다)은 직장 내 성희롱이 법적으로 금지되는 행위임을 명확히 하고 사업주에게 직장 내 성희롱에 관한 사전 예방의무와 사후 조치의무를 부과하고 있다. 특히 사업주는 직장 내 성희롱과 관련하여 피해를 입은 근로자뿐만 아니라 성희롱 발생을 주장하는 근로자에게도 불리한 조치를 해서는 안 되고, 그 위반자는 형사처벌을 받는다는 명문의 규정을 두고 있다.

직장 내 성희롱이 발생한 경우 사업주는 피해자를 적극적으로 보호하여 피해를 구제할 의무를 부담하는데도 오히려 불리한 조치나 대우를 하기도 한다. 이러한 행위는 피해자가 피해를 감내하고 문제를 덮어버리도록 하는 부작용을 초래할 뿐만 아니라, 피해자에게 성희롱을 당한 것 이상의 또 다른 정신적 고통을 줄 수 있다. 위 규정은 직장 내 성희롱 피해를 신속하고 적정하게 구제할 뿐만 아니라 직장 내 성희롱을 예방하기 위한 것으로, 피해자가 직장 내 성희롱에 대하여 문제를 제기할 때 2차적 피해를 염려하지 않고 사업주가 가해자를 징계하는 등 적절한 조치를 하리라고 신뢰하도록 하는 기능을 한다.

사업주가 직장 내 성희롱과 관련하여 피해를 입은 근로자 또는 성희롱 피해 발생을 주장하는 근로자(이하 '피해근로자 등'이라 한다)에게 해고나 그 밖의 불리한 조치를 한 경우에는 남녀고용평등법 제14조 제2항을 위반한 것으로서 민법 제750조의 불법행위가 성립한다. 그러나 사업주의 피해근로자 등에 대한 조치가 직장 내 성희롱 피해나 그와 관련된 문제 제기와 무관하다면 위 제14조 제2항을 위반한 것이 아니다. 또한 사업주의 조치가 직장 내 성희롱과 별도의 정당한 사유가 있는 경우에도 위 조항 위반으로 볼 수 없다.

사업주의 조치가 피해근로자 등에 대한 불리한 조치로서 위법한 것인지 여부는 ① 불리한 조치가 직장 내 성희롱에 대한 문제 제기 등과 근접한 시기에 있었는지, ② 불리한 조치를 한 경위와 과정, ③ 불리한 조치를 하면서 사업주가 내세운 사유가 피해근로자 등의 문제 제기 이전부터 존재하였던 것인지, ④ 피해근로자 등의 행위로 인한 타인의 권리나 이익 침해 정도와 불리한 조치로 피해근로자 등이 입은 불이익 정도, ⑤ 불리한 조치가 종전 관행이나 동종 사안과 비교하여 이례적이거나 차별적인 취급인지 여부, ⑥ 불리한 조치에 대하여 피해근로자 등이 구제신청 등을 한 경우에는 그 경과 등을 종합적으로 고려하여 판단해야 한다.

남녀고용평등법은 관련 분쟁의 해결에서 사업주가 증명책임을 부담한다는 규정을 두고 있는데(제30조), 이는 직장 내 성희롱에 관한 분쟁에도 적용된다. 따라서 직장 내 성희롱으로 인한 분쟁이 발생한 경우에 피해근로자 등에 대한 불리한 조치가 성희롱과 관련성이 없거나 정당한 사유가 있다는 점에 대하여 사업주가 증명을 하여야 한다.

−대판 2016다202947−

## 25

## [직장 내 괴롭힘 금지]

# 직장 내에서 업무를 이유로 스트레스를 주더라도 문제가 없나요?

■ ■ ■ ■ ■ ■ ■ ■ ■ ■ ///

누구나 직장에서의 지위 또는 관계 등의 우위를 이용하여 업무상 적정범위를 넘어 스트레스를 주는 등 다른 근로자에게 직장 내 괴롭힘을 하여서는 아니 됩니다.

　　사용자 또는 근로자는 ① 직장에서의 지위 또는 관계 등의 우위를 이용하여,[1] ② 업무상 적정범위를 넘어, ③ 다른 근로자에게 신체적·정신적 고통을 주거나 근무환경을 악화시키는 행위(직장 내 괴롭힘)를 하여서는 아니 된다. 아울러 직장 내 괴롭힘으로 인한 업무상 정신적 스트레스가 원인이 되어 발생한 질병은 업무상 질병으로 인정된다.[2]

　　이에 따라 근로기준법에서는 상시 10명 이상의 근로자를 사용하는 사용자에 대해 '직장 내 괴롭힘의 예방 및 발생 시 조치 등에 관한 사항'을 취업규칙에 반영하여 고용노동부장관에게 신고하도록 하고 있다(위반시 500만원 이하의 과태료).[3]

1) 2022년 12월 중앙노동위원회는 그룹원 19명(다수의 하급자)이 그룹장(상급자)을 대상으로 한 일련의 행위를 직장 내 괴롭힘으로 판단함. 해당 사건은 그룹원들이 그룹장을 대상으로 한 사임 요구 피켓팅, 현수막 거치, 홍보물 배포, 연판장 작성 등의 행위는 업무상 적정 범위를 벗어난 일련의 행위이며, 이로 인하여 그룹장이 신체적·정신적 고통으로 치료를 받고 근무환경이 악화되었다면 직장 내 괴롭힘에 해당되므로 이에 대한 징계가 정당하다고 판정함(중앙2022부해1388, 2023.1.19. 중앙노동위원회 보도자료 참조).

2) 근기법 제76조의2, 산재법 제37조 제1항 제2호 다목

3) 근기법 제93조 제11호·제116조 제1항 제2호

# 직장 내 괴롭힘으로 인정될 가능성이 있는 행위로는 어떤 것들을 예로 들 수 있나요?

**26**

■ ■ ■ ■ ■ ■ ■ ■ ■

고용노동부는 폭력, 욕설, 회식 참여 강요, 집단 따돌림 등을 직장 내 괴롭힘으로 인정될 가능성이 있는 행위의 예로 들고 있습니다.

고용노동부는 직장 내 괴롭힘으로 인정될 가능성이 있는 행위로 다음과 같은 예를 들고 있다.[1]

- 정당한 이유 없이 업무 능력이나 성과를 인정하지 않거나 조롱함
- 정당한 이유 없이 훈련, 승진, 보상, 일상적인 대우 등에서 차별함
- 다른 근로자들과는 달리 특정 근로자에 대하여만 근로계약서 등에 명시되어 있지 않는 모두가 꺼리는 힘든 업무를 반복적으로 부여함
- 근로계약서 등에 명시되어 있지 않는 허드렛일만 시키거나 일을 거의 주지 않음
- 정당한 이유 없이 업무와 관련된 중요한 정보제공이나 의사결정 과정에서 배제시킴
- 정당한 이유 없이 휴가나 병가, 각종 복지혜택 등을 쓰지 못하도록 압력 행사
- 다른 근로자들과는 달리 특정 근로자의 일하거나 휴식하

1) 2019. 2. 직장 내 괴롭힘 판단 및 예방·대응 매뉴얼 제16페이지 등

215

는 모습만을 지나치게 감시

- 사적 심부름 등 개인적인 일상생활과 관련된 일을 하도록 지속적, 반복적으로 지시
- 정당한 이유 없이 부서이동 또는 퇴사를 강요함
- 개인사에 대한 뒷담화나 소문을 퍼뜨림
- 신체적인 위협이나 폭력을 가함
- 욕설이나 위협적인 말을 함
- 다른 사람들 앞이나 온라인상에서 나에게 모욕감을 주는 언행을 함
- 의사와 상관없이 음주/흡연/회식 참여를 강요함
- 집단 따돌림
- 업무에 필요한 주요 비품(컴퓨터, 전화 등)을 주지 않거나, 인터넷 · 사내 네트워크 접속을 차단함
- 퇴근 후 또는 휴일에 여러 차례 연락(이메일, 문자, 전화, SNS 등)을 함

# 직장 내 괴롭힘이 있을 경우 조치사항은 어떤 것들이 있나요?

**27**

회사는 직장 내 괴롭힘 발생 시 사실 확인 조사를 거친 후 피해근로자에 대한 근무장소 변경 등의 보호 조치 및 행위자에 대한 징계 등 필요한 조치를 하여야 합니다.

누구든지 직장 내 괴롭힘 발생 사실을 알게 된 경우 그 사실을 사용자에게 신고할 수 있다. 사용자는 이와 같은 신고를 접수하거나 직장 내 괴롭힘 발생 사실을 인지한 경우에는 지체 없이 그 사실 확인을 위한 객관적인 조사를 실시하여야 한다.

이 경우 조사 기간 동안 직장 내 괴롭힘과 관련하여 피해를 입은 근로자 또는 피해를 입었다고 주장하는 근로자(피해근로자 등)를 보호하기 위하여 필요한 경우 해당 피해근로자 등에 대하여 근무장소의 변경, 유급휴가 명령 등 적절한 조치를 하여야 한다(이 경우 사용자는 피해근로자 등의 의사에 반하는 조치를 하여서는 아니 됨).

사용자는 조사 결과 직장 내 괴롭힘 발생 사실이 확인된 때에는 피해근로자가 요청하면 근무장소의 변경, 배치전환, 유급휴가 명령 등 적절한 조치를 하여야 한다. 또한 지체 없이 행위자에 대하여 징계, 근무장소의 변경 등 필요한 조치를 하여야 한다. 이 경우 사용자는 징계 등의 조치를 하기 전에 그 조치에 대하여 피해근로자의 의견을 들어야 한다.

아울러 사용자는 직장 내 괴롭힘 발생 사실을 신고한 근로자 및 피해근로자 등에게 해고나 그 밖의 불리한 처우를 하여서는 아니 된다(위반 시 3년 이하의 징역 또는 3천만원 이하의 벌금).[1]

1) 근기법 제76조의3 · 제109조 제1항

# 회사에서도 장애인 인식개선을 위한 교육을 시켜야 하나요?

28

■ ■ ■ ■ ■ ■ ■ ■ ▫ ▫

모든 사업주는 연 1회 이상 사업주 포함 모든 근로자를 대상으로 직장 내 장애인 인식개선 교육을 실시해야 합니다.

1인 이상 모든 사업주는 연 1회, 1시간 이상 사업주 포함 모든 근로자를 대상으로 직장 내 장애인 인식개선 교육을 실시해야 한다(교육을 실시하지 않거나 교육 실시 자료를 보관하지 않은 사업주에게는 300만원 이하의 과태료 부과).

다만, 상시 50명 미만의 근로자를 고용하는 사업주는 고용노동부장관이 보급한 교육자료 등을 배포 · 게시하거나 전자우편을 보내는 등의 방법으로 장애인 인식개선 교육을 실시할 수 있다.[1]

---

LABOR·PERSONNEL

# 제6장

●

## 취업규칙

# 01

## 하나의 회사에서 여러 개의 취업규칙을 만들어 시행할 수도 있나요?

∎∎∎∎∎∎∎ ▪ ▪

회사는 근로자의 근로조건, 근로형태, 직종 등의 특수성에 따라 근로자 일부에 적용되는 별도의 취업규칙을 작성하여 시행할 수 있습니다.

취업규칙은 회사가 다수의 개별적 근로관계를 처리함에 있어서 그 편의를 위해 임금과 같은 근로계약의 내용이 되는 사항과 복무규정 및 직장질서 등에 관한 사항을 일방적으로 정해 놓은 것을 말하며, 이와 같이 사업장 내 근로자에게 적용될 규칙을 획일적·정형적으로 규정한 것이라면 인사규정 또는 복무규정 등 그 명칭에 관계없이 취업규칙으로서의 효력을 가진다.[1]

회사는 같은 사업장에 소속된 모든 근로자에 대해 일률적으로 적용되는 하나의 취업규칙만을 작성해야 하는 것은 아니고, 근로자의 근로조건, 근로형태, 직종 등의 특수성에 따라 근로자 일부에 적용되는 별도의 취업규칙을 작성할 수 있으며, 이 경우 여러 개의 취업규칙을 합한 것이 1개의 취업규칙이 된다.[2]

---

1) 대판 93다30181
2) 대판 95누15698, 근기 68207
  −1276, 2003.10.27.

# 취업규칙의 내용은 회사가 임의대로 규정할 수 있나요?

■ ■ ■ ■ ■ ■ ■ ■ ■ ▪ ▪ ● ●

근로기준법에서는 취업규칙 명시사항을 규정하고 있으며, 그중 근로자 보호를 위해 반드시 정하고 시행해야 할 법정 근로조건에 관한 사항은 반드시 명시해야 합니다.

근로기준법에서는 취업규칙에 다음의 사항이 명시되어야 한다고 규정하고 있다.[1]

① 업무의 시작과 종료시각, 휴게시간, 휴일, 휴가 및 교대 근로에 관한 사항

② 임금의 결정·계산·지급방법, 임금의 산정기간·지급시기 및 승급(昇給)에 관한 사항

③ 가족수당의 계산·지급방법에 관한 사항

④ 퇴직에 관한 사항

⑤ 퇴직급여, 상여 및 최저임금에 관한 사항

⑥ 근로자의 식비, 작업용품 등의 부담에 관한 사항

⑦ 근로자를 위한 교육시설에 관한 사항

⑧ 출산전후휴가·육아휴직 등 근로자의 모성보호 및 일·가정 양립 지원에 관한 사항

⑨ 안전과 보건에 관한 사항

⑩ 근로자의 성별·연령 또는 신체적 조건 등의 특성에 따른 사업장 환경의 개선에 관한 사항

1) 근기법 제93조

⑪ 업무상과 업무 외의 재해부조(災害扶助)에 관한 사항

⑫ 직장 내 괴롭힘의 예방 및 발생 시 조치 등에 관한 사항

⑬ 표창과 제재에 관한 사항

⑭ 그 밖에 해당 사업 또는 사업장의 근로자 전체에 적용될 사항

그러나 여기에는 근로자 보호를 위해 반드시 정하고 시행해야 할 법정 근로조건에 관한 사항뿐만 아니라 회사의 경영판단이나 사업장의 특성 또는 노사합의에 의해 시행 여부가 결정되는 임의적 근로조건에 관한 사항도 다수 포함되어 있다.

이처럼 시행되고 있지 않은 임의적 근로조건에 대해 형식적으로 취업규칙에 기재할 것을 요구하는 것도 타당하지 않으므로(예를 들어 '가족수당은 지급하지 않는다'), 임의적 근로조건에 관한 사항은 해당 사업장에서 이를 시행하고 있을 경우에만 취업규칙에 명시하면 된다.[2]

한편, 취업규칙에 반드시 기재되어야 할 사항 중 일부가 기재되어 있지 않거나 흠결이 있는 경우 회사에 대해 500만원 이하의 과태료가 부과될 수는 있으나,[3] 이와 관계없이 취업규칙의 효력은 인정된다. 이 경우 기재되지 않은 부분에 대해서는 노동관계법령, 단체협약, 근로계약 등에 정한 조건에 따른다.[4]

2) 근로기준과 – 1118, 2009.4.24.
3) 근기법 제116조 제1항 제2호
4) 근로기준과 – 1118, 2009.4.24.

# 세부 인사규정이나 명문의 규정이 아닌 관행도 취업규칙으로 볼 수 있나요?

■■■■■■■■■ ■ ■ ■

**03**

취업규칙 내용을 구체화한 세부 인사규정이나 근로조건화된 관행 또한 취업규칙으로 봅니다.

    사업장에 적용되는 복무규율과 근로자의 임금 등 근로조건의 준칙 내용을 담고 있으면 그 명칭을 불문하고 이는 근로기준법상의 취업규칙에 해당된다. 이와 같은 관점에서 봤을 때 복무규정, 급여규정, 상벌규정 등 세부 인사규정은 취업규칙상 관련 규정의 추상적인 절차를 세부적으로 규정하고 있다는 점에서 취업규칙의 일부로 보아야 한다.[1]

    아울러 명문의 규정은 없다 하더라도 관행으로 근로조건화된 사항(예를 들어 상여금 지급률 등) 또한 취업규칙의 성격을 갖기 때문에 이를 변경하고자 하는 경우에는 근로기준법에서 정하고 있는 취업규칙의 변경절차(예를 들어 불이익한 변경의 경우 근로자의 집단적 의사결정방법에 의한 동의)와 동일한 절차를 거쳐야 한다.[2]

---

1) 대판 93다27413
2) 근기법 제94조, 근기 68207-1873, 2000.6.20., 근기 68207-217, 2002.2.24., 근로기준정책과-6851,2016.11.1.

# 취업규칙은 회사가 일방적으로 작성하거나 변경할 수 있나요?

**04**

■ ■ ■ ■ ■ ■ ■ ▦ ▩ ▦

취업규칙의 작성·변경에 관한 권한은 원칙적으로 회사 측에 있으나, 작성 또는 변경 시 근로자 과반수의 의견을 들어야 하며, 불리하게 변경하는 경우에는 그 동의를 받아야 합니다.

취업규칙은 근로관계의 주된 내용을 정하는 것임에도 회사에 의해 일방적으로 작성 또는 변경된다는 점에서 근로자의 권리가 침해될 수 있다는 문제가 있다. 따라서 근로기준법에서는 취업규칙의 작성 또는 변경과 관련하여 절차적 요건을 마련하고 있다.

이에 따를 경우 회사가 취업규칙을 작성 또는 변경할 때에는 해당 사업 또는 사업장에 근로자의 과반수로 조직된 노동조합이 있는 경우에는 그 노동조합, 근로자의 과반수로 조직된 노동조합이 없는 경우에는 근로자 과반수의 의견을 들어야 하며(이 경우 근로자 과반수의 의견을 듣는 것으로 족하고 회사가 근로자 과반수의 반대의견을 수용하지 않더라도 의견청취 의무 위반은 아님), 취업규칙을 근로자에게 불리하게 변경하는 경우에는 그 동의를 받아야 한다.[1]

---

1) 근기법 제94조 제1항, 근로기준 과-1118, 2009.4.24.

## [취업규칙의 작성 및 변경절차]

# 취업규칙 제정 시 근로자 과반수의 의견을 듣지 않은 경우 무효가 되나요?

■ ■ ■ ■ ■ ■ ■ ▦ ▦ ▦

취업규칙 제정 시 근로자 과반수의 의견을 듣지 않은 경우 절차 위반에 따른 벌칙을 적용받을 수는 있지만 그 효력까지 부정되지는 않습니다.

취업규칙의 작성·변경에 관한 권한은 원칙적으로 회사 측에 있으므로 회사는 그 의사에 따라 취업규칙을 작성·변경할 수 있고, 원칙적으로 취업규칙을 종전보다 근로자에게 불이익하게 변경하는 경우가 아닌 한 근로자의 동의나 협의 또는 의견 청취절차를 거치지 않고 작성·변경했다고 하여 그 취업규칙의 효력을 부정할 수는 없다.[1]

따라서 취업규칙을 최초로 제정하거나 유리하게 변경하는 경우 근로자 과반수의 의견을 듣지 않았더라도 그 취업규칙은 효력을 갖는다.

다만, 이 경우 효력 유무와 관계없이 절차 위반에 따른 벌칙으로 500만원 이하의 벌금이 부과될 수 있다.[2]

1) 대판 98두6647
2) 근기법 제94조 제1항·제114조 제1호

# 취업규칙 불이익 변경 시 근로자 과반수의 동의를 얻지 않은 경우 무효가 되나요?

**06**

■ ■ ■ ■ ■ ■ ■ ■ ■

취업규칙 불이익 변경 시 근로자 과반수의 동의를 얻지 않은 경우 불이익하게 변경된 부분은 효력을 갖지 못합니다.

　　　取業規則의 작성·변경에 관한 권한은 원칙적으로 회사 측에 있으므로 회사는 그 의사에 따라 취업규칙을 작성·변경할 수 있으나, 근로자에게 불이익하게 변경하는 경우에는 근로기준법에 따라 근로자 과반수로 조직된 노동조합 또는 근로자 과반수의 동의를 얻어야 하며, 이러한 동의를 얻지 않고 취업규칙을 불이익하게 변경한 경우 불이익하게 변경된 부분은 효력을 갖지 못한다.[1]

　　다만, 이 경우 기존의 근로자에 대한 관계에서는 변경의 효력이 미치지 않게 되어 종전 취업규칙의 효력이 그대로 유지되지만, 변경 후에 변경된 취업규칙에 따른 근로조건을 수용하고 근로관계를 갖게 된 근로자에 대한 관계에서는 변경된 취업규칙이 유효하게 적용된다.[2]

　　한편, 위와 같은 집단적 동의를 얻은 경우 개정 취업규칙은 적법·유효하므로, 근로자의 개별적 동의 여부와 관계없이 설사 반대한 근로자라 하더라도 당연히 개정된 취업규칙이 적용된다.[3]

1) 대판 91다45165, 근기 68207-3163, 2001.9.17.
2) 대판 91다45165
3) 대판 2007다85997

## 취업규칙 개정이 근로자 일부에게만 불리해도 불이익 변경에 해당되나요?

**07**

■ ■ ■ ■ ■ ■ ■ ■ ■ ⋯

취업규칙 개정으로 인해 일부 근로자에게라도 불리한 결과가 초래된다면 취업규칙 불이익 변경으로 보아야 합니다.

취업규칙의 개정이 일부 근로자에게는 유리하고 일부 근로자에게는 불리하여 근로자 상호간 유·불리에 따른 이익이 충돌되는 경우에는 전체적으로 근로자에게 불리한 것으로 취급해야 한다.[1)]

예를 들어 연봉제 대상 근로자집단에게 지급될 총임금 재원은 연봉제 도입 이전과 동일하게 유지하지만 그 재원 중 일부는 인사고과에 따른 변동급여로 정해 지급하는 방식의 연봉제(이른바 '제로섬방식 연봉제')를 도입하는 경우, 연봉제 대상 근로자집단 전체로 볼 때는 동일한 임금수준일 수 있으나 개별근로자의 입장에서는 기존보다 더 많은 임금을 받게 되는 근로자와 기존보다 더 적은 임금을 받게 되는 근로자가 병존하게 되기 때문에 취업규칙의 불이익 변경에 해당하는 것으로 보아야 한다.[2)]

1) 대판 93다1893
2) 근기68207-988, 2000.3.31.

# 08

## 취업규칙 내용 중 일부만 불리하게 변경되어도 불이익 변경에 해당되나요?

취업규칙의 변경으로 불리한 부분과 유리한 부분이 동시에 포함되어 있다면 유·불리 여부를 종합적으로 판단해야 합니다.

취업규칙의 변경으로 불리한 부분과 유리한 부분이 동시에 포함되어 있다면 불리한 변경이라고 단정할 수 없으며, 유·불리 여부를 종합적으로 판단해야 한다.

예를 들어 급여규정 개정의 유·무효를 판단함에 있어서 상여금 지급률이 전반적으로 인하되어 그 자체가 불리한 것이라고 하더라도 그 지급률의 인하와 함께 다른 요소가 유리하게 변경된 경우(예를 들어 다른 임금의 인상)에는 그 대가관계나 연계성이 있는 제반 상황을 고려하여 과연 그 상여금에 관련한 개정 조항이 유리한 개정인지 불리한 개정인지를 따져서 그 유·불리를 판단해야 한다.[1]

따라서 상여금 지급률을 인하하면서 그 기준임금이 되는 임금항목을 추가하여 전체적인 임금 수준이 상향되었다면 단순히 상여금 지급률이 인하되었다는 이유만으로 취업규칙 불이익 변경으로 볼 수는 없을 것이다.

---

1) 대판 94다18072, 대판 2001다 42301

# 기존 취업규칙 내용을 구체화한 경우에도 불이익 변경에 해당되나요?

**09**

기존 취업규칙상의 기준이나 절차를 구체화하는 차원에서 개정이 이루어진 경우라면 이는 취업규칙의 불이익 변경으로 볼 수 없습니다.

취업규칙 변경이 포괄적·추상적으로 규정된 취업규칙 내용을 보다 구체화·계량화한 것에 불과하다면 이를 근로자에 대한 취업규칙의 불이익 변경에 해당한다고 할 수 없다.[1]

예를 들어 취업규칙 중 근로자 휴직 신청의 승인기준과 절차를 명확히 하는 내용으로 개정한 경우, 이는 기존 취업규칙의 내용을 구체화한 것에 불과한 것이어서 취업규칙의 불이익한 변경으로 볼 수 없다.[2]

따라서 이처럼 기존 취업규칙 내용을 구체화·계량화하는 것이라면 해당 사업 또는 사업장에 근로자의 과반수로 조직된 노동조합이 있는 경우에는 그 노동조합, 근로자의 과반수로 조직된 노동조합이 없는 경우에는 근로자의 과반수의 의견을 듣는 절차를 거쳐 취업규칙을 개정할 수 있다(이 경우 의견을 듣는 것으로 족하므로 설사 권한이 있는 노동조합이나 근로자 과반수가 반대하더라도 취업규칙을 적법·유효하게 개정할 수 있음).[3]

1) 서울행판 2010구합47961
2) 근로기준팀-8936, 2007.12.26.
3) 근기법 제94조 제1항, 근로기준과-1118, 2009.4.24.

# 10

## 취업규칙 불이익 변경시점에 영향을 받는 근로자집단의 과반수 동의만 얻으면 되나요?

■ ■ ■ ■ ■ ■ ▥ ▦ ░

취업규칙 불이익 변경시점에 일부 근로자집단만이 불이익을 받는다 하더라도 나머지 다른 근로자집단에게도 장차 변경된 취업규칙의 적용이 예상되는 경우에는 전체 근로자집단이 동의주체가 됩니다.

여러 근로자집단이 하나의 근로조건 체계 내에 있어 비록 취업규칙의 불이익 변경시점에는 일부 근로자집단(예를 들어 과장 이상)만이 직접적인 불이익을 받더라도 그 나머지 다른 근로자집단(예를 들어 대리 이하)에게도 장차 직급의 승급 등으로 변경된 취업규칙 적용이 예상되는 경우에는 일부 근로자집단은 물론 장래 변경된 취업규칙 적용이 예상되는 근로자집단을 포함한 전체 근로자집단이 동의주체가 된다.

이와 달리 근로조건이 이원화(예를 들어 사무직과 생산직)되어 있어 변경된 취업규칙이 적용되어 직접적으로 불이익을 받게 되는 근로자집단(생산직) 이외에 변경된 취업규칙의 적용이 예상되는 근로자집단이 없는 경우에는 변경된 취업규칙이 적용되어 불이익을 받는 근로자집단(생산직)만이 동의주체가 된다.[1]

1) 대판 2009두2238, 대판 2009
   다49377

## [취업규칙의 작성 및 변경절차]

# 개별 회람이나 부서별 회의를 통해 취업규칙을 불리하게 변경하는 것도 가능한가요?

■ ■ ■ ■ ■ ■ ■ ■ ■ ● ●

개별적 회람·서명의 경우 근로자 과반수의 집단적 의사결정방식에 의한 동의를 얻은 것으로 볼 수 없으나, 부서별 회의를 통한 찬반 의견 취합은 가능합니다.

취업규칙의 불이익 변경 시 요구되는 근로자 과반수의 동의는 집단적 의사결정방식에 의한 동의를 의미하므로, 개별적 회람·서명을 통해 과반수의 찬성을 얻은 경우 집단적 의사결정방식에 의한 동의를 얻은 것으로 볼 수 없다.[1]

다만, 근로자들의 집단적 의사결정방식에 의한 과반수 동의가 필요하다고 하더라도, 그 방식은 반드시 한 사업 또는 사업장의 모든 근로자가 일시에 한자리에 집합하여 회의를 개최하는 방식만이 아니라 한 사업 또는 사업장의 기구별 또는 단위부서별로 회사 측의 개입이나 간섭이 배제된 상태에서 근로자 상호간에 의견을 교환하여 찬반의견을 집약한 후 이를 전체적으로 취합하는 방식도 허용된다.[2]

여기서 사용자측의 개입이나 간섭이라 함은 사용자측이 근로자들의 자율적이고 집단적인 의사결정을 저해할 정도로 명시 또는 묵시적인 방법으로 동의를 강요하는 경우를 의미하고, 회사측이 단지 변경될 취업규칙의 내용을 근로자들에게 설명하고 홍보하는 데 그친 경우에는 사용자측의 부당한 개입이나 간섭이 있었다고 볼 수 없다.[3]

1) 근로기준팀-8936, 2007.12.26.
2) 대판 91다25055
3) 대판 2001다18322

# 노사협의회가 취업규칙 불이익 변경에 대한 근로자 과반수 동의를 대신할 수 있나요?

■ ■ ■ ■ ■ ■ ■ ■ ■ ■ ■

노사협의회 근로자위원이라 하더라도 특별한 사정이 없는 한 취업규칙 불이익 변경 권한까지 위임받은 것으로 볼 수 없기 때문에 그들의 동의만으로는 취업규칙을 불이익하게 변경할 수 없다.

회사가 근로조건에 관한 사항을 노사협의회 협의사항으로 규정하고 있다 하더라도 근로자들이 노사협의회를 구성하는 근로자위원들을 선출함에 있어 그들에게 근로조건을 불이익하게 변경함에 있어서 근로자들을 대신하여 동의를 할 권한까지 포괄적으로 위임한 것이라고 볼 수 없다.

즉, 그 근로자위원들이 취업규칙의 개정에 동의를 함에 있어서 사전에 그들이 대표하는 각 부서별로 근로자들의 의견을 집약 및 취합하여 그들의 의사표시를 대리하여 동의권을 행사했다고 볼 만한 자료가 없다면, 근로자위원들의 동의를 얻은 것을 근로자들 과반수의 동의를 얻은 것과 동일시할 수는 없다.[1]

따라서 원칙적으로 노사협의회 근로자위원들의 동의를 얻는 것만으로 취업규칙을 불이익하게 변경할 수 없다.

1) 대판 92다28556

# 취업규칙을 신고하지 않은 경우 효력이 없나요?

**13**

취업규칙 신고의무규정은 취업규칙에 대한 감독 행정상 필요에 의한 단속규정이므로, 취업규칙이 실제로 근로자들의 근로조건을 규율하여 왔다면 원칙적으로 동 취업규칙의 효력은 인정됩니다.

상시 10명 이상의 근로자를 고용하는 회사에 한해 취업규칙 작성 및 변경 시 고용노동부장관에게 신고해야 하는 의무가 부과된다(위반 시 500만원 이하의 과태료).

그리고 회사가 취업규칙을 신고할 때에는 근로자 과반수의 의견을 청취했거나 동의를 얻었음을 입증할 수 있는 서면을 첨부해야 한다.[1]

다만, 이러한 취업규칙 신고의무규정은 취업규칙에 대한 감독 행정상 필요에 의한 단속규정이므로, 취업규칙이 실제로 근로자들의 근로조건을 규율하여 왔다면 신고의무 위반에 따라 회사에 대해 과태료가 부과될 수는 있을지라도, 법령·단체협약에 위배되지 않는 범위에서 그 취업규칙의 효력은 인정된다.[2]

---

1) 근기법 제93조·제94조 제2항
2) 근기법 제116조 제1항 제2호, 근로기준과-1118, 2009.4.24.

## [취업규칙 신고 및 주지의무]

# 회사가 취업규칙을 근로자에게 알려야 할 의무가 있나요?

■ ■ ■ ■ ■ ■ ■ ■ ■ ▥ ▥

회사는 취업규칙을 근로기준법 및 근로기준법 시행령의 요지(要旨)와 함께 근로자가 자유롭게 열람할 수 있는 장소에 항상 게시해야 합니다.

회사는 취업규칙 작성 시 근로자 과반수의 의견을 들었다 하더라도 근로기준법 및 근로기준법 시행령의 요지(要旨)와 함께 취업규칙을 근로자가 자유롭게 열람할 수 있는 장소에 항상 게시하거나 갖추어 두어 근로자에게 널리 알려야 한다(위반 시 500만원 이하의 과태료).[1]

이와 같이 회사로 하여금 취업규칙에 대해 주지 및 게시하도록 한 취지는 근로자에게 근로조건과 복무규율이 규정되어 있는 취업규칙을 열람할 수 있는 기회를 보장하려는 것이므로, 근로자에게 취업규칙의 열람권이 보장된다면 취업규칙을 전자메일을 통해 모든 근로자에게 통보하거나 홈페이지에 게시 또는 회사 인트라넷에 게시한 후 근로자에게 열람 권한을 주더라도 무방하다.[2]

한편, 취업규칙을 게시하거나 주지시키지 않았다고 하더라도 취업규칙이 무효가 되는 것은 아니다.

1) 근기법 제14조 제1항·제116조 제1항 제2호
2) 근로기준팀-1404, 2007.10.11.

# 취업규칙에서 정한 기준에 미달하는 근로조건을 정한 근로계약 체결이 가능한가요?

## 15

취업규칙에서 정한 기준에 미달하는 근로조건을 정한 근로계약은 그 부분에 관해서는 무효로 하며, 무효로 된 부분은 취업규칙에 정한 기준에 따릅니다.

취업규칙에서 정한 기준에 미달하는 근로조건을 정한 근로계약은 그 부분에 대해서는 무효로 하며, 이 경우 무효로 된 부분은 취업규칙에 정한 기준에 따른다.[1]

예를 들어 취업규칙상 정년은 65세인데 60세로 하향조정하여 근로계약을 체결한 경우 이러한 근로계약은 원칙적으로 효력이 없어 취업규칙 소정의 정년이 적용되며, 특정 근로자에 대해서만 초임호봉에 미달하는 호봉을 적용하는 것은 취업규칙에 정한 초임호봉의 적용을 배제하는 별도 규정이 있지 않는 한 무효로서 취업규칙에서 정한 기준에 따라야 한다.[2]

그러나 이와 반대로 취업규칙에서 정한 기준을 상회하는 근로조건을 정한 근로계약은 '유리조건 우선의 원칙'에 따라 취업규칙에 우선하여 적용된다.[3]

1) 근기법 제97조
2) 근로기준과-1414, 2004.3.23.,
   근로기준과-2708, 2004.5.31.
3) 근로기준팀-5542, 2006.10.10.

# LABOR·PERSONNEL

# 제7장

# 노사협의회 및 고충처리

노사협의회 설치

노사협의회 운영

고충처리

# 01

## 노사협의회란 무엇이고, 어떤 회사에서 설치해야 하나요?

■■■■■■■■■

노사협의회는 근로조건에 대한 결정권이 있는 상시 30명 이상의 근로자를 고용하는 사업(사업장) 단위로 설치해야 합니다.

노사협의회란 근로자와 회사가 참여와 협력을 통해 근로자의 복지증진과 기업의 건전한 발전을 도모하기 위해 구성하는 협의기구를 말하며, 근로조건에 대한 결정권이 있는 상시 30명 이상의 근로자를 고용하는 사업 또는 사업장 단위로 설치해야 한다(위반 시 1,000만원 이하의 벌금).[1]

따라서 하나의 사업에 소속된 근로자가 지역별로 분산되어 있더라도 전체 근로자 수가 30명 이상일 경우에는 노사협의회를 반드시 설치해야 한다.[2]

이때 근로조건의 결정권이 본사에 일임되어 있을 경우에는 본사에 노사협의회를 설치해야 하고, 근로조건에 대한 결정권한 중 일부를 위임받은 경우에는 개별 사업장별로 노사협의회를 설치하는 것도 가능하다.[3]

1) 근참법 제3조 제1호 · 제4조 · 제30조 제1호
2) 협력 68210-409, 2003.11.20.
3) 노사협력복지팀-418, 2009. 1.21.

# 노사협의회 위원의 임기 및 처우는 어떻게 되나요?

**02**

■ ■ ■ ■ ■ ■ ■ ▫ ▫ ▫

노사협의회는 근로자와 회사를 대표하는 같은 수의 각 3명 이상 10명 이하의 위원으로 구성합니다. 노사협의회 위원은 비상임·무보수이며, 임기는 3년으로 하되 연임이 가능합니다.

노사협의회는 근로자와 회사를 대표하는 같은 수의 각 3명 이상 10명 이하의 위원으로 구성한다.

이 중 근로자위원은 근로자의 과반수로 구성된 노동조합이 조직되어 있지 않은 사업 또는 사업장의 경우 해당 사업 또는 사업장 근로자의 과반수가 참여한 직접·비밀·무기명투표로 선출하며(근로자의 과반수로 조직된 노동조합이 있는 경우에는 노동조합의 대표자와 그 노동조합이 위촉하는 자)[1], 사용자위원은 회사 대표자와 그 대표자가 위촉하는 자로 한다.

노사협의회 위원의 임기는 3년으로 하되, 연임할 수 있다. 위원은 임기가 끝난 경우라도 후임자가 선출될 때까지 계속 그 직무를 담당하며, 보궐위원의 임기는 전임자 임기의 남은 기간까지이다.[2]

또한 노사협의회 위원은 비상임·무보수로 하되, 위원의 협의회 출석시간과 이와 직접 관련된 시간에 대해서는 근로한 시간으로 보아 급여를 지급해야 한다.[3]

1) 근참법 제6조 제2항, 근참법 시행령 제3조
2) 근참법 제8조
3) 근참법 제9조

# 노사협의회가 해야 할 기본적인 사항으로는 어떤 것들이 있나요?

03

■ ■ ■ ■ ■ ■ ■ ■ ▥ ▨

노사협의회는 그 조직과 운영에 관한 규정을 제정하고, 협의회를 설치한 날부터 15일 이내에 고용노동부에 제출해야 합니다. 또한 3개월마다 정기적으로 회의를 개최해야 하며, 회의록을 작성하여 3년간 보존해야 합니다.

노사협의회는 그 조직과 운영에 관한 규정을 제정하고 협의회를 설치한 날부터 15일 이내에 고용노동부장관에게 제출해야 하며, 이를 변경한 경우에도 마찬가지이다(위반 시 200만원 이하의 과태료).[1]

그리고 노사협의회가 이러한 협의회 규정을 제정하거나 변경할 경우에는 협의회의 의결을 거쳐야 한다.[2]

한편, 노사협의회는 3개월마다 정기적으로 회의를 개최해야 하며(위반 시 200만원 이하의 벌금), 그 외에도 필요에 따라 임시회의를 개최할 수 있다.[3] 이 경우 노사협의회는 다음의 사항을 기록한 회의록(부록 #9 참조)을 작성·보관해야 하며, 작성한 날부터 3년간 보존해야 한다.[4]

① 개최일시 및 장소

② 출석위원

③ 협의내용 및 의결된 사항

④ 그 밖의 토의사항

1) 근참법 제18조 제1항·제33조 제1항
2) 근참법 시행령 제5조 제2항
3) 근참법 제12조·제32조
4) 근참법 제19조, 근참법 시행규칙 [별지 제3호 서식]

# 노사협의회 회의의 소집절차 및 의결 정족수는 어떻게 되나요?

**04**

■ ■ ■ ■ ■ ■ ■ ■ ■ ▪ ▫

노사협의회 회의는 의장이 소집하며, 7일 전에 회의일시·장소·의제 등을 각 위원에게 통보해야 합니다. 노사협의회는 근로자위원과 사용자위원 각 과반수 출석으로 개최하고 출석위원 2/3 이상의 찬성으로 의결합니다.

노사협의회 의장은 위원들이 서로 투표하여 그중 한 사람을 선출하며, 근로자위원과 사용자위원 중 각 1명을 공동의장으로 할 수도 있다.

이때 노사협의회 회의는 의장이 소집하며, 회의 개최 7일 전에 회의일시·장소·의제 등을 각 위원에게 통보해야 한다.[1]

노사협의회 회의는 근로자위원과 사용자위원 각 과반수의 출석으로 개최하고 출석위원 2/3 이상의 찬성으로 의결한다. 이때 노사협의회에서 의결된 사항을 신속히 근로자에게 널리 알려야 하며, 근로자와 사용자는 협의회에서 의결된 사항을 성실하게 이행해야 한다.

그리고 노사협의회에서 의결된 사항을 정당한 사유 없이 이행하지 않은 자는 1,000만원 이하의 벌금에 처해진다.[2]

---

1) 근참법 제7조 제1항·제13조
2) 근참법 제23조·제24조·제30조 제2호

# 05

## 분기마다 개최되는 노사협의회 회의에서는 구체적으로 어떤 활동을 하나요?

■ ■ ■ ■ ■ ■ ■ ■ ▪ ▪

노사협의회에서는 근로자참여 및 협력증진에 관한 법률에서 정하고 있는 사항들에 대해 협의·의결·보고를 합니다.

노사협의회에서는 다음 사항을 협의·의결·보고하며, 협의사항에 대해 의결정족수에 따라 의결하는 것도 가능하다.[1] 이때 협의회의 회의는 공개하는 것을 원칙으로 하되, 협의회의 의결로 공개하지 않을 수 있다.[2]

1) 협의사항

① 생산성 향상과 성과 배분

② 근로자의 채용·배치 및 교육훈련

③ 근로자의 고충처리

④ 안전, 보건, 그 밖의 작업환경 개선과 근로자의 건강증진

⑤ 인사·노무관리의 제도 개선

⑥ 경영상 또는 기술상의 사정으로 인한 인력의 배치전환·재훈련·해고 등 고용조정의 일반원칙

⑦ 작업과 휴게시간의 운용

⑧ 임금의 지불방법·체계·구조 등의 제도 개선

⑨ 신기계·기술의 도입 또는 작업공정의 개선

1) 근참법 제20조·제21조·제22조
2) 근참법 제15조·제16조

244

⑩ 작업수칙의 제정 또는 개정

⑪ 종업원지주제(從業員持株制)와 그 밖에 근로자의 재산형성
에 관한 지원

⑫ 직무 발명 등과 관련하여 해당 근로자에 대한 보상에 관
한 사항

⑬ 근로자의 복지증진

⑭ 사업장 내 근로자 감시설비의 설치

⑮ 여성근로자의 모성보호 및 일과 가정생활의 양립을 지원
하기 위한 사항

⑯ 그 밖의 노사협조에 관한 사항


2) 의결사항

① 근로자의 교육훈련 및 능력개발 기본계획의 수립

② 복지시설의 설치와 관리

③ 사내근로복지기금의 설치

④ 고충처리위원회에서 의결되지 않은 사항

⑤ 각종 노사공동위원회의 설치


3) 보고사항

① 경영계획 전반 및 실적에 관한 사항

② 분기별 생산계획과 실적에 관한 사항

③ 인력계획에 관한 사항

④ 기업의 경제적 · 재정적 상황

# 법에서 정하고 있는 고충처리위원 선임 및 고충처리절차는 어떻게 되나요?

■ ■ ■ ■ ■ ■ ■ ■ ■

상시 30명 이상의 근로자를 고용하는 모든 회사에서는 고충처리위원을 두어야 하며, 고충처리위원은 근로자로부터 고충사항을 청취한 경우 10일 이내에 조치사항과 그 밖의 처리결과를 해당 근로자에게 통보해야 합니다.

상시 30명 이상의 근로자를 고용하는 모든 사업 또는 사업장에는 근로자의 고충을 청취하고 이를 처리하기 위해 고충처리위원을 두어야 한다(위반 시 200만원 이하의 벌금).[1]

이때 고충처리위원은 노사를 대표하는 3명 이내의 위원으로 구성하되, 노사협의회가 설치되어 있는 사업이나 사업장의 경우에는 협의회가 그 위원 중에서 선임하고, 노사협의회가 설치되어 있지 않은 사업이나 사업장의 경우에는 회사가 위촉한다.[2]

고충처리위원의 임기도 노사협의회 위원의 임기와 마찬가지로 3년이며, 연임할 수 있다.[3]

고충처리위원이 근로자로부터 고충사항을 청취한 경우에는 10일 이내에 조치사항과 그 밖의 처리결과를 해당 근로자에게 통보해야 하며, 고충처리위원이 처리하기 곤란한 사항은 노사협의회의 회의에 부쳐 협의처리한다.

이때 고충처리위원은 고충사항의 접수 및 그 처리에 관한 대장(부록 #10 참조)을 작성하여 갖추어 두고 1년간 보존해야 한다.[4]

1) 근참법 제26조 · 제32조
2) 근참법 제27조 제1항
3) 근참법 제27조 제2항
4) 근참법 제28조, 근참법 시행령 제9조, 근참법 시행규칙 [별지 제4호 서식]

LABOR·PERSONNEL

# 제8장

## 해고 등 징벌

# 01

## 회사 규모와 관계 없이 정당한 이유가 없으면 근로자를 해고할 수 없나요?

▪▪▪▪▪▪▪▪▫▫

상시 근로자 수가 4명 이하인 회사의 경우에는 특별한 사유가 없더라도 근로자를 해고할 수 있습니다.

회사는 근로자에 대해 정당한 이유 없이 다음과 같은 해고, 휴직, 정직, 전직, 감봉, 그 밖의 징벌(懲罰)을 하지 못하는데, 이는 상시 5명 이상을 고용하는 회사에 한해 적용된다.[1]

① 해고 : 근로자의 의사와는 무관하게 회사가 일방적으로 근로관계를 종료시키는 것을 말한다.

② 휴직 : 근로자로서의 신분을 보유하면서 일정 기간 그 직무에 종사하지 않는 것을 말한다. 정직과 유사하나, 정직은 징계처분의 일종이라는 점에서 성질이 다르다.

③ 정직 : 일정한 기간을 정해 출근을 정지시키는 것을 말한다. 정직기간 동안 근로제공을 할 수 없으며, 임금이 지급되지 않는다.

④ 전직 : 동일 기업 내에서 근로자의 직종이나 직무, 근무장소 등을 변경하는 것을 말한다.

⑤ 감봉 : 임금을 감액 지급하는 것을 말한다. 이 경우 1회의 감급액이 1일 평균임금의 반액을, 총액은 월 임금총액의 1/10을 초과하지 못한다.

---

1) 근기법 제23조 제1항. 동법 시행령 [별표 1](부록 #4 참조)

# 취업규칙에 규정된 해고사유에 해당되기만 하면 해고가 가능한가요?

■ ■ ■ ■ ■ ■ ▪ ▫ ▫ ▫

취업규칙 등에 해고에 관한 규정이 있는 경우에는 그것이 근로기준법에 위배되어 무효가 아닌 이상 그에 따른 해고는 정당한 이유가 있다고 볼 수 있습니다.

**02**

근로기준법상 해고의 '정당한 이유'라 함은 사회통념상 고용계약을 계속시킬 수 없을 정도로 근로자에게 책임이 있는 사유가 있거나 부득이한 경영상의 필요가 있는 경우를 말한다.

단체협약·취업규칙 등에 해고에 관한 규정이 있는 경우에는 그것이 신의칙 위반이나 권리남용에 해당하는 등 사회통념상 합리성을 벗어나 근로기준법 등 상위법령에 위배되어 무효가 아닌 이상 그에 따른 해고는 특별한 사정이 없는 한 정당한 이유가 있다고 본다.[1]

따라서 단순히 취업규칙에 해고사유로 규정되어 있다는 이유만으로 해고를 할 수 있는 것은 아니며, 그와 같은 해고사유가 사회통념상 합리성이 있다고 인정되어야만 해고가 가능한데,[2] 이는 축적된 수많은 판례를 통해 확인할 수 있다.

√ 해고
근로자의 의사와는 무관하게 회사가 일방적으로 근로관계를 종료시키는 것을 말함

1) 대판 91다39559, 중노위 99부해880
2) 대판 2002두9063

# 채용 시의 허위경력 기재 또는 경력은폐행위를 징계해고사유로 삼을 수 있나요?

**03**

■ ■ ■ ■ ■ ■ ■ ■ ⑫

취업규칙에서 근로자가 고용 당시 제출한 이력서 등에 학력 등을 허위로 기재한 행위를 징계해고사유로 명시하고 있는 경우, 이를 이유로 해고하는 것은 원칙적으로 그 정당성이 인정됩니다.

회사가 이력서에 근로자의 학력 등의 기재를 요구하는 것은 근로능력의 평가 외에 근로자의 진정성과 정직성, 해당 기업의 근로환경에 대한 적응성 등을 판단하기 위한 자료를 확보하고, 나아가 노사간 신뢰관계의 형성 등을 도모하고자 하는 데에도 그 목적이 있는 것으로, 근로계약의 체결뿐 아니라 근로관계의 유지에 있어서도 중요한 고려요소가 된다고 볼 수 있다.

따라서 취업규칙에서 이력서상 학력 등의 허위기재 행위를 징계해고사유로 명시하고 있는 경우, 이를 이유로 해고하는 것은 사회통념상 현저히 부당하지 않다면 그 정당성이 인정된다.[1]

이때 해고의 정당성은 회사가 사전에 허위기재 사실을 알았더라면 근로계약을 체결하지 않았거나 적어도 동일 조건으로는 계약을 체결하지 않았을 것이라는 등 고용 당시의 사정뿐 아니라, 근로자가 종사한 근로내용과 기간, 허위기재를 한 학력 등이 종사한 근로의 정상적인 제공에 지장을 가져오는지 여부 등 여러 사정을 종합적으로 고려하여 판단해야 한다.[2]

---

1) 대판 98다54960, 대판 2009두16763, 대판 2013두11031
2) 대판 2009두16763

# 경영상 해고의 정당한 사유를 인정받기 위해서는 어떤 요건이 필요한가요?

**04**

경영상 해고의 정당한 사유를 인정받기 위해서는 ① 긴박한 경영상의 필요, ② 해고회피 노력, ③ 합리적이고 공정한 해고기준 마련, ④ 근로자 대표와 성실한 협의 등 근로기준법에서 정한 요건을 모두 충족해야 합니다.

회사가 다음의 요건을 갖추어 근로자를 해고한 경우에는 정당한 이유가 있는 경영상 해고를 한 것으로 본다.[1]

① 긴박한 경영상의 필요가 있을 것(경영 악화를 방지하기 위한 사업의 양도·인수·합병은 긴박한 경영상의 필요가 있는 것으로 봄)

② 해고를 피하기 위한 노력을 다하고, 합리적이고 공정한 해고의 기준을 정하고 이에 따라 그 대상자를 선정할 것 (이 경우 남녀의 성을 이유로 차별해서는 안 됨)

③ 경영상 해고를 피하기 위한 방법과 해고의 기준 등에 관해 그 사업(사업장)에 근로자의 과반수로 조직된 노동조합이 있는 경우에는 그 노동조합(근로자의 과반수로 조직된 노동조합이 없는 경우에는 근로자의 과반수를 대표하는 자)에 해고를 하려는 날의 50일 전까지 통보하고 성실하게 협의할 것

1) 근기법 제24조

## 05

# 회사가 흑자인 경우에도 경영상 해고의 요건인 '긴박한 경영상의 필요'를 인정받을 수 있나요?

■ ■ ■ ■ ■ ■ ■ ■ ▒

회사가 흑자인 경우라 하더라도 장래에 올 수도 있는 위기에 미리 대처하기 위해 인원삭감이 객관적으로 보아 합리성이 있다고 인정되는 경우 긴박한 경영상의 필요가 있다고 볼 수 있습니다.

경영상 해고의 요건이 되는 '긴박한 경영상의 필요'라 함은 반드시 기업의 도산을 회피하기 위한 경우에 한정되지 않으며, 장래에 올 수도 있는 위기에 미리 대처하기 위해 인원삭감이 객관적으로 보아 합리성이 있다고 인정되는 경우도 포함된다.

예를 들어 경영상 해고 당시 회사의 자산이 부채를 초과하고 있고, 장부상 영업이익·세전이익·당기순이익을 내고 있었다고 하더라도, 사업부문의 변화로 인해 고용을 계속 유지할 때 장래에 적자가 발생할 것으로 예상되는 경우도 '긴박한 경영상의 필요'가 있는 것으로 보아 경영상 해고 절차를 밟을 수 있다.[1]

즉, 기업의 전체 경영실적이 흑자를 기록하고 있더라도 일부 사업부문이 경영악화를 겪고 있는 경우, 그러한 경영악화가 구조적인 문제 등에 기인한 것으로 쉽게 개선될 가능성이 없고 해당 사업부문을 그대로 유지한다면 결국 기업 전체의 경영상황이 악화될 우려가 있는 등 장래 위기에 대처할 필요가 있다는 사정을 인정할 수 있다면, 해당 사업부문을 축소 또는 폐지하고 잉여인력을 감축하는 것이 가능하다.[2]

1) 대판 2001다29452, 대판 2001두10776, 2001두10783
2) 대판 2010다3629

# 위탁계약이 해지된 경우 그 현장의 근로자들만 경영상 해고 대상자로 삼아도 되나요?

**06**

■ ■ ■ ■ ■ ■ ■ ■ ■ ■

경영상 해고의 경우 합리적이고 공정한 해고기준에 따라 그 대상자를 선정해야 하므로, 위탁계약이 해지된 현장의 근로자들만이 아닌 모든 사업장 근로자를 대상으로 해고대상자를 선정하는 것이 원칙입니다.

잉여인력 해고는 경영상 해고에 해당하므로 합리적이고 공정한 해고의 기준을 정하고 이에 따라 그 대상자를 선정해야 한다. 이때 합리적이고 공정한 해고의 기준은 확정적·고정적인 것은 아니고 회사가 직면한 경영위기의 강도와 경영상 해고를 실시해야 하는 경영상의 이유, 정리해고를 실시한 사업부문의 내용과 근로자의 구성, 정리해고 실시 당시의 사회·경제상황 등에 따라 달라지는 것이나, 회사 측의 경영상 이해관계와 관련된 사정뿐만 아니라 근로자들의 사정도 함께 고려할 필요가 있다.[1] 따라서 위탁계약 해지 등으로 폐지되는 사업장에 있던 근로자라고 하여 당연히 해고할 수 있는 것은 아니며, 모든 사업장 근로자를 대상으로 해고대상자를 선정하는 것이 원칙이다.

그러나 폐지되는 사업장 근로자를 다른 사업장에 전보(배치전환)시킬 수 없는 사정이 있어 다른 사업장 근로자까지 대상으로 하는 것이 불합리한 경우라면 부득이 폐지되는 사업장 근로자를 우선 해고할 수 있을 것이다.[2]

# 07

## 경영상 해고를 회피하기 위한 노력으로 반드시 희망퇴직을 실시해야 하나요?

■ ■ ■ ■ ■ ■ ■ ■ ▦ ▧

경영상 해고를 피하기 위한 노력은 회사의 경영위기의 정도 등에 따라 달라지므로, 반드시 희망퇴직을 실시해야만 그 노력을 다한 것으로 인정되는 것은 아닙니다.

경영상 해고를 피하기 위한 노력의 일반적인 예로는 경영방침이나 작업방식의 합리화를 통한 비용 절감, 신규채용의 중지, 일시휴직 및 희망퇴직의 활용, 연장근로 등의 축소, 근로시간 단축, 임금의 동결 또는 삭감, 계약직 근로자 등의 재계약 중지, 배치전환, 조업단축 또는 일시휴업(휴직) 등을 들 수 있다.

위와 같은 노력의 방법과 정도는 확정적·고정적인 것이 아니라, 회사의 경영위기의 정도, 정리해고를 실시해야 하는 경영상의 이유, 사업의 내용과 규모, 직급별 인원상황 등에 따라 달라진다.[1]

다시 말해 회사에서는 위에서 예시한 해고 회피노력을 반드시 모두 다 이행해야 하는 것은 아니며, 각 회사의 사정에 따라 가능한 모든 방안을 모색하고 최선을 다해 시행하면 된다.[2]

따라서 경영상 해고를 회피하기 위한 노력으로 반드시 희망퇴직을 실시해야 하는 것은 아니며, 퇴직위로금을 지급할 수 없을 정도로 회사 경영위기의 정도가 심각한 경우에는 희망퇴직을 실시하지 않고도 경영상 해고 절차를 진행할 수 있다.

1) 대판 2010다92148
2) 근기 68201-586, 1998.3.28.

## 경영상 해고와 관련하여 협의기간 50일을 지키지 않은 경우 무효인가요?

# 08

■ ■ ■ ■ ■ ■ ■ ▥ ▥

근로자 대표와의 협의를 위한 50일의 기간을 준수하지 않더라도 다른 경영상 해고요건이 모두 충족되었다면 그 경영상 해고는 유효합니다.

근로기준법에서 경영상 해고를 피하기 위한 방법과 해고의 기준을 해고실시 50일 이전까지 근로자 대표(그 사업 또는 사업장에 근로자의 과반수로 조직된 노동조합이 있는 경우에는 그 노동조합, 근로자의 과반수로 조직된 노동조합이 없는 경우에는 근로자의 과반수를 대표하는 자)에게 통보하게 한 취지는 소속 근로자의 소재와 숫자에 따라 그 통보를 전달하는 데 소요되는 시간, 그 통보를 받은 각 근로자들이 통보내용에 따른 대처를 하는 데 소요되는 시간, 근로자 대표가 성실한 협의를 할 수 있는 기간을 최대한 충분히 보장하기 위함이다.[1]

다만, 50일 기간의 준수는 정리해고의 효력요건이 아니므로 위와 같은 행위를 하는 데 소요되는 시간이 부족했다는 등의 특별한 사정이 없고 그 밖의 정리해고요건이 충족되었다면 그 정리해고는 유효하다.[2]

1) 대판 2001두1154
2) 대판 2003두4119, 근기 68207
　 -1359, 2002.3.30.

# 계약직 근로자는 아무런 제약 없이 계약기간 만료를 이유로 근로관계를 종료할 수 있나요?

■ ■ ■ ■ ■ ■ ■ ■ ■

계약직 근로자에게 갱신기대권이 인정되는 경우 회사가 계약 갱신을 거부하기 위해서는 합리적인 갱신거절의 사유가 존재해야 합니다.

고용기간을 정한 근로계약을 체결했다 하더라도 고용기간이 만료되었다고 해서 회사가 언제든지 아무런 제약 없이 근로계약의 갱신을 거절할 수 있는 것은 아니다.

특히 근로계약 · 취업규칙 등에서 '기간 만료에도 불구하고 근무성적 우수 등 일정한 요건이 충족되면 근로계약이 갱신된다'는 취지의 규정을 두고 있는 경우와 같이, 계약직 근로자에게 기간이 만료되더라도 계속 근무할 수 있다는 합리적인 기대(갱신기대권)를 갖게 하는 특별한 사정이 있는 경우에는 회사가 계약 갱신 거부를 위한 합리적인 갱신거절의 사유가 존재해야 한다.

다만, 이러한 경우라도 근로계약의 갱신거절이 바로 통상적인 의미에 있어서의 해고 자체는 아니므로, 갱신거절의 사유는 해고사유(정당한 이유)보다는 다소 넓게 인정된다.[1] 위의 예의 경우 근로자에게 특별한 사규 위반행위가 없다 하더라도 근무성적이 불량하면 합리적인 갱신거절의 사유가 있다고 볼 수 있다.

1) 서울행판 2006구합22088

# 근로자를 다른 직무나 근무지로 전보(전직)시킨 경우 정당성은 어떻게 판단하나요?

**10**

■■■■■■■■ ■■

근로자에 대한 전보나 전직의 인사발령은 특별한 사정이 없는 한 유효하며, 권리남용에 해당하는지의 여부는 전직처분 등의 업무상의 필요성과 그에 따른 근로자의 생활상 불이익을 비교 · 교량하여 판단합니다.

근로자에 대한 전보나 전직 등의 인사발령은 근로자가 제공해야 할 근로의 종류 · 내용 · 장소 등에 변경을 가져온다는 점에서 근로자에게 불이익한 처분이 될 수도 있으나, 원칙적으로 인사권자인 회사의 권한에 속하므로 업무상 필요한 범위 내에서 회사가 상당한 재량을 가지고 그것이 근로기준법에 위반되거나 권리남용에 해당되는 등의 특별한 사정이 없는 한 유효하다.

이때 전보처분 등이 권리남용에 해당하는지의 여부는 전보처분 등의 업무상의 필요성과 전보 등에 따른 근로자의 생활상 불이익을 비교하고 근로자 측과의 협의 등 그 전보처분 등의 과정에서 신의칙상 요구되는 절차를 거쳤는지 여부를 종합적으로 고려하여 판단한다.

이때 업무상의 필요에 의한 전보 등에 따른 생활상의 불이익 (예를 들어 출퇴근거리 증가)이 근로자가 통상 감수해야 할 정도를 현저하게 벗어난 것이 아니라면 이는 정당한 인사권의 범위 내에 속하는 것으로서 권리남용에 해당하지 않는다.[1]

√ 전보(전직)

동일 기업 내에서 근로자의 직종이나 직무, 근무장소 등을 변경하는 것을 말함

1) 대판 97다18165

[징벌의 사유 제한 – 전보(전직)]

# 근로자를 다른 직무나 근무지로 전보(전직)시 킬 때 반드시 협의절차를 거쳐야 하나요?

■ ■ ■ ■ ■ ■ ■ ■ ■ ■

전보처분 등을 함에 있어서 근로자와 성실한 협의절차를 거치지 않았다고 하여 무효가 되는 것은 아니나, 근로계약에서 근로내용 또는 근로장소 등을 특정한 경우 원칙적으로 근로자의 동의가 있어야 합니다.

∨ 전보(전직)
동일 기업 내에서 근로자의 직종이나 직무, 근무장소 등을 변경하는 것을 말함

전보 또는 전직명령이 정당한 인사권 범위에 속하는지 여부는 전보명령 등의 업무상 필요성의 정도, 전보 등에 따른 근로자의 생활상 불이익 정도, 근로자 본인과의 협의 등 그 전보명령 등을 하는 과정에서 신의칙상 요구되는 절차를 거쳤는지 여부 등 제반사정을 종합하여 결정되어야 한다.[1]

전보처분 등을 함에 있어서 근로자 본인과 성실한 협의절차를 거쳤는지의 여부는 정당한 인사권의 행사인지의 여부를 판단하는 하나의 요소라고는 할 수 있으나, 그러한 절차를 거치지 않았다는 사정만으로 전보처분 등이 권리남용에 해당하여 당연히 무효가 되는 것은 아니다.[2]

다만, 근로자와 체결한 근로계약에서 근로내용 또는 근로장소 등을 특정한 경우 이를 변경하는 내용의 전보처분 등은 근로자의 노무제공의무 및 회사의 임금지급의무, 회사의 지시·감독권·인사권 및 근로자의 복종의무를 포함하는 근로관계의 발생근거가 되는 근로계약의 내용을 변경시키는 경우에 해당하므로, 이러한 경우에는 원칙적으로 근로자의 동의가 있어야 한다.[3]

1) 대판 99두2963
2) 대판 97다18165,18172
3) 서울행판 2012구합42915

# 근로자 간의 인화를 위한 전보(전직)처분 등도 업무상 필요성이 인정되나요?

## 12

근로자 간의 인화를 위한 전보(전직)처분 등도 업무상 필요성이 있다고 인정되므로, 그에 비해 생활상 불이익이 크지 않다면 정당성을 인정받을 수 있습니다.

■ ■ ■ ■ ■ ■ ■ ■ ■ ■

사용자가 전보처분 등을 함에 있어서 요구되는 '업무상의 필요'란 인원 배치를 변경할 필요성이 있고 그 변경에 어떠한 근로자를 포함시키는 것이 적절할 것인가 하는 인원 선택의 합리성을 의미하는데, 여기에는 업무능률의 증진뿐만 아니라 직장질서의 유지나 회복, 근로자 간의 인화 등의 사정도 포함된다.[1]

따라서 근로자 간의 인화에 문제가 있는 경우도 전보처분 등의 업무상 필요성이 있는 것으로 볼 수 있으며, 그에 비해 생활상 불이익이 크지 않다면 전보처분 등의 정당성을 인정받을 수 있다.

이 경우 비록 전보처분 등에 해당 근로자에 대한 제재적인 의미가 내포되어 있다고 하더라도 그 자체가 단체협약이나 취업규칙 등에 정한 징계절차를 요하는 징계로서 규정되지 않은 이상 그러한 징계절차를 거치지 않았다고 하더라도 효력에 영향이 없다.[2]

☑ 전보(전직)
동일 기업 내에서 근로자의 직종이나 직무, 근무장소 등을 변경하는 것을 말함

1) 대판 2010두20447
2) 대판 97누2528, 대판 97누5435

## [징벌의 사유 제한 – 감봉(감급)]

# 감봉을 할 경우 횟수나 기간에 특별한 제한이 있나요?

■■■■■■■■■■■

감봉의 제재를 하더라도 1회의 금액이 평균임금 1일분의 1/2을, 총액이 1임금지급기의 임금총액의 1/10을 초과하지 못합니다. 그러나 이를 위반하지 않는 범위 내라면 감봉의 횟수나 기간에 제한이 없습니다.

✔ 감봉
임금을 감액 지급하는 것을 말함. 이 경우 1회의 감급액이 1일 평균임금의 반액을, 총액은 월 임금총액의 1/10을 초과하지 못함

근로기준법에서는 '취업규칙에서 근로자에 대하여 감급(減給)의 제재를 정할 경우에 그 감액은 1회의 금액이 평균임금의 1일분의 2분의 1을, 총액이 1임금지급기의 임금 총액의 10분의 1을 초과하지 못한다'라고 규정하여 감액의 범위에 대한 제한을 하고 있을 뿐, 감봉의 횟수나 그 기간에 대한 제한을 하고 있지 않다.[1]

따라서 이러한 1회 및 총액에 대한 감액 제한규정을 준수하는 한, 1개월 동안 수회 또는 수개월 동안 수회의 감봉을 할 수 있다.[2]

예를 들어 월급이 3,000,000원이고, 1일 평균임금이 100,000원인 근로자가 1회의 사규 위반행위를 한 것을 이유로 매월 1회씩 수개월에 걸쳐 감봉의 징계를 할 경우, 감봉 1회의 금액은 1일 평균임금 100,000원의 반액인 50,000원을 초과할 수 없으며, 감봉 총액은 1임금지급기 임금총액의 10분의 1인 300,000원을 초과할 수 없으므로 6개월까지만 감봉이 가능하다.[3]

1) 근기법 제95조
2) 근로기준팀-462, 2008.1.25.
3) 근기 68207-3381, 2002. 12.23.

# 근로자가 시말서 제출명령에 불응할 경우 이를 독립된 징계사유로 삼을 수 있나요?

**14**

■ ■ ■ ■ ■ ■ ■ ■ ■

비위행위에 연루된 근로자에게 그 일의 경위·전말을 자세히 적은 시말서 제출을 요구했으나 근로자가 이에 응하지 않는 행위는 그 자체가 회사의 업무상 정당한 명령을 거부한 것으로서 독립된 징계사유가 될 수 있습니다.

근로자는 근로계약의 신의칙상 의무로서 근로관계와 관련한 사고 등이 발생한 경우 회사의 조사에 협조해야 할 의무가 있다. 이에 따라 회사에서는 사고나 비위행위에 연루된 근로자에게 그 일의 경위·전말을 자세히 적은 경위서, 다시 말해 시말서 제출을 명할 수 있다.

이와 같이 회사가 근로관계에서 사고나 비위행위 등을 저지른 근로자에게 시말서 제출을 명하거나 또는 취업규칙 등에 징계처분을 당한 근로자가 시말서를 제출하도록 규정되어 있음에도 불구하고 근로자가 시말서를 제출하지 않는 경우, 이러한 행위 자체가 회사의 업무상 정당한 명령을 거부한 것에 해당되므로 애초의 징계사유에 대한 징계수위를 결정할 때 더 무거운 징계(가중징계)를 하는 것이 가능할 뿐만 아니라, 애초의 징계사유와 별도의 독립된 징계사유로 삼아 징계를 하는 것도 가능하다.[1]

**[징벌의 사유 제한 – 견책(시말서 제출)]**

# 사죄의 내용이 담긴 시말서 제출도 명할 수 있나요?

■ ■ ■ ■ ■ ■ ■ ▪ ▪ ▫ ▫

단순히 사건의 경위보고에 그치지 않고 잘못을 반성한다는 반성문 제출을 요구하는 것은 양심의 자유를 침해하는 것이므로, 이러한 시말서 제출을 명하는 것은 위법하여 허용되지 않습니다.

회사에서는 사고나 비위행위에 연루된 근로자에게 그 일의 경위·전말을 자세히 적은 경위서, 다시 말해 시말서 제출을 명할 수 있다.

그러나 단순히 사건의 경위 보고에 그치지 않고 더 나아가 발생한 사고 등에 대해 자신의 잘못을 반성하고 사죄한다는 내용이 포함된 사죄문 또는 반성문을 제출할 것을 요구할 경우, 이는 헌법에서 보장하고 있는 양심의 자유, 즉 양심에 반하는 행동을 하지 않을 자유를 침해하는 위법한 것이다.

따라서 근로자에게 반성문 또는 사죄문을 의미하는 시말서를 제출하도록 요구한 다음, 근로자가 이러한 제출명령에 응하지 않았다고 하여 애초의 징계사유에 대한 징계수위를 결정할 때 더 무거운 징계(가중징계)를 하거나, 애초의 징계사유와 별도의 독립된 징계사유로 삼아 징계를 하는 것은 허용되지 않는다.[1]

1) 서울행판 2008구합32218

# 낮은 인사평가를 한 경우 객관적인 입증이 어렵다면 부당하다고 보나요?

# 16

■■■■■■■■ ■ ■ ● ●

회사가 근로자의 근무성적을 낮게 평가한 사유 중 일부가 객관성이 부족하여 인정할 수 없다고 하더라도 전체적으로 보아 특별히 인사권을 남용했다고 볼 만한 사정이 없는 한 부당하다고 할 수 없습니다.

근로자에 대한 인사평가는 평가자의 인사 고유권한에 속하는 사항으로, 근로자의 지식 · 기능 · 능력 · 태도 · 성실성 · 직무성과 등에 대한 전인격적 · 복합적인 평가이다.

이러한 점을 감안할 때 모든 평가요소를 객관화하기 곤란할 뿐만 아니라, 평가기준이나 항목의 설정, 점수의 배분 등에 있어 평가자에게 광범위한 재량이 인정된다.

따라서 회사가 근로자의 근무성적을 낮게 평가한 사유 중 일부가 객관성이 부족하여 인정할 수 없다고 하더라도 전체적으로 보아 특별히 인사권을 남용했다고 볼 만한 사정이 없는 한 부당하다고 할 수 없다.[1]

또한 인사평가 결과가 어느 근로자에게 불리하다고 하여 그 평가 자체를 근로기준법에서 규제하고 있는 '그 밖의 징벌'에 해당한다고 볼 수도 없다.[2]

1) 서울행판 2010구합42263, 중노위 2000부해371
2) 서울행판 2010구합32587

# 17

# 직위해제도 징벌적 처분의 일종으로 보아야 하나요?

■ ■ ■ ■ ■ ■ ■ ■ ▥ ▨

근로자에 대한 직위해제는 과거 근로자의 비위행위에 대해 기업질서 유지를 목적으로 행하는 징벌적 제재로서의 징계와는 그 성질이 다릅니다.

근로자에 대한 직위해제는 일반적으로 ① 근로자가 직무수행능력이 부족하거나, ② 근무성적 또는 근무태도 등이 불량한 경우, ③ 근로자에 대한 징계절차가 진행 중인 경우, ④ 근로자가 형사사건으로 기소된 경우 등에 있어 해당 근로자가 장래에 계속 직무를 담당하게 될 경우 예상되는 업무상의 장애 등을 예방하기 위해 일시적으로 해당 근로자에게 직위를 부여하지 않음으로써 직무에 종사하지 못하도록 하는 잠정적인 조치로서의 보직의 해제를 의미한다.

이러한 점에서 직위해제는 과거의 근로자의 비위행위에 대해 기업질서 유지를 목적으로 행하는 징벌적 제재로서의 징계와는 그 성질이 다르다.[1]

따라서 취업규칙·인사규정 등에 보직해임에 관한 특별한 절차규정이 있는 경우가 아닌 한 직위해제를 할 때 징계에 관한 절차 등을 거칠 필요가 없다.[2]

1) 대판 2007두1460
2) 대판 95누15926

# 근로자를 징계할 때 반드시 징계위원회를 개최해야 하나요?

18

취업규칙 등의 징계에 관한 규정에 징계혐의자의 출석 및 진술의 기회부여 등에 관한 절차가 규정되어 있지 않다면 이러한 절차를 밟지 않고 징계했다고 해서 그 징계를 무효라고는 할 수 없습니다.

일반적으로 근로자를 징계함에 있어 취업규칙 등에 징계에 관한 절차가 정해져 있으면 그 절차는 징계의 유효요건에 해당된다. 따라서 근로자를 징계할 때 이러한 절차를 거치지 않을 경우 그 효력을 인정받지 못한다.[1] 이와 달리 취업규칙 등의 징계에 관한 규정에 징계혐의자의 출석 및 진술의 기회부여 등에 관한 절차가 규정되어 있지 않다면 이러한 절차를 밟지 않고 징계했다고 해서 그 징계를 무효라고 할 수 없다.[2]

같은 차원에서 단체협약이나 취업규칙에 징계대상자에게 징계혐의사실을 통지해야 한다는 규정이 있는 경우 이러한 절차를 거치지 않은 징계처분은 효력이 없지만, 그러한 규정이 없는 경우에는 회사가 징계대상자에게 그 사실을 통지해 줄 의무가 없다.[3]

결국 근로자를 징계할 때 징계위원회를 개최해야 하느냐는 취업규칙에 이러한 절차가 규정되어 있느냐 여부에 따라 달라지며, 그러한 규정이 없다면 징계위원회를 개최하지 않더라도 징계가 가능하다.

1) 대판 95누1422
2) 대판 85다375, 85다카1591
3) 대판 94다17758

# 19

## 징계사유와 이해관계가 있는 징계위원이 징계위원회에 참석한 경우 징계가 무효인가요?

■ ■ ■ ■ ■ ■ ▥ ▨ ▦ ▩

징계사유와 관련해 이해관계가 있는 징계위원이 징계위원회에 참석했다 하더라도 취업규칙 등에서 이를 금지하는 규정이 있지 않는 이상 문제가 되지 않습니다.

단체협약이나 취업규칙에서 징계위원회 구성에 관한 구체적인 규정을 둔 경우, 이러한 규정은 징계권의 공정한 행사를 확보하고 징계제도의 합리적인 운영을 도모하기 위한 것이라는 점에서 중요한 의미를 가지며, 이를 위반한 징계는 설사 징계사유가 인정되더라도 절차적 정당성을 상실하여 무효가 된다.

따라서 취업규칙 등에 징계사유와 관련해 이해관계가 있는 징계위원은 징계위원회에 참석할 수 없다는 규정이 있는 경우에 그러한 이해관계 있는 자가 징계위원으로 징계위원회에 참석했다면 그 징계는 절차상 중대한 하자가 있어 무효이다. 그러나 그러한 규정이 없는 경우에는 징계사유와 관련해 이해관계가 있는 자가 징계위원으로 징계위원회에 참석했다는 이유만으로 그 징계가 무효라고 할 수 없다.[1]

또한 징계위원회 구성에 관한 별도의 규정이 없다면 해당 사업장에 소속되지 않은 자를 징계위원으로 선정하는 것도 가능하다.[2]

1) 대판 94다24763
2) 서울행판 2006구합16311

# 근로자를 해고한 경우 해고사실을 어떻게 통보해야 하나요?

## 20

■ ■ ■ ■ ■ ■ ■ ▪ ▪ ▫ ▫ ◻

회사는 근로자를 해고하려면 해고사유와 해고시기를 서면으로 통지해야 하며, 그렇지 않을 경우 효력이 없습니다.

회사가 근로자를 해고하려면 해고사유와 해고시기를 서면으로 통지해야 하며, 그렇지 않을 경우 효력이 없다.[1] 이는 해고사유 등의 서면통지를 통해 회사로 하여금 근로자를 해고하는 데 신중을 기하게 함과 아울러, 해고의 존부 및 시기와 그 사유를 명확하게 하여 사후에 이를 둘러싼 분쟁이 적정하고 용이하게 해결될 수 있도록 하고, 근로자에게도 해고에 적절히 대응할 수 있게 하기 위한 취지이다.

따라서 회사가 해고사유 등을 서면으로 통지할 때는 근로자의 처지에서 해고사유가 무엇인지를 구체적으로 알 수 있도록 해고의 실질적 사유가 되는 구체적 사실 또는 비위내용을 기재해야 하며, 징계대상자가 위반한 단체협약이나 취업규칙의 조문만 나열하는 것으로는 충분하다고 볼 수 없으나, 근로자가 이미 해고사유를 잘 알고 거기에 충분히 대응할 수 있는 상황이었다면 짧게 간략히 기재하였더라도 위법한 해고통지라고 할 수 없다.[2]

한편, 회사가 해고예고를 해고사유와 해고시기를 명시하여 서면으로 한 경우에는 이러한 통지를 한 것으로 본다.[3]

1) 근기법 제27조 제1항 및 제2항
2) 대판 2011다42324, 대판 2020 두58274
3) 근기법 제27조 제3항

# 이메일로 해고통지를 하는 것도 유효한가요?

**21**

■ ■ ■ ■ ■ ■ ■ ▥ ▦ ▨

근로기준법상 해고통지방법으로서의 '서면'이란 문서를 의미하므로 이메일
로 해고를 통보하는 것은 원칙적으로 서면에 의한 해고통지로 볼 수 없으나,
예외적으로 일정한 요건이 충족되었을 때는 그 효력이 인정될 수 있습니다.

근로기준법 제27조는 사용자가 근로자를 해고하려면
해고사유와 해고시기를 '서면'으로 통지하여야 효력이 있다고
규정하고 있는데, 이는 해고사유 등을 서면으로 통지하도록 함
으로써 사용자가 해고 여부를 더 신중하게 결정하도록 하고, 해
고의 존부 및 시기와 사유를 명확히 하여 사후에 이를 둘러싼
분쟁이 적정하고 용이하게 해결되고 근로자도 해고에 적절히
대응할 수 있게 하기 위한 취지이다.

여기서 '서면'이란 일정한 내용을 적은 문서를 의미하고 이메
일 등 전자문서와는 구별되지만, 이메일(e-mail)의 형식과 작성
경위 등에 비추어 사용자의 해고 의사를 명확하게 확인할 수 있
고, 이메일에 해고사유와 해고시기에 관한 내용이 구체적으로
기재되어 있으며, 해고에 적절히 대응하는 데 아무런 지장이 없
는 등 서면에 의한 해고통지의 역할과 기능을 충분히 수행하고
있다면 근로자가 이메일을 수신하는 등으로 내용을 알고 있는
이상, 이메일에 의한 해고통지도 해고사유 등을 서면 통지하도
록 규정한 근로기준법 제27조의 입법 취지를 해치지 아니하는

범위 내에서 구체적 사안에 따라 서면에 의한 해고통지로서 유효하다고 보아야 할 경우가 있으나,[1] 이는 어디까지나 예외적으로 인정되는 것이라는 점에서 가능하다면 '서면'으로 통지하는 것이 바람직하다.

근로기준법 제27조는 사용자가 근로자를 해고하려면 해고사유와 해고시기를 '서면'으로 통지하여야 효력이 있다고 규정하고 있는데, 이는 해고사유 등을 서면으로 통지하도록 함으로써 사용자가 해고 여부를 더 신중하게 결정하도록 하고, 해고의 존부 및 시기와 사유를 명확히 하여 사후에 이를 둘러싼 분쟁이 적정하고 용이하게 해결되고 근로자도 해고에 적절히 대응할 수 있게 하기 위한 취지이다.

여기서 '서면'이란 일정한 내용을 적은 문서를 의미하고 이메일 등 전자문서와는 구별되지만, 전자문서 및 전자거래 기본법 제3조는 "이 법은 다른 법률에 특별한 규정이 있는 경우를 제외하고 모든 전자문서 및 전자거래에 적용한다."고 규정하고 있고, 같은 법 제4조 제1항은 "전자문서는 다른 법률에 특별한 규정이 있는 경우를 제외하고는 전자적 형태로 되어 있다는 이유로 문서로서의 효력이 부인되지 아니한다."고 규정하고 있는 점, 출력이 즉시 가능한 상태의 전자문서는 사실상 종이 형태의 서면과 다를 바 없고 저장과 보관에서 지속성이나 정확성이 더 보장될 수도 있는 점, 이메일(e-mail)의 형식과 작성 경위 등에 비추어 사용자의 해고 의사를 명확하게 확인할 수 있고, 이메일에 해고사유와 해고시기에 관한 내용이 구체적으로 기재되어 있으며, 해고에 적절히 대응하는 데 아무런 지장이 없는 등 서면에 의한 해고통지의 역할과 기능을 충분히 수행하고 있다면, 단지 이메일 등 전자문서에 의한 통지라는 이유만으로 서면에 의한 통지가 아니라고 볼 것은 아닌 점 등을 고려하면, 근로자가 이메일을 수신하는 등으로 내용

---

1) 근기법 제27조, 대판 2015두
   41401

을 알고 있는 이상, 이메일에 의한 해고통지도 해고사유 등을 서면 통지하도록 규정한 근로기준법 제27조의 입법 취지를 해치지 아니하는 범위 내에서 구체적 사안에 따라 서면에 의한 해고통지로서 유효하다고 보아야 할 경우가 있다.

-대판 2015두41401-

# 주소를 모를 경우 휴대전화로 해고통지서를 전달하는 것도 유효한가요?

**22**

■ ■ ■ ■ ■ ■ ■ ▪ ▫ ▪ ▫

해고대상자의 비협조로 주소를 알 수 없어 해고통지서를 우편으로 전달하기 곤란하여 부득이 해고통지서를 사진으로 찍어 휴대전화로 전송한 경우 예외적으로 효력이 인정될 수 있습니다.

통지의 '도달'이란 사회통념상 상대방이 그 내용을 알 수 있는 객관적 상태에 놓인 경우를 말하는데, 상대방이 그러한 상태의 형성을 방해하고서 내용을 알 수 없었음을 내세워 도달에 따른 효력을 부정하는 것은 신의성실의 원칙에 어긋난다. 그러므로 통지를 담은 매체의 수취를 상대방이 거부한 경우에는, 받지 않을 정당한 사유가 있음을 증명하지 못하는 이상 그가 내용을 아는 것이 가능한 객관적 상태에 놓일 수 있었던 때에 통지가 도달되었다고 보아야 한다.[1]

이와 같은 법리에 비추어 보았을 때, 해고대상자의 비협조로 주소를 알 수 없어 해고통지서를 우편으로 전달하기 곤란하여 부득이하게 휴대전화를 이용하여 해고통지서를 사진으로 찍어 전송한 경우, 심지어 해고대상자가 정당한 사유 없이 사전에 수신을 차단하는 등의 조치를 함으로써 그 내용을 알 수 있는 객관적 상태의 형성을 계속하여 방해한 경우라 하더라도 회사가 해고통지서를 휴대전화로 전송한 때에 해고통지의 효력이 생긴 것으로 볼 수 있다.[2]

---

1) 대판 2019두34630
2) 대판 2020두58274

## 23

[징벌의 절차 제한 – 해고예고]

# 정당한 해고사유가 없어도 해고예고만 하면 해고가 가능한가요?

■ ■ ■ ■ ■ ■ ■ ▪ ▫ ▫

해고예고는 정당한 해고사유의 존재를 전제로 하는 것이므로, 정당한 해고
사유가 존재하지 않을 경우 단순히 해고예고만 한다고 하여 해고의 정당성
을 인정받을 수는 없습니다.

회사는 근로자를 해고(경영상 이유에 의한 해고를 포함)하려면 원칙적으로 적어도 30일 전에 예고를 해야 하고, 30일 전에 예고를 하지 않았을 때에는 30일분 이상의 통상임금을 지급해야 한다(위반 시 2년 이하의 징역 또는 2,000만원 이하의 벌금).[1]

근로기준법이 이러한 해고예고를 규정한 취지는 근로자로 하여금 해고에 대비하여 새로운 직장을 구할 수 있는 시간적 또는 경제적 여유를 주려는 것이므로, 사용자의 해고예고는 일정 시점을 특정하여 하거나 언제 해고되는지를 근로자가 알 수 있는 방법으로 해야 한다.[2] 그리고 해고예고는 해고 서면통지와 별개의 절차이지만, 30일 전에 해고 서면통지를 할 경우 해고예고와 해고 서면통지 절차를 모두 이행한 것으로 본다.[3]

한편, 해고예고는 정당한 해고사유의 존재를 전제로 하는 것이므로, 정당한 해고사유가 존재하지 않을 경우 단순히 해고예고만 한다고 해서 해고의 정당성을 인정받을 수는 없다.[4]

---

1) 근기법 제26조, 제110조 제1호
2) 대판 2009도13833
3) 근기법 제27조 제3항
4) 대판 89다카166

# 해고예고를 하지 않아도 되는 경우가 있나요?

**24**

■ ■ ■ ■ ■ ■ ■ ▦ ▦

근로자가 계속 근로한 기간이 3개월이 안 되었거나, 근로자가 고의로 사업에 막대한 지장을 초래하거나 재산상 손해를 끼친 경우 등은 해고예고수당을 지급하지 않고 즉시해고가 가능합니다.

회사는 근로자를 해고(경영상 이유에 의한 해고를 포함)하려면 적어도 30일 전에 예고를 하여야 하고, 30일 전에 예고를 하지 아니하였을 때에는 30일분 이상의 통상임금을 해고예고수당으로 지급하여야 한다. 다만, 근로자가 계속 근로한 기간이 3개월 미만인 경우에는 이와 같은 해고예고수당을 지급하지 않고 즉시해고가 가능하다.[1]

따라서 예를 들어 사용자가 2023년 1월 1일부터 2023년 3월 31일까지 수습 근무한 근로자에게 수습 기간 종료일인 2023년 3월 31일 근로를 마친 후 해고 통보를 하였다면, 그 근로자가 계속 근로한 기간은 정확히 3개월이 되어 "계속 근로한 기간이 3개월 미만인 경우"에 해당할 여지가 없게 되기 때문에 해고예고를 하여야(해고예고수당을 지급하여야) 한다.[2]

또한 천재·사변, 그 밖의 부득이한 사유로 사업을 계속하는 것이 불가능한 경우 또는 근로자가 고의로 사업에 막대한 지장을 초래하거나 재산상 손해를 끼친 경우로서 다음의 사유에 해당하는 경우에는 해고예고를 하지 않아도 된다.[3]

1) 근기법 제26조 제1호
2) 법제처 21-0320, 2021.9.8.
3) 근기법 제26조 제2호 및 제3호,
   근기법 시행규칙 [별표1]

① 납품업체로부터 금품이나 향응을 제공받고 불량품을 납품받아 생산에 차질을 가져온 경우
② 영업용 차량을 임의로 타인에게 대리운전하게 하여 교통사고를 일으킨 경우
③ 사업의 기밀이나 그 밖의 정보를 경쟁관계에 있는 다른 사업자 등에게 제공하여 사업에 지장을 가져온 경우
④ 허위사실을 날조하여 유포하거나 불법 집단행동을 주도하여 사업에 막대한 지장을 가져온 경우
⑤ 영업용 차량 운송수입금을 부당하게 착복하는 등 직책을 이용하여 공금을 착복, 장기유용, 횡령 또는 배임한 경우
⑥ 제품 또는 원료 등을 몰래 훔치거나 불법 반출한 경우
⑦ 인사 · 경리 · 회계담당 직원이 근로자의 근무상황 실적을 조작하거나 허위서류 등을 작성하여 사업에 손해를 끼친 경우
⑧ 사업장의 기물을 고의로 파손하여 생산에 막대한 지장을 가져온 경우
⑨ 그 밖에 사회통념상 고의로 사업에 막대한 지장을 가져오거나 재산상 손해를 끼쳤다고 인정되는 경우

# 폐업의 경우에는 해고예고를 하지 않아도 되나요?

**25**

■ ■ ■ ■ ■ ■ ■ ■ ▪ ▪ ▫  ● ●

폐업은 사전에 어느 정도 예측이 가능한 경우로서 해고예고의 예외가 되는 '부득이한 사유로 사업계속이 불가능한 경우'에 해당된다고 보기는 어려우므로 해고예고를 해야 합니다.

근로기준법에서는 회사가 근로자를 해고하고자 할 경우 적어도 30일 전에 그 예고를 하도록 규정하고 있으나, '천재 · 사변 기타 부득이한 사유로 사업계속이 불가능한 경우에는 그렇지 않다'고 규정하고 있다.

그러나 여기서 '부득이한 사유'라 함은 중요한 건물 · 설비 · 기재 등의 소실과 같이 천재 · 사변에 준하는 정도의 돌발적이고 불가항력적인 경우로서 회사에 그 책임을 물을 수 없는 경우를 말하며, 단순히 불황이나 경영난은 이에 포함되지 않는다고 보아야 한다.

따라서 노사분규로 인한 생산차질, 거래처 이탈 등 영업활동 위축에 따라 폐업을 하는 경우는 사전에 어느 정도 예측이 가능한 경우로서 해고예고의 예외가 되는 위의 '부득이한 사유'에 해당된다고 보기 어렵다. 결국 폐업을 하는 경우에도 30일 전에 해고예고를 해야 하며, 이를 어길 경우 30일분 이상의 통상임금을 지급해야 한다.[1]

1) 근기 68207-914, 2003.7.21

## [징벌의 절차 제한 – 해고예고]

# 해고예고를 하지 않은 경우 해고가 무효인가 요?

■ ■ ■ ■ ■ ■ ■ ▪ ▪ ░

해고예고 의무를 위반한 해고라 하더라도 해고의 정당한 이유를 갖추고 해고 서면통지의무를 이행하는 등 정당성 요건을 모두 충족했다면 해고의 효력에는 영향을 미치지 않습니다.

해고예고를 규정한 근로기준법 규정은 위반 시 사법상의 효력이 부정되는 효력규정이 아닌 행정단속을 위한 규정에 해당한다.[1]

따라서 해고예고 의무를 위반한 해고라 하더라도 해고의 정당한 이유를 갖추고 해고 서면통지의무를 이행하는 등 정당성 요건을 모두 충족했다면, 해고예고수당을 지급하거나 형사처벌(2년 이하의 징역 또는 2,000만원 이하의 벌금)을 받을 수는 있을지라도 해고의 효력에는 영향이 없다.[2]

한편, 해고의 경우 정당한 이유가 있어야 하고 반드시 서면으로 통지해야 하는 근로기준법상 제한규정은 상시 근로자 수가 5명 이상인 회사에만 적용되는 관계로 상시 근로자 수가 4명 이하인 회사에서는 특별한 사유가 없더라도 서면통지절차 없이 근로자를 해고할 수 있다. 그러나 해고예고규정은 상시 근로자 수와 관계없이 모든 회사에 적용된다. 따라서 상시 근로자 수가 4명 이하인 회사에서 근로자를 해고할 경우에도 최소한 해고예고절차는 준수해야 한다는 점을 유의해야 한다(부록 #4 참조).[3]

1) 근로기준팀-8048, 2007.11.29.
2) 근기법 제26조·제110조 제1호, 대판 93누4199, 대판 93누20115, 대판 97누141327
3) 근기법 시행령 [별표 1]

# 해고예고기간이 30일에서 일부만 부족한 경우 해고예고수당을 일부만 지급해도 되나요?

**27**

해고예고는 반드시 30일 전에 해야 하므로 30일에서 일부라도 부족하게 되는 경우에는 30일분 이상의 통상임금을 지급해야 합니다.

해고예고기간 30일은 역일(曆日)에 의한 30일을 말하며, 민법의 일반원칙에 의해 예고 당일은 기간 계산에 포함되지 않는다.

한편, 해고예고는 반드시 30일 전에 해야 하므로 30일에서 일부라도 부족하게 되는 경우에는 30일 전에 예고를 하지 않은 것으로 해석되며, 그 경우에는 30일분 이상의 통상임금을 지급해야 한다.[1] 예를 들어 29일 전에 해고예고를 한 경우 1일분의 통상임금(30일에서 부족하게 통보한 기간에 해당하는 금액)만 지급하면 되는 것이 아니라, 이 경우에도 30일분의 통상임금을 지급해야 한다는 것이다.

따라서 이러한 경우라면 해고시기를 늦추는 한이 있더라도 해고예고기간이 30일이 되도록 해서 해고예고수당 지급에 대한 부담을 더는 것이 바람직하다.

1) 근기 68207-1346, 2003.10.20.

# 28

## 계약기간 만료의 경우에도 30일 전에 해고예고를 해야 하나요?

■ ■ ■ ■ ■ ■ ■ ■ ▪ ▫

근로계약기간의 정함이 있는 근로계약은 그 기간의 만료로 인해 자동종료되는 것이고, 이는 해고가 아니므로 근로기준법에서 정하는 해고예고의 절차를 밟을 필요가 없습니다.

✓ 해고
근로자의 의사와는 무관하게 회사가 일방적으로 근로관계를 종료시키는 것을 말함

✓ 근로관계 자동종료 사유
① 사망
② 정년 도래
③ 계약기간 만료

해고예고제도는 근로자의 의사에 반해 근로관계가 종료되는 해고와 관련된 제도로서 근로자가 갑자기 직장을 잃게 되어 생활이 곤란해지는 것을 예방하기 위한 것이며, 따라서 해고가 아닌 경우에는 적용되지 않는다.[1]

따라서 일정한 근로계약기간의 정함이 있는 근로계약은 그 기간의 만료로 인해 자동종료되는 것이고 근로자의 지위도 소멸하는 것이므로, 회사에서 별도로 근로기준법에서 정하는 해고예고의 절차를 밟을 필요가 있다거나 해고의 정당한 이유가 있어야 하는 것은 아니다.[2]

다만, 계약기간 만료의 경우에도 미리 근로계약이 연장되거나 갱신되지 않음을 명확히 알려주는 것이 근로자 보호를 위해 바람직할 것이다.

1) 근로기준팀-8048, 2007.11.29.
2) 서울고판 94나33264

# 경영상 해고를 하고자 할 경우 사전 신고의무가 있나요?

**29**

근로기준법에서 정한 일정 규모 이상의 인원을 경영상 해고하려면 해고사유, 해고 예정인원, 해고일정 등을 최초로 해고하려는 날의 30일 전까지 고용노동부에 신고해야 합니다.

회사는 다음과 같이 일정한 규모 이상의 인원을 경영상 해고하려면 ① 해고사유, ② 해고 예정인원, ③ 근로자 대표와 협의한 내용, ④ 해고일정을 최초로 해고하려는 날의 30일 전까지 고용노동부장관에게 신고해야 한다.[1]

① 상시 근로자 수가 99명 이하인 사업 또는 사업장 : 10명 이상

② 상시 근로자 수가 100명 이상 999명 이하인 사업 또는 사업장 : 상시 근로자 수의 10% 이상

③ 상시 근로자 수가 1,000명 이상 사업 또는 사업장 : 100명 이상

그러나 이러한 신고의무는 효력요건이 아니기 때문에 신고를 하지 않았다고 해서 그 자체만으로 경영상 해고가 무효가 되는 것은 아니다.

☑ **근로자 대표**

그 사업 또는 사업장에 근로자의 과반수로 조직된 노동조합이 있는 경우에는 그 노동조합, 근로자의 과반수로 조직된 노동조합이 없는 경우에는 근로자의 과반수를 대표하는 자를 말함(근기법 제24조 제3항)

1) 근기법 제24조 제4항·동법 시행령 제10조

# 30

## 절대적으로 해고가 금지되는 기간이 있나요?

■ ■ ■ ■ ■ ■ ■ ■ ▥ ▥

회사가 사업을 계속할 수 없는 경우가 아니면 ① 산재휴직기간과 그 후 30일, ② 출산전후휴가기간과 그 후 30일, ③ 육아휴직기간에는 근로자를 해고하지 못합니다.

회사는 근로자가 ① 업무상 부상 또는 질병의 요양을 위해 휴업한 기간과 그 후 30일 동안 또는 ② 출산전후휴가기간과 그 후 30일 동안은 해고하지 못하며(이상 위반 시 5년 이하의 징역 또는 5,000만원 이하의 벌금), ③ 육아휴직기간에도 근로자를 해고하지 못한다(위반 시 3년 이하의 징역 또는 3,000만원 이하의 벌금).

다만, 근로자가 요양을 시작한 지 2년이 지나도 부상 또는 질병이 완치되지 아니하는 경우 또는 회사가 사업을 계속할 수 없게 된 경우에는 이러한 기간 중이라 하더라도 예외적으로 해고가 가능하다.[1]

한편, 계약직 근로자의 경우 계약기간 만료는 근로관계 자동종료 사유에 해당되므로 계약기간 만료를 이유로 한 근로관계 종료 처분은 해고에 해당되지 않는다.[2]

따라서 계약직 근로자에 대해서는 출산전후휴가나 육아휴직, 산재휴직 기간 중이라 하더라도 계약기간이 만료되면 근로관계를 종료할 수 있으며, 그렇다고 하더라도 이러한 법 규정에 위반되는 것이 아니다.[3]

[1] 근기법 제23조 제2항·제107조, 남녀고평법 제19조 제3항·제37조 제2항 제3호

[2] 대판 2007두2067

[3] 여성고용과-2112, 2010.6.14., 고용평등정책과-698, 2010.5.4., 해지 01254-16543, 1987.10.17., 해지 01254-385, 1986.1.10., 대판 92다26260

# 근로자가 부당하게 징벌을 당한 경우 언제까지, 어디에 구제를 신청할 수 있나요?

**31**

회사가 근로자에게 부당하게 징벌을 한 경우 근로자는 부당한 징벌이 있었음을 안 날부터 3개월 이내에 관할 지방노동위원회에 구제를 신청할 수 있습니다.

회사가 근로자에게 부당하게 징벌을 한 경우 근로자는 부당한 징벌이 있었음을 안 날부터 3개월 이내에 관할 지방노동위원회에 구제를 신청할 수 있다(3개월을 넘겨 구제신청을 제기한 경우 별도의 심사를 하지 않고 구제신청을 '각하'함).[1]

한편, 부당해고 등 구제신청의 기산일과 관련하여 노동위원회규칙에서는 '단체협약이나 취업규칙에 징계 재심절차가 규정된 때에는 원처분일'이라고 규정하고 있으므로, 징벌의 초심 처분일을 기준으로 3개월 이내인지 여부를 계산해야 한다.[2]

다만, ① 징계의 재심절차에서 원처분이 취소되고 새로운 징계처분을 한 때, ② 징계의 재심절차에서 원처분이 변경된 때, ③ 단체협약이나 취업규칙 등에서 재심청구시 재심이 결정될 때까지 원처분의 효력이 정지되도록 규정한 경우에는 재심처분일을 기준으로 한다.[3]

☑ **각하**
국가기관에 대한 행정상 또는 사법상의 신청에 대해 신청요건이 갖춰지지 않은 것을 이유로 내용심리를 거치지 않고 신청 자체를 거부하는 것을 말함

---

1) 근기법 제28조, 노동위규칙 제40조 제2호 본문
2) 노동위규칙 제40조 제4호
3) 노동위규칙 제40조 제4호

## [부당한 징벌의 구제]

# 노동위원회의 판정 결과에 불만이 있을 경우 이의제기 절차는 어떻게 되나요?

■ ■ ■ ■ ■ ■ ■ ■ ■ ■

지방노동위원회는 심문을 거쳐 구제명령 또는 기각판정을 내리게 되는데, 그 판정 결과에 불만이 있을 경우 중앙노동위원회에 재심을 신청할 수 있고, 재심판정에 불만이 있을 경우 행정소송을 제기할 수 있습니다.

√ **기각**
청구의 내용이 이유가 없다고 하여 받아들이지 않는 것을 말함

**노동위원회에** 부당 징벌에 대한 구제를 신청하게 되면 관할 지방노동위원회는 조사 및 관계 당사자에 대한 심문을 거쳐 징벌이 부당하다고 인정할 경우 구제명령을 내리며, 징벌이 정당하다고 인정할 경우 기각판정을 내리게 된다.[1]

지방노동위원회의 구제명령이나 기각판정에 불만이 있는 회사나 근로자는 판정서를 통지받은 날부터 10일 이내에 중앙노동위원회에 재심을 신청할 수 있으며, 중앙노동위원회의 재심판정에 불만이 있는 회사나 근로자는 재심판정서를 송달받은 날부터 15일 이내에 행정소송을 제기할 수 있다.

아울러 이러한 노동위원회의 구제명령 또는 재심판정은 중앙노동위원회에 재심을 신청하거나 행정법원에 행정소송을 제기한다 하더라도 그 효력이 정지되지 않는다.[2]

따라서 만일 노동위원회에서 징벌이 부당하다고 판정이 내려진 경우에는 중앙노동위원회나 행정법원에 대한 이의제기 여부와 관계없이 이를 이행해야 한다.

1) 근기법 제29조 · 제30조
2) 근기법 제32조

# 부당해고 구제명령을 받은 경우 반드시 기존의 업무와 동일한 업무에 복귀시켜야 하나요?

**33**

■■■■■■■■■ ■■ ■ ■

해고된 근로자가 해고되기 전과 동일한 직무에 복귀하지는 않았더라도, 해고 전에 담당했던 직무·직급과 유사한 직무·직급의 지위를 부여받은 경우에는 원직복직을 시킨 것으로 볼 수 있습니다.

해고가 부당하다고 판단하여 노동위원회가 구제를 명할 경우, 근로자의 신청에 따라 '원직복직과 해고기간 동안의 임금 상당액 지급명령' 또는 '금전보상명령(원직복직을 명하는 대신 근로자가 해고기간 동안 근로를 제공했더라면 받을 수 있었던 임금 상당액 이상의 금품을 근로자에게 지급하도록 하는 명령)'을 내리게 된다.[1]

이때 회사가 해고되었던 근로자를 복직시키면서 해고 이후 복직 시까지 해고가 유효함을 전제로 이미 이루어진 인사질서, 회사의 경영상의 필요, 작업환경의 변화 등을 고려하여 복직 근로자에게 그에 합당한 일을 시킨 경우 그 일이 비록 종전의 일과 다소 다르더라도 이는 회사의 고유권한인 경영권의 범위에 속하는 것이므로 정당하게 복직시킨 것으로 보아야 할 것이다.

따라서 해고된 근로자가 해고되기 전과 동일한 직무가 아니라 하더라도, 해고 전에 담당했던 직무·직급과 유사한 직무·직급의 지위를 부여받은 경우에도 원직에 복직된 것으로 볼 수 있다.[2]

1) 근기법 제30조
2) 서울행판 2011구합37121

# 34

## 회사가 노동위원회의 구제명령을 이행하지 않을 경우 어떤 책임이 따르나요?

구제명령을 이행기한까지 이행하지 않을 경우 이행강제금이 부과되며, 확정된 구제명령 또는 구제명령을 내용으로 하는 재심판정을 이행하지 않은 경우 형사처벌을 받게 됩니다.

노동위원회에서 심문 결과 부당한 징벌로 판단하여 구제를 명하는 판정을 내린 경우, 회사는 판정서를 받은 날로부터 30일 이내에 그 구제명령을 이행해야 한다.[1]

만일 회사가 이러한 이행기한까지 구제명령을 이행하지 않을 경우 중앙노동위원회 등에 대한 이의제기 여부와 관계없이 3천만원 이하의 이행강제금을 부과받게 되며, 이러한 이행강제금은 최초의 구제명령을 한 날을 기준으로 매년 2회의 범위에서 구제명령이 이행될 때까지 반복하여 최대 2년까지 부과될 수 있다(최대 1억 2천만원까지 부과 가능).[2]

아울러 확정된 구제명령 또는 구제명령을 내용으로 하는 재심판정을 이행하지 않은 경우 1년 이하의 징역 또는 1,000만원 이하의 벌금에 처해진다.[3]

1) 근기법 시행령 제11조
2) 근기법 제33조
3) 근기법 제31조 · 제111조

# LABOR·PERSONNEL

# 제9장

# 근로관계 종료

# 01

## 근로관계의 종료 사유로는 어떤 것들이 있나요?

■ ■ ■ ■ ■ ■ ▪ ▪ ·  »

근로관계의 종료 사유는 크게 ① 자동종료, ② 사직, ③ 해고로 나눌 수 있습니다.

근로관계의 종료 사유는 ① 자동종료, ② 사직, ③ 해고 등이 있으며, 구체적으로는 다음과 같이 구분할 수 있다.

| 구 분 | | | 근로관계 종료 사유 |
|---|---|---|---|
| 자동종료[1] | | | 사망 |
| | | | 정년 도래 |
| | | | 계약기간 만료 |
| 사직 | 근로자의 자발적인 사직 | | 의원사직 |
| | 회사 권유에 의한 사직 | | 권고사직 |
| 해고 | 근로자 귀책 사유 | 일신상 사유* | 통상해고 |
| | | 행태상 사유** | 징계해고 |
| | 회사 귀책 사유 | | 경영상 해고 |

\* 일신상 사유: 질병, 직무상 필수적으로 요구되는 자격상실 등
\*\* 행태상 사유: 근태불량, 횡령, 폭행 등 각종 복무규율 위반

1) 대판 98두18848, 대판 2007두2067

# 건물주와의 용역계약 해지 시 근로관계가 자동종료된다고 약정하는 것이 유효한가요?

**02**

■ ■ ■ ■ ■ ■ ■ ※ ☰

사망이나 정년, 근로계약기간의 만료 등 근로관계의 자동종료사유를 제외하고는 모두 근로기준법상 제한을 받는 해고에 해당되므로, 건물주 등과 회사 간의 용역계약 해지가 근로관계 자동종료사유로 인정될 수는 없습니다.

회사가 어떤 사유의 발생을 당연퇴직 또는 당연면직사유로 규정하고 그 절차를 통상의 해고나 징계해고와 달리한 경우 그 당연퇴직사유가 근로자의 ① 사망이나 ② 정년, ③ 근로계약기간의 만료 등 근로관계의 자동종료사유로 보이는 경우를 제외하고는 이에 따른 당연퇴직처분은 근로기준법상 제한을 받는 해고에 해당된다.

따라서 회사와 근로자 간에 '근로자가 근무하는 건물주 등과 회사 간의 건물관리 용역계약이 해지될 때에는 그 근로자와 회사 사이의 근로계약도 자동종료된다'고 약정했다고 하더라도, 이러한 사유 발생 시 근로관계가 자동으로 종료된다고 할 수 없다.[1] 이 경우 회사의 귀책(사정)으로 인한 근로관계 종료사유에 해당되기 때문에 원칙적으로 경영상 해고절차를 밟아야 한다.

---

1) 대판 2007다62840

[근로관계 종료 사유 – 정년 도래]

## 정년을 넘겨 계속 근로한 근로자를 정년을 넘 겼다는 이유로 근로관계를 종료할 수 있나요?

■ ■ ■ ■ ■ ■ ■ ■ ■

근로자가 정년이 지난 후에도 회사의 동의 아래 기간의 정함이 없이 회사 와의 근로관계를 계속 유지해 왔다면, 그 근로자를 해고하기 위해서는 근 로기준법상 소정의 정당한 이유가 있어야 합니다.

근로자가 회사에서 정하고 있는 정년에 도달할 경우 근 로관계가 자동으로 종료되는 것이 원칙이다.

그럼에도 불구하고 근로자가 정년이 지난 후에도 회사의 동 의 아래 기간의 정함이 없이 회사와의 근로관계를 계속 유지해 왔다면 회사는 특별한 사정이 없는 한 단순히 근로자가 정년이 지났다거나 고령이라는 이유만으로 근로관계를 해지할 수는 없 고, 근로자를 해고하기 위해서는 근로기준법상 소정의 정당한 이유가 있어야 한다.[1]

따라서 정년에 도달한 근로자에 대해서는 계속근로를 시키 더라도 일단 정년퇴직처리(퇴직금 지급, 4대보험 상실처리 등)를 하 고 나서, 계약직으로 다시 고용하는 것이 바람직하다.

---

1) 대판 2002두12809

# 정년은 회사가 임의로 정할 수 있나요?

**04**

■■■■■■■■ ■ ■

정년은 회사가 임의로 정할 수 있는 것이 아니라 60세 이상으로 정하도록 의무화하고 있습니다.

고용상 연령차별금지 및 고령자고용촉진에 관한 법률에서는 사업주에게 근로자의 정년을 60세 이상으로 정하도록 의무화하고 있으며, 사업주가 근로자의 정년을 60세 미만으로 정한 경우라 하더라도 정년을 60세로 정한 것으로 본다.

다만, 이와 같이 정년을 60세로 의무화한 법 규정은 상시 300명 이상의 근로자를 고용하는 사업(사업장)의 경우 2016년 1월 1일부터, 상시 300명 미만의 근로자를 고용하는 사업(사업장)의 경우 2017년 1월 1일부터 시행되고 있다.[1]

이러한 법 규정은 강행법규에 해당되기 때문에 위의 법 시행일 이후에는 회사에서 취업규칙에 60세 미만의 연령을 정년으로 정하고 있다 하더라도 이러한 규정은 무효가 되며, 취업규칙상 정년 연령에 도달했다는 이유로 60세 미만인 근로자에 대해 정년퇴직처리를 할 경우 부당한 해고가 된다는 점을 유의해야 한다.

1) 연령차별금지법 제19조·부칙

## 05

# 계약직의 경우도 근로관계를 종료하기 위해 별도의 조치가 필요한가요?

■ ■ ■ ■ ■ ■ ■ ■ ▥ ▩

근로계약기간을 정한 경우에 있어 근로계약 당사자 사이의 근로관계는 특별한 사정이 없는 한 그 기간이 만료함에 따라 회사의 해고 등 별도의 조치를 기다릴 것 없이 당연히 종료됩니다.

근로자의 ① 사망이나 ② 정년, ③ 근로계약기간의 만료는 근로관계의 자동종료사유에 해당한다.[1]

따라서 근로계약기간을 정한 경우에 있어 근로계약 당사자 사이의 근로관계는 특별한 사정이 없는 한 그 기간이 만료함에 따라 회사의 해고 등 별도의 조치를 기다릴 것 없이 당연히 종료된다.[2]

마찬가지로 근로계약기간 만료는 해고가 아니라는 점에서 근로계약기간 만료일 30일 전에 해고예고를 해야 할 의무도 없다.

다만, 계약직 근로자의 경우 근로계약 갱신기대권 존재 여부와 무관하게 근로계약이 연장 또는 갱신에 대한 희망을 가질 수 있으므로, 근로계약을 연장하거나 갱신하지 않기로 결론이 난 경우 새로운 직장을 구할 수 있는 시간적 또는 경제적 여유를 주기 위해 최대한 빨리 근로계약기간 만료일에 근로관계가 종료됨을 알려주는 것이 바람직하다.

1) 대판 98두18848, 대판 2007두 2067
2) 대판 92다26260, 대판 95다 9280, 대판 95다5783

# 정년 이후 재고용된 계약직 근로자의 경우도 갱신기대권이 인정되나요?

**06**

■ ■ ■ ■ ■ ■ ■ ■

정년 이후의 근로계약은 설사 근로계약이 반복갱신되었다 하더라도 정년 이전에 이루어지는 근로계약의 반복갱신과는 그 효력을 달리 보아야 하므로 갱신기대권이 인정되기 어렵습니다.

계약직 근로자의 경우 근로계약·취업규칙·단체협약 등에서 기간만료에도 불구하고 일정한 요건이 충족되면 해당 근로계약이 갱신된다는 취지의 규정을 두고 있거나, 그러한 규정이 없더라도 근로계약이 여러 사정을 종합해 볼 때 근로계약 당사자 사이에 일정한 요건이 충족되면 근로계약이 갱신된다는 신뢰관계가 형성되어 있는 경우에는 근로계약 갱신기대권이 인정된다.[1]

이와 같은 갱신기대권은 정년 이후 재고용된 계약직 근로자에게도 인정될 수 있는데, 이 경우 위에서 본 여러 사정 외에 해당 직무의 성격에서 요구되는 직무수행 능력과 근로자의 업무수행 적격성, 연령에 따른 작업능률 저하나 위험성 증대의 정도, 해당 사업장에서 정년이 지난 고령자가 근무하는 실태와 계약이 갱신된 사례 등을 종합적으로 고려하여 근로계약 갱신에 관한 정당한 기대권이 인정되는지를 판단한다.[2]

1) 대판 2010두7628
2) 대판 2019두45647

# 07

## 퇴직처리된 근로자가 진정으로 사직을 원하지 않았다고 할 경우 무효인 퇴직이 되나요?

■ ■ ■ ■ ■ ■ ■ ■

본인이 진정으로 원한 것은 아니지만 최선의 선택으로 사직서를 제출한 경우, 제출된 사직서에 따라 의원사직 처리한 경우 원칙적으로 퇴직의 효력에 문제가 없습니다.

의사표시는 의사표시를 한 자가 진의(진정한 의사) 아님을 알고 한 것이라도 그 효력이 있으나, 상대방이 진의 아님을 알았거나 이를 알 수 있었을 경우에는 무효가 된다.[1]

한편, 진의 아닌 의사표시에 있어서의 '진의'란 특정한 내용의 의사표시를 하고자 하는 자의 생각을 말하는 것이지 진정으로 마음 속에서 바라는 사항을 뜻하는 것은 아니므로, 의사표시를 한 자가 의사표시의 내용을 진정으로 마음속에서 바라지는 않았다고 하더라도 당시의 상황에서는 그것이 최선이라고 판단하여 그 의사표시를 했을 경우에는 진의 아닌 의사표시라고 할 수 없다.[2]

따라서 근로자가 사직서를 제출할 당시 비록 진정으로 사직을 바라지는 않았다 하더라도 사직원을 제출하고자 하는 의사가 있었다면, 그와 같이 제출된 사직서에 따라 의원사직 처리한 경우 원칙적으로 퇴직의 효력에 문제가 없다.

---

1) 민법 제107조 제1항
2) 대판 2000다51919,51926

# 회사 지시로 일괄 사직서를 제출받아 선별 수리하는 것이 가능한가요?

08

■ ■ ■ ■ ■ ■ ■ ■ ■ ▪ ▪ ▪ ▪

회사가 사직의 의사가 없는 근로자로 하여금 어쩔 수 없이 사직서를 작성·제출하게 해서 그중 일부만을 선별 수리하여 의원사직 처리한다면 이는 정당한 이유가 없는 해고에 해당됩니다.

근로자들이 사직원을 제출하여 퇴직처리하는 형식을 빌렸을 뿐 실제로는 회사의 지시에 따라 진의 아닌 사직의 의사표시를 했고 회사가 이러한 사정을 알면서 사직원을 수리할 경우, 이러한 사직의 의사표시는 민법에서 말하는 '진의 아닌 의사표시'에 해당하여 무효이다.

따라서 회사가 사직의 의사가 없는 근로자로 하여금 어쩔 수 없이 일괄적으로 사직서를 작성·제출하게 해서 그중 일부만을 선별 수리하여 이들을 의원사직 처리한다면, 이는 정당한 이유가 없는 해고조치로서 근로기준법 등의 강행법규에 위배되어 당연 무효에 해당된다.[1]

마찬가지로 발생한 문제에 대해 단순히 근신하고 책임지는 모습을 보이기 위해 형식적으로 사직서를 제출한 경우 이러한 사직의 의사표시도 진의 아닌 의사표시에 해당하므로, 회사에서 근로자의 사직서 제출이 진의가 아니라는 점을 알았거나 알 수 있었다면 사직서 수리행위는 부당해고에 해당한다.[2]

☑ 진의 아닌 의사표시

의사표시는 의사표시를 한 자가 진의(진정한 의사) 아님을 알고 한 것이라도 그 효력이 있음. 그러나 상대방이 진의 아님을 알았거나 이를 알 수 있었을 경우에는 무효로 함(민법 제107조 제1항)

1) 대판 92다3670
2) 대판 2009두15951

297

# 09

## 사직원을 제출한 자가 사직의 의사를 철회할 수도 있나요?

■■■■■■■■■■

근로자는 사직원의 제출에 따른 회사의 승낙의사가 형성되어 확정적으로 근로계약 종료의 효과가 발생하기 전에는 그 사직의 의사표시를 자유로이 철회할 수 있습니다.

근로자가 사직원을 제출한 경우 당사자 사이의 근로계약 관계는 원칙적으로 회사가 그 사직원 제출에 따른 사직의 의사 표시를 수락하여 합의해지가 성립함으로써 종료된다.[1]

한편, 이와 같이 근로자가 사직원의 제출방법에 의해 근로계 약관계의 합의해지를 청약하고 이에 대해 회사가 승낙함으로써 근로관계를 종료시키게 되는 경우에 있어서, 근로자는 사직원 의 제출에 따른 회사의 승낙의사가 형성되어 확정적으로 근로 계약 종료의 효과가 발생하기 전에는 그 사직의 의사표시를 자 유로이 철회할 수 있다.

따라서 사직원이 수리되기 전에 적법하게 사직의사가 철회 된 경우, 그 이후에 비로소 종전의 사직원을 근거로 하여 그 근 로자를 의원사직 처리하게 되면 무효가 된다.[2]

---

1) 대판 2002다68058
2) 대판 91다43138

# 회사에서 사직원을 수리하지 않을 경우 구체적으로 언제 퇴직의 효력이 발생하나요?

**10**

■ ■ ■ ■ ■ ■ ■ ■ ▪ ▪ ▪

근로자가 사직원을 제출한 경우 당사자 사이의 근로계약관계는 원칙적으로 회사가 그 사직서 제출에 따른 사직의 의사표시를 수락하여 합의해지가 성립함으로써 종료됩니다.

기간의 정함이 없는 근로계약관계에 있는 근로자가 회사에 대해 사직의 의사표시를 했음에도 회사가 사직원을 수리하지 않을 경우, 근로관계의 종료시기에 대해서는 근로기준법에 별도의 정함이 없으므로 민법의 관련 규정에 따라야 한다.

이와 관련하여 민법에서는 '고용기간의 약정이 없는 경우 기간으로 보수를 정하고 있는 때에는 상대방이 해지의 통고를 받은 당기(사직원을 제출한 달) 후의 1기(사직원을 제출한 달의 다음 달)가 지나야 해지의 효력이 생긴다'고 규정하고 있다.[1]

따라서 월초부터 월말까지 계산된 월 급여를 익월 10일에 지급받는 기간의 정함이 없는 근로계약관계에 있는 근로자가 1월 15일 사직의 의사표시를 했으나 수리되지 않았을 경우에는 당기(1월) 후의 1기(2월)가 지난 3월 1일에 퇴직의 효력이 발생한다.[2]

---

1) 민법 제660조 제3항
2) 근기 68207-2498, 1993.12.6.

# 11

## 사직원을 수리하지 않은 상태에서의 결근을 무단결근으로 보아 징계할 수 있나요?

■ ■ ■ ■ ■ ■ ■ ■ ■ ▪ ▫

근로자가 사직원을 제출했다 할지라도 사직원이 수리될 때까지는 출근할 의무가 있으므로, 사직원 제출 이후 계속 출근하지 않고 무단결근을 한 근로자에 대해서는 징계가 가능합니다.

근로자가 사직원을 제출한 경우 당사자 사이의 근로계약 관계는 원칙적으로 회사가 그 사직원 제출에 따른 사직의 의사표시를 수락하여 합의해지가 성립함으로써 종료된다.[1]

따라서 근로자가 사직원을 제출했다 할지라도 사직원이 수리될 때까지는 출근할 의무가 있으므로, 사직원 제출 이후 계속 출근하지 않고 무단결근을 한 근로자에 대한 징계조치는 회사의 정당한 인사권 행사에 해당된다.[2]

### 관련 재결례

직장질서를 어지럽혀 회사에 더 이상 근무키 어렵다고 판단한 근로자가 퇴직위로금으로 3개월분 임금 지급을 요구하다 받아들여지지 아니하자, 회사의 공식적인 징계조치가 행하여지지 아니하였음에도 "부당해고로 인하여 사직한다"는 내용의 사직원을 제출하고 무단결근하므로, 회사가 사직을 하더라도 '일신상의 사유'로 사직원을 제출토록 하였으나 불응하며 21일간 계속 출근치 아니한 근로자에 대하여 회사가 징계해고를 의결한 것은 정당한 인사권 행사에 해당된다.

－중노위2005부해48－

1) 대판 2002다68058
2) 중노위 98부해158

# 근로자는 부당해고를, 회사는 사직을 주장할 경우 입증책임은 누구에게 있나요?

**12**

근로관계의 종료원인을 둘러싸고 근로자는 해고라고 주장하는 반면, 회사는 사직이라고 주장하는 경우 회사가 사직에 대한 입증을 해야 합니다.

근로자가 부당하게 해고를 당했다고 주장하는 반면, 회사는 해고를 시킨 사실이 없다고 할 경우 근로자가 해고사실이 있었다는 것에 대한 입증을 해야 한다.[1]

이와 달리 근로관계의 종료원인을 둘러싸고 근로자 측에서는 해고라고 주장하는 반면, 회사 측에서는 단순히 해고를 시킨 사실이 없다는 주장에 그치지 않고 적극적으로 사직이나 합의해지라고 주장하는 경우에는 회사 측에 그 종료원인이 사직이나 합의해지라는 점에 대한 입증책임이 있다.[2]

따라서 근로자가 자발적으로 퇴사하고도 해고를 당했다고 주장할 경우 회사가 사직서 등 합의해지에 대한 입증자료를 제시하지 못하면 부당해고로 판단받을 가능성이 높기 때문에 근로자가 자발적으로 퇴사할 경우 회사에서는 가급적 사직원을 제출받는 것이 바람직하다.

1) 중노위 2008부해682, 중노위 2009부해170, 중노위 2009부해273, 중노위 2010부해648

2) 서울행판 2010구합32709, 중노위 201부해492

## [근로관계 종료 사유 – 사직(합의해지)]

# 권고사직의 경우에도 해고예고수당을 지급해야 하나요?

■ ■ ■ ■ ■ ■ ■ ■ ■ ▪ ▫

권고사직의 경우 해고에 해당하지 않는다는 점에서 해고예고수당을 지급할 의무가 없습니다.

회사가 근로자에게 사직을 권고하고 근로자가 이에 응해 사직하는 것은 당사자 간의 의사 합치에 따른 근로계약 합의해지의 성격을 갖는 것으로서, 권고사직을 받아들일 것인지는 여전히 근로자가 스스로 결정할 수 있는 문제에 불과하므로 징계처분에 해당한다고 볼 수는 없다.[1]

이와 같이 권고사직의 경우 해고에 해당하지 않는다는 점에서 해고예고수당을 지급할 의무가 없다.

한편, 권고사직을 받아들이도록 하기 위해 회사가 근로자에게 퇴직금과 별도의 금품을 지급할 수 있는데, 이렇게 지급된 금품 또한 퇴직위로금의 성격을 갖는 것으로 볼 수 있을 뿐 해고예고수당으로 볼 수 없다.

1) 서울고판 2001누1835

# 퇴직금제도를 시행하고 있는 회사인데 반드시 퇴직연금제도를 도입해야 하나요?

**14**

■ ■ ■ ■ ■ ■ ■ ░ ░

현행법상 퇴직연금제도를 반드시 도입해야 하는 것은 아니지만, 향후 모든 기업에서 퇴직연금제도를 의무적으로 도입하는 방향으로 법 개정이 추진될 예정입니다.

회사는 퇴직하는 근로자에게 퇴직급여를 지급하기 위해 ① 퇴직금제도, ② 확정급여형 퇴직연금제도, ③ 확정기여형 퇴직연금제도 중 하나 이상의 제도를 설정하면 된다.[1]

이와 달리 2012년 7월 26일 이후 설립한 회사에 대해서는 근로자 과반수(근로자의 과반수가 가입한 노동조합이 있는 경우에는 그 노동조합)의 의견을 들어 회사 설립 후 1년 이내에 확정급여형(DB형) 퇴직연금제도나 확정기여형(DC형) 퇴직연금제도를 설정하도록 하고 있으나, 퇴직연금제도를 설정하지 않을 경우 퇴직금제도를 설정한 것으로 보므로 현재까지 퇴직연금제도의 도입은 어느 기업에나 자율에 맡기고 있다고 봐야 한다.[2]

√ 확정급여형(DB형)

운용실적과 관계없이 근로자가 받을 급여의 수준(가입자의 퇴직일을 기준으로 산정한 일시금이 계속근로기간 1년에 대해 30일분의 평균임금에 상당하는 금액 이상)이 사전에 결정되어 있는 퇴직연금제도

√ 확정기여형(DC형)

퇴직급여의 지급을 위해 사용자가 부담해야 할 부담금(가입자의 연간 임금총액의 1/12 이상)의 수준이 사전에 결정되어 있으나, 운용실적에 따라 수령액의 변동이 있는 퇴직연금제도

1) 퇴직급여법 제4조 제1항
2) 퇴직급여법 제5조 · 제11조

## 15

## [퇴직급여제도]

# 상시 4명 이하의 근로자를 고용하는 사업장도 퇴직금을 지급해야 하나요?

■ ■ ■ ■ ■ ■ ■ ■ ▦ ▨

상시 4명 이하의 근로자를 고용하는 사업장의 경우도 과거에는 퇴직금 지급의무가 없었으나 2010년 12월 1일부터 퇴직금을 지급해야 합니다.

**∨ 소정근로시간**
법정근로시간 내에서 회사와
근로자 간에 근로하기로 정한
시간

회사는 퇴직하는 근로자에게 계속근로기간 1년에 대해 30일분 이상의 평균임금을 퇴직금으로 지급해야 한다. 다만, 계속근로기간이 1년 미만인 근로자, 4주간을 평균하여 1주간의 소정근로시간이 15시간 미만인 근로자에 대해서는 퇴직금을 지급하지 않아도 된다.

상시 4명 이하의 근로자를 고용하는 사업 또는 사업장의 경우도 과거에는 퇴직금 지급의무가 없었으나 2010년 12월 1일부터 퇴직금을 지급해야 한다. 다만, 이 경우 2010년 12월 1일부터 2012년 12월 31일까지의 기간에 대한 퇴직금은 법정퇴직금의 50%만 지급해도 된다.[1]

1) 퇴직급여법 제8조 · 부칙 제8조

# 퇴직연금에는 어떤 유형이 있나요?

**16**

퇴직연금의 유형으로는 확정급여형(DB형) 퇴직연금제도와 확정기여형
(DC형) 퇴직연금제도가 있습니다.

---

퇴직연금의 유형으로는 확정급여형(DB형) 퇴직연금제
도와 확정기여형(DC형) 퇴직연금제도가 있으며, 유형별로 다음
과 같은 차이가 있다.[1]

한편, 퇴직연금에 가입한 경우에도 계속근로기간이 1년 미만
인 근로자에 대해서는 퇴직급여 지급의무가 없다.[2]

☑ **확정급여형(DB형)**

운용실적과 관계없이 근로자
가 받을 급여의 수준(가입자
의 퇴직일을 기준으로 산정한
일시금이 계속근로기간 1년에
대해 30일분의 평균임금에 상
당하는 금액 이상)이 사전에
결정되어 있는 퇴직연금제도

☑ **확정기여형(DC형)**

퇴직급여의 지급을 위해 사용
자가 부담해야 할 부담금(가
입자의 연간 임금총액의 1/12
이상)의 수준이 사전에 결정
되어 있으나, 운용실적에 따라
수령액의 변동이 있는 퇴직연
금제도

| 구 분 | 확정급여형(DB형) | 확정기여형(DC형) |
|---|---|---|
| 확정내용 | 근로자의 퇴직급여 수준 | 회사의 부담금 |
| 사외적립 수준 | 부분 적립 가능[3]<br>(2014~2015년 : 70%,<br>2016~2018년 : 80%,<br>2019~2021년 : 90%,<br>2022년 이후 : 100%) | 전액 적립 |
| 적립금 운용에 따른<br>손실(이익) 부담 주체 | 회사 | 근로자 |
| 적합 기업 | 도산 위험이 없고<br>임금인상률이 높은 기업 | 임금인상률이<br>예상수익률보다 낮은 기업 |

1) 퇴직급여법 제3장 및 제4장

2) 근로복지과-5109, 2014.12.30.

3) 퇴직급여법 시행령 제5조 제1
   항, 동법 시행규칙 제4조의2

# 퇴직연금제는 회사가 일방적으로 도입할 수 있나요?

**17**

■ ■ ■ ■ ■ ■ ■ ■ ■

회사가 퇴직연금제를 도입하고자 할 경우에는 근로자 과반수(근로자의 과반수가 가입한 노동조합이 있는 경우에는 그 노동조합)의 동의를 받아야 합니다.

**✔ 확정급여형(DB형)**

운용실적과 관계없이 근로자가 받을 급여의 수준(가입자의 퇴직일을 기준으로 산정한 일시금이 계속근로기간 1년에 대해 30일분의 평균임금에 상당하는 금액 이상)이 사전에 결정되어 있는 퇴직연금제도

**✔ 확정기여형(DC형)**

퇴직급여의 지급을 위해 사용자가 부담해야 할 부담금(가입자의 연간 임금총액의 1/12 이상)의 수준이 사전에 결정되어 있으나, 운용실적에 따라 수령액의 변동이 있는 퇴직연금제도

**회사는** 퇴직하는 근로자에게 퇴직급여를 지급하기 위해 ① 퇴직금제도, ② 확정급여형(DB형) 퇴직연금제도, ③ 확정기여형(DC형) 퇴직연금제도 중 하나 이상의 제도를 설정해야 한다.[1]

그리고 회사가 퇴직급여제도를 설정하거나 설정된 퇴직급여제도를 다른 종류의 퇴직급여제도로 변경하려는 경우에는 근로자 대표(근로자의 과반수가 가입한 노동조합이 있는 경우에는 그 노동조합, 근로자의 과반수가 가입한 노동조합이 없는 경우에는 근로자의 과반수)의 동의를 받아야 하며(위반 시 500만원 이하의 벌금), 퇴직연금규약을 작성하여 고용노동부장관에게 신고해야 한다(위반 시 500만원 이하의 과태료).

이 경우 근로자 대표의 동의를 받아서 퇴직금제도, 확정급여형(DB형) 퇴직연금제도 및 확정기여형(DC형) 퇴직연금제도 등 세 가지 퇴직급여제도를 모두 설정한 후 근로자가 이 중 하나를 선택하도록 하는 것도 가능하다.[2]

1) 퇴직급여법 제4조 제1항
2) 퇴직급여법 제4조 제3항·제13조·제19조·제46조 제1호·제48조 제2항 제1호, 퇴직급여보장팀-828, 2005.11.24.

# 퇴직금 중간정산은 어떤 경우에 가능한가요?

**18**

. . . . . . . . . .

퇴직금 중간정산은 무주택자의 주택구입 등 근로자퇴직급여보장법에서 규정하고 있는 사유로 근로자가 요구하는 경우에 한해 가능합니다.

회사는 다음의 사유로 근로자가 요구하는 경우에는 근로자가 퇴직하기 전에 해당 근로자의 계속근로기간에 대한 퇴직금을 미리 정산하여 지급할 수 있으며, 이 경우 미리 정산하여 지급한 후의 퇴직금 산정을 위한 계속근로기간은 정산시점부터 새로 계산한다.

① 무주택자인 근로자가 본인 명의로 주택을 구입하는 경우

② 무주택자인 근로자가 주거를 목적으로 전세금 또는 보증금을 부담하는 경우(근로자가 하나의 사업에 근로하는 동안 1회로 한정)

③ 6개월 이상 요양을 필요로 하는 다음의 어느 하나에 해당하는 사람의 질병이나 부상에 대한 의료비를 해당 근로자가 본인 연간 임금총액의 125/1,000를 초과하여 부담하는 경우

　　– 근로자 본인

　　– 근로자의 배우자

　　– 근로자 또는 그 배우자의 부양가족

④ 퇴직금 중간정산을 신청하는 날부터 역산하여 5년 이내에 근로자가 파산선고를 받은 경우

⑤ 퇴직금 중간정산을 신청하는 날부터 역산하여 5년 이내에 근로자가 개인회생절차 개시 결정을 받은 경우

⑥ 회사가 기존의 정년을 연장하거나 보장하는 조건으로 단체협약 및 취업규칙 등을 통하여 일정 나이, 근속시점 또는 임금액을 기준으로 임금을 줄이는 제도를 시행하는 경우

⑦ 회사가 근로자와의 합의에 따라 소정근로시간을 1일 1시간 또는 1주 5시간 이상 변경하여 그 변경된 소정근로시간에 따라 근로자가 3개월 이상 계속 근로하기로 한 경우

⑧ 개정 근로기준법(법률 제15513호)의 시행에 따른 근로시간의 단축으로 근로자의 퇴직금이 감소되는 경우

⑨ 그 밖에 천재지변 등으로 피해를 입는 등 고용노동부장관이 정하여 고시하는 사유와 요건에 해당하는 경우


이때 회사는 근로자가 퇴직한 후 5년이 되는 날까지 관련 증명서류를 보존해야 한다.[1]

---

1) 퇴직급여법 제8조 제2항, 동법 시행령 제3조

# 중간정산 후 1년 미만을 근로하고 퇴직한 직원에 대해서도 퇴직금을 지급해야 하나요?

**19**

■■■■■■■■■■■

중간정산 이후 퇴직금 산정을 위한 계속근로연수가 1년 미만인 경우라 하더라도 그 기간에 대해서는 1년간의 퇴직금에 비례하여 퇴직금을 지급해야 합니다.

퇴직금을 미리 정산하여 지급한 후의 퇴직금 산정을 위한 계속근로기간은 정산시점부터 새로 계산한다.[1]

그런데 간혹 이러한 규정을 잘못 해석하여 중간정산 이후 1년 미만을 근로하고 퇴직하는 근로자에 대해 퇴직금을 추가적으로 지급하지 않아도 되는 것으로 알고 있는 경우를 볼 수 있다.

그러나 중간정산 이후 퇴직금 산정을 위한 계속근로연수가 1년 미만인 경우라 하더라도 그 근로자의 전체 근로연수는 1년 이상으로 퇴직금을 지급받을 권리가 이미 발생되어 있으므로 그 기간에 대해서는 1년간의 퇴직금에 비례하여 퇴직금을 지급해야 한다.[2]

따라서 중간정산 이후 6개월을 근무하고 퇴직하는 근로자에 대해서는 6개월분의 퇴직금을 추가적으로 지급해야 한다.

---

1) 퇴직급여법 제8조 제2항
2) 임금 68220-179, 1997.3.28.

# 월급이나 일당 속에 퇴직금을 포함하여 지급할 수 있나요?

■ ■ ■ ■ ■ ■ ■ ■ ▫ ▫ ▫

근로계약이 존속하는 경우에는 퇴직금 지급의무가 발생할 수 없으므로, 월급이나 매일 지급받는 일당임금 속에 퇴직금이란 명목으로 일정한 금원을 지급했다고 해도 그것은 퇴직금 지급으로서의 효력이 없습니다.

형식상 일용근로자로 되어 있다 하더라도 상용근로자와 다름 없이 일용관계가 1년 이상 계속되어온 경우 퇴직금을 지급해야 한다.[1]

한편, 근로계약이 존속하는 한 퇴직금 지급의무는 발생하지 않으므로, 월급이나 매일 지급받는 일당임금 속에 퇴직금이란 명목으로 일정한 금원을 지급했다고 해도 그것은 퇴직금 지급으로서의 효력이 없다.[2]

이 경우 근로자는 수령한 퇴직금 명목의 금품을 부당이득으로 회사에 반환해야 하며, 회사는 지급할 퇴직금에서 이러한 부당이득액(퇴직금 명목으로 지급받은 금품)을 상계할 수 있다. 그러나 민사집행법에서 퇴직금의 1/2을 압류금지채권으로 규정하고 있으므로, 퇴직금의 1/2을 초과하는 부분에 해당하는 금액에 한해서만 상계가 허용된다.[3]

예를 들어 회사가 지급할 퇴직금이 1,000만원이고 부당이득액이 800만원일 경우, 퇴직금의 1/2인 500만원을 초과하는 500만원에 대해서만 상계가 가능하다.

---

1) 서울지판 95가합11509
2) 서울지판 95가합11509, 대판 96다24699
3) 대판(전합) 2007다90760

# 퇴직근로자에 대한 퇴직금이나 미지급임금은 언제까지 지급해야 하나요?

■ ■ ■ ■ ■ ■ ■ ■ ▫ ▫

## 21

회사는 근로자가 퇴직한 경우 그 지급사유가 발생한 때부터 14일 이내에 임금, 퇴직금, 보상금, 그 밖에 일체의 금품을 지급해야 하며, 위반 시 지연이자를 부담함은 물론 형사처벌을 받을 수 있습니다.

회사는 근로자가 퇴직한 경우 그 지급사유가 발생한 때부터 14일 이내에 임금, 퇴직금, 보상금, 그 밖에 일체의 금품을 지급해야 하며, 여기에는 명예퇴직금(퇴직위로금)도 포함된다. 다만, 특별한 사정이 있을 경우에는 당사자 사이의 합의에 의해 기일을 연장할 수 있다(위반 시 3년 이하의 징역 또는 3,000만원 이하의 벌금).

만일 당사자 사이의 합의 없이 위 금품의 전부 또는 일부를 그 지급사유가 발생한 날부터 14일 이내에 지급하지 않은 경우 그다음 날부터 지급하는 날까지의 지연일수에 대해 연 20%의 지연이자를 지급해야 할 뿐만 아니라, 3년 이하의 징역 또는 3,000만원 이하의 벌금에 처해질 수 있다.

한편, 이와 같이 퇴직근로자가 임금·퇴직금 등을 받을 권리는 3년간 행사하지 않으면 시효로 인해 소멸한다.[1]

1) 근기법 제36조·제37조·제49조·제109조 제1항, 근기법 시행령 제17조, 퇴직급여법 제9조·제10조·제44조 제1호, 임금 68207-5, 1994.1.4.

## 22

# 퇴직근로자에 대해 회사가 유의해야 할 사항이 있나요?

■■■■■■■ ■ ⋯

퇴직근로자에 대해 취업을 방해하는 행위가 금지되며, 퇴직근로자가 요구할 경우 요구한 사항에 대한 재직증명서를 내주어야 합니다.

근로자의 취업을 방해할 목적으로 비밀기호 또는 명부를 작성·사용하거나 통신을 하는 것이 금지되므로, 회사에서는 이러한 방법으로 퇴직근로자의 취업을 방해하는 일이 없도록 유의해야 한다(위반 시 5년 이하의 징역 또는 5,000만원 이하의 벌금).

또한 회사는 근로자가 퇴직한 후라도 고용기간, 업무종류, 지위와 임금[1], 그 밖에 필요한 사항에 관한 증명서를 청구하면 사실대로 적은 증명서를 즉시 내주어야 하며, 이 증명서에는 근로자가 요구한 사항만을 적어야 한다(위반 시 500만원 이하의 과태료).[2]

한편, 이러한 사용증명서를 청구할 수 있는 자는 계속하여 30일 이상 근무한 근로자에 한하며, 청구할 수 있는 기한은 퇴직 후 3년 이내로 제한된다. 따라서 이러한 사용증명서를 청구할 수 있는 자격이나 요건을 갖추지 못한 경우 회사는 사용증명서를 발급하지 않을 수 있다.[3]

1) 사용증명서 제도의 취지는 근로자가 퇴직한 후 재취업을 하고자 할 때 도움이 되도록 하려는 것이므로, 여기서 말하는 임금이란 당해 근로자가 재직 중에 수령한 임금에 관한 사항을 의미하는 것이고 급여명세서, 임금대장 등이 포함되는 것은 아님(근로기준팀-6424, 2007.09.10.)

2) 근기법 제39조·제40조·제107조·제116조 제1항 제2호

3) 근기법 시행령 제19조, 근로기준팀-1453, 2005.11.30.

LABOR·PERSONNEL

# 부록

# 근 로 자 명 부

| ① 성　　　　　명 | | ② 생 년 월 일 | | |
|---|---|---|---|---|
| ③ 주　　　　　소 | (전화 :　　　　　　） | | | |
| ④ 부　양　가　족 | 　　　　명 | ⑤ 종 사 업 무 | | |
| 이력 | ⑥ 기 능 및 자 격 | 퇴직 | ⑩ 해　고　일 | 년　월　일 |
| | ⑦ 최 종 학 력 | | ⑪ 퇴　직　일 | 년　월　일 |
| | ⑧ 경　　　력 | | ⑫ 사　　　유 | |
| | ⑨ 병　　　역 | | ⑬ 금 품 청 산 등 | |
| ⑭ 고　용　일(계약기간) | 년　월　일<br>(　　　　） | ⑮ 근 로 계 약 갱 신 일 | 년　월　일 | |
| ⑯<br>근로<br>계약<br>조건 | | | | |
| ⑰ 특기사항(교육, 건강, 휴직 등) | | | | |

# 표준 근로계약서

_____(이하 '사업주'라 함)과(와) _____(이하 '근로자'라 함)은 다음과 같이
근로계약을 체결한다.

**1. 근로계약기간 :**      년   월   일부터      년   월   일까지
　　※ 근로계약기간을 정하지 않는 경우에는 '근로개시일'만 기재
**2. 근 무 장 소 :**
**3. 업무의 내용 :**
**4. 소정근로시간 :** __시__분부터 __시__분까지 (휴게시간 : 시 분 ~ 시  분)
**5. 근무일/휴일 :** 매주 __일(또는 매일 단위) 근무, 주휴일 매주 __요일
**6. 임 금**
　　― 월(일, 시간)급 : _____원
　　― 상여금 : 있음 (    ) _____원, 없음 (    )
　　― 기타급여(제 수당 등) : 있음 (    ), 없음 (    )
　　　• _____원, _____원
　　　• _____원, _____원
　　― 임금지급일 : 매월(매주 또는 매일)  ____일(휴일의 경우는 전일 지급)
　　― 지급방법 : 근로자에게 직접 지급(    ), 근로자 명의 예금통장에 입금(    )
**7. 연차유급휴가**
　　― 연차유급휴가는 근로기준법에서 정하는 바에 따라 부여함
**8. 근로계약서 교부**
　　― 사업주는 근로계약을 체결함과 동시에 본 계약서를 사본하여 근로자의 교부요구와
　　　관계없이 근로자에게 교부함(근로기준법 제17조 이행)
**9. 기 타**
　　― 이 계약에 정함이 없는 사항은 근로기준법령에 의함


　　　　　　　　　　　년     월     일

(사업주) 사업체명 :　　　　　　　(전화 :　　　　　　  )
　　　　 주　　소 :
　　　　 대 표 자 :　　　　　(서명)

(근로자) 주　　소 :
　　　　 연 락 처 :
　　　　 성　 명 :　　　　　(서명)

| 한국표준직업분류<br>(통계청고시<br>제2000-2호) | 대 상 업 무 | 비 고 |
|---|---|---|
| 120 | 컴퓨터 관련 전문가의 업무 | |
| 16 | 행정, 경영 및 재정 전문가의 업무 | 행정 전문가(161)의 업무를 제외 |
| 17131 | 특허 전문가의 업무 | |
| 181 | 기록 보관원, 사서 및 관련 전문가의 업무 | 사서(18120)의 업무를 제외 |
| 1822 | 번역가 및 통역가의 업무 | |
| 183 | 창작 및 공연예술가의 업무 | |
| 184 | 영화, 연극 및 방송 관련 전문가의 업무 | |
| 220 | 컴퓨터 관련 준전문가의 업무 | |
| 23219 | 기타 전기공학 기술공의 업무 | |
| 23221 | 통신 기술공의 업무 | |
| 234 | 제도 기술 종사자, 캐드 포함의 업무 | |
| 235 | 광학 및 전자장비 기술 종사자의 업무 | 보조업무에 한한다. 임상병리사(23531), 방사선사(23532), 기타 의료장비 기사(23539)의 업무를 제외 |
| 252 | 정규교육 이외 교육 준전문가의 업무 | |
| 253 | 기타 교육 준전문가의 업무 | |
| 28 | 예술, 연예 및 경기 준전문가의 업무 | |
| 291 | 관리 준전문가의 업무 | |
| 317 | 사무 지원 종사자의 업무 | |
| 318 | 도서, 우편 및 관련 사무 종사자의 업무 | |
| 3213 | 수금 및 관련 사무 종사자의 업무 | |
| 3222 | 전화교환 및 번호안내 사무 종사자의 업무 | 전화교환 및 번호안내 사무종사자의 업무가 해당 사업의 핵심업무인 경우를 제외 |
| 323 | 고객 관련 사무 종사자의 업무 | |
| 411 | 개인보호 및 관련 종사자의 업무 | |

| 한국표준직업분류<br>(통계청고시<br>제2000-2호) | 대 상 업 무 | 비 고 |
|---|---|---|
| 421 | 음식 조리 종사자의 업무 | 관광진흥법 제3조에 따른 관광<br>숙박업의 조리사 업무를 제외 |
| 432 | 여행안내 종사자의 업무 | |
| 51206 | 주유원의 업무 | |
| 51209 | 기타 소매업체 판매원의 업무 | |
| 521 | 전화통신 판매 종사자의 업무 | |
| 842 | 자동차 운전 종사자의 업무 | |
| 9112 | 건물 청소 종사자의 업무 | |
| 91221 | 수위 및 경비원의 업무 | 경비업법 제2조 제1호에 따른<br>경비업무를 제외 |
| 91225 | 주차장 관리원의 업무 | |
| 913 | 배달, 운반 및 검침 관련 종사자의 업무 | |

| 구 분 | 적용법 규정 |
|---|---|
| 제1장 총칙 | 제1조부터 제13조까지의 규정 |
| 제2장 근로계약 | 제15조, 제17조, 제18조, 제19조 제1항, 제20조부터 제22조까지의 규정, 제23조 제2항, 제26조, 제35조부터 제42조까지의 규정 |
| 제3장 임금 | 제43조부터 제45조까지의 규정, 제47조부터 제49조까지의 규정 |
| 제4장 근로시간과 휴식 | 제54조, 제55조, 제63조 |
| 제5장 여성과 소년 | 제64조, 제65조 제1항 · 제3항(임산부와 18세 미만인 자로 한정한다), 제66조부터 제69조까지의 규정, 제70조 제2항 · 제3항, 제71조, 제72조, 제74조 |
| 제6장 안전과 보건 | 제76조 |
| 제8장 재해보상 | 제78조부터 제92조까지의 규정 |
| 제11장 근로감독관 등 | 제101조부터 제106조까지의 규정 |
| 제12장 벌칙 | 제107조부터 제116조까지의 규정(제1장부터 제6장까지, 제8장, 제11장의 규정 중 상시 4명 이하 근로자를 사용하는 사업 또는 사업장에 적용되는 규정을 위반한 경우로 한정한다) |

고용노동부는 1.22. 연장근로 한도 위반에 대한 대법원 판결('23.12.7., 2020도15393)에 따라 기존 행정해석을 변경한다고 밝혔다.

| 〈변경 전〉<br>※출처: 근로시간 제도의 이해('21.8월) | 〈변경 후〉 |
|---|---|
| 1주 총 근로시간이 52시간 이내이더라도 1일 법정근로시간 8시간을 초과한 시간은 연장근로이며 이 연장근로가 1주 12시간을 초과하면 법 위반에 해당 | 1주 총 근로시간 중 1주 법정근로시간 40시간을 초과하는 시간이 연장근로이며 이 연장근로가 1주 12시간을 초과하면 법 위반에 해당 |

※ 연장근로수당 지급기준은 기존 해석 유지(1주 40시간, 1일 8시간을 초과하는 연장근로에 대해 통상임금의 50% 이상 가산)

고용노동부는 대법원 판결 이후 현장 노사, 전문가 등의 다양한 의견을 수렴하였으며, 법의 최종 판단 및 해석 권한을 갖는 대법원의 판결을 존중하여 행정해석을 변경하는 것이라고 밝혔다. 이번 해석 변경은 현재 조사 또는 감독 중인 사건에 곧바로 적용된다. 이번 판결로 현행 근로시간 제도의 경직성을 보완할 수 있는 계기가 마련되었지만 건강권 우려도 있는 만큼 고용노동부는 현장 상황을 면밀히 모니터링한다는 계획이다.

이정식 고용노동부 장관은 "이번 판결을 계기로 노사 모두 근로시간 법제의 개선이 필요하다는 의견이 있었던 것으로 알고 있다"며, "노사정 사회적 대화를 통해 근로자 건강권을 보호하면서 근로시간의 유연성을 높이는 방향의 제도개선이 이뤄지기를 기대한다"고 밝혔다.

고용노동부는 8시간 추가근로제 일몰에 따라 30인 미만 사업장에 부여한 계도기간을 1년 연장('24.1.1.~'24.12.31.)한다.

고용노동부는 주 52시간제가 현장에 정착되어가고 있으나, 소규모 사업장에서는 상시적인 인력난과 고금리·고물가 등 경제상황으로 여전히 어려움을 겪고 있다는 현장의 의견(중소기업 사업주 간담회, 관계부처 회의 등)을 반영하여 계도기간을 연장한 것으로, 이는 한시적 조치라고 밝혔다.

계도기간 중 30인 미만 사업장은 장시간 관련 정기 근로감독 대상에서 제외된다. 또한 그 외 근로감독 또는 진정 등의 처리 과정에서 근로시간 한도 위반이 확인되더라도 필요시 추가적으로 3~6개월의 시정기회를 제공한다. 계도기간 부여와 함께 장시간 노동 방지 및 근로자 건강권 보호를 위해 자가진단표를 배포하는 한편, 근로자건강센터 안내·홍보도 병행한다.
* 다만, 특별감독, 고소·고발 사건의 경우 계도기간 부여와 관계없이 즉시 사법처리

한편, 고용노동부는 사회적 대화가 복원된만큼 노사정 대화를 통해 합리적인 대안을 마련하고, 근로시간 제도 개편을 조속히 추진하여 조기에 계도기간을 종료할 수 있도록 할 계획이다.

## ■ 감시적 근로에 종사하는 자에 대한 적용제외 승인 요건(감독관규정 제68조 제1항)

「근로기준법」 제63조제3호 및 같은 법 시행규칙 제10조제2항에 따른 "감시적 근로에 종사하는 자"의 적용제외 승인은 다음 각 호의 기준을 모두 갖춘 때에 한한다.

1. 수위 · 경비원 · 물품감시원 또는 계수기감시원 등과 같이 심신의 피로가 적은 노무에 종사하는 경우. 다만, 감시적 업무이기는 하나 잠시도 감시를 소홀히 할 수 없는 고도의 정신적 긴장이 요구되는 경우는 제외한다.

2. 감시적인 업무가 본래의 업무이나 불규칙적으로 단시간동안 타 업무를 수행하는 경우. 다만, 감시적 업무라도 타 업무를 반복하여 수행하거나 겸직하는 경우는 제외한다.

3. 사업주의 지배 하에 있는 1일 근로시간이 12시간 이내인 경우 또는 다음 각 목의 어느 하나에 해당하는 격일제(24시간 교대) 근무의 경우

   가. 수면시간 또는 근로자가 자유로이 이용할 수 있는 휴게시간이 8시간 이상 확보되어 있는 경우

   나. 가목의 요건이 확보되지 아니하더라도 공동주택(「주택법 시행령」 제2조제1항 및 「건축법 시행령」 별표 1 제2호 가목부터 라목까지 규정하고 있는 아파트, 연립주택, 다세대주택, 기숙사) 경비원에 있어서는 당사자간의 합의가 있고 다음날 24시간의 휴무가 보장되어 있는 경우

4. 근로자가 자유로이 이용할 수 있으며 다음 각 목의 기준을 충족하는 별도의 수면시설 또는 휴게시설이 마련되어 있는 경우. 다만, 수면 또는 휴식을 취할 수 있는 충분한 공간과 시설이 마련되어 있는 경우에는 별도의 장소에 마련하지 않아도 적합한 것으로 본다.

   가. 적정한 실내 온도를 유지할 수 있는 냉 · 난방 시설을 갖출 것(여름 20~28℃, 겨울 18~22℃)

   나. 유해물질이나 수면 또는 휴식을 취하기 어려울 정도의 소음에 노출 되지 않을 것

   다. 식수 등 최소한의 비품을 비치하고, 주기적인 청소 등을 통해 청결을 유지하며, 각종 물품을 보관하는 수납공간으로 사용하지 않을 것

   라. 야간에 수면 또는 휴게시간이 보장되어 있는 경우에는 몸을 눕혀 수면 또는 휴식을 취할 수 있는 충분한 공간과 침구 등 필요한 물품 등이 구비되어 있을 것

5. 근로자가 감시적 근로자로서 근로시간, 휴게, 휴일에 관한 규정의 적용이 제외된다는 것을 근로계약서 또는 확인서 등에 명시하고 근로자에게 다음 각 목의 근로조건을 보장하는 경우

   가. 휴게시간(수면시간을 포함한다. 이하 이 호에서 같다)이 근로시간보다 짧을 것. 다만, 사업장의 특성상 불가피성이 인정되고 휴게시간에 사업장을 벗어나는 것이 허용되는 경우에는 예외로 한다.

   나. 휴게시간 보장을 위해 외부 알림판 부착, 소등 조치, 고객(입주민) 안내 등의 조치를 취할 것

   다. 월평균 4회 이상의 휴(무)일을 보장할 것

**■ 단속적 근로에 종사하는 자에 대한 적용제외 승인 요건(감독관규정 제68조 제2항)**

「근로기준법」 제63조제3호 및 같은 법 시행규칙 제10조제3항에 따른 "단속적 근로에 종사하는 자"의 적용제외 승인은 다음 각 호의 기준을 모두 갖춘 때에 한한다.

1. 평소의 업무는 한가하지만 기계고장 수리 등 돌발적인 사고발생에 대비하여 간헐적 · 단속적으로 근로가 이루어져 휴게시간이나 대기시간이 많은 업무인 경우

2. 실 근로시간이 8시간 이내이면서 전체 근무시간의 절반 이하인 업무의 경우. 다만, 격일제(24시간 교대) 근무인 경우에는 이에 대한 당사자간 합의가 있고, 실 근로시간이 전체 근무시간의 절반 이하이면서 다음날 24시간의 휴무가 보장되어야 한다.

3. 근로자가 자유로이 이용할 수 있으며 다음 각 목의 기준을 충족하는 별도의 수면시설 또는 휴게시설이 마련되어 있는 경우. 다만, 수면 또는 휴식을 취할 수 있는 충분한 공간과 시설이 마련되어 있는 경우에는 별도의 장소에 마련하지 않아도 적합한 것으로 본다.

   가. 적정한 실내 온도를 유지할 수 있는 냉 · 난방 시설을 갖출 것(여름 20~28℃, 겨울 18~22℃)

   나. 유해물질이나 수면 또는 휴식을 취하기 어려울 정도의 소음에 노출되지 않을 것

   다. 식수 등 최소한의 비품을 비치하고, 주기적인 청소 등을 통해 청결을 유지하며, 각종 물품을 보관하는 수납공간으로 사용하지 않을 것

   라. 야간에 수면 또는 휴게시간이 보장되어 있는 경우에는 몸을 눕혀 수면 또는 휴식을 취할 수 있는 충분한 공간과 침구 등 필요한 물품 등이 구비되어 있을 것

4. 근로자가 단속적 근로자로서 근로시간, 휴게, 휴일에 관한 규정의 적용이 제외된다는 것을 근로계약서 또는 확인서 등에 명시하고 근로자에게 다음 각 목의 근로조건을 보장하는 경우

   가. 휴게시간(수면시간을 포함한다. 이하 이 호에서 같다)이 근로시간보다 짧을 것. 다만, 사업장의 특성상 불가피성이 인정되고 휴게시간에 사업장을 벗어나는 것이 허용되는 경우에는 예외로 한다.

   나. 휴게시간 보장을 위해 외부 알림판 부착, 소등 조치, 고객(입주민) 안내 등의 조치를 취할 것

   다. 월평균 4회 이상의 휴(무)일을 보장할 것

## 고용부, 연차유급휴가 행정해석 변경
### – 1년간의 근로를 마친 "다음 날 근로관계가 있어야" 연차휴가 및 그 미사용 수당 청구 가능 –

고용노동부는 근로기준법 제60조제1항에 따른 "1년간 80% 이상 출근한 근로자에게 주어지는 15일의 연차휴가」에 대한 행정해석을 변경하여 12.16일부터 시행한다."고 밝혔다.

그동안은 1년간(365일) 근로관계가 존속하고, 그중 80% 이상 출근하면, 15일의 연차가 주어지는데, 만약 1년(365일)의 근로를 마치고 바로 퇴직하는 경우에는 연차를 사용할 수는 없지만, 그 15일분의 미사용 연차를 수당으로 청구할 수 있다고 보았다.

그러나 앞으로는 1년간 근로관계가 존속하고, 80% 이상 출근해도, 그 1년의 근로를 마친 다음날(366일째) 근로관계가 있어야 15일의 연차가 발생하고, 퇴직에 따른 연차 미사용 수당도 청구할 수 있는 것으로 해석을 변경한다.

이번 고용부의 해석변경은 지난 2021.10.14. 대법원 판결에 따른 것이다.

당시 대법원은 "1년 기간제 근로계약을 체결한 근로자에게는 최대 11일의 연차가 부여된다."고 했고, 1년간 80% 이상 출근한 근로자에게 주어지는 15일의 연차는 그 1년의 근로를 마친 다음날 근로관계가 있어야 발생하므로 "1년 계약직"에게는 주어지지 않는다는 취지로 판단했다.

이 판결에 따르면, 365일 근로 후 퇴직할 경우 최대 11일분의 연차 미사용 수당만 청구가 가능하며(연차를 전혀 사용하지 않은 경우), 366일 근로하고 퇴직하는 경우에는 추가 15일분까지 최대 26일분에 대한 미사용 수당 청구가 가능하다.

고용부는 행정해석을 변경하면서 대법원 판결을 반영한 실무적인 쟁점도 다수 전문가의 자문을 거쳐 함께 제시했다.

① 1년간 80%의 출근율로 주어지는 15일의 연차는 그 1년간의 근로를 마친 "다음날" 발생하므로, 계속근로 1년 미만일 때 1개월 개근 시 1일씩 주어지는 연차도 그 1개월의 근로를 마친 "다음날" 발생한다.

② 이번 판례는 계약직의 경우이나, 정규직의 경우에도 동일하게 해석한다.
  – 즉, 정규직도 1년(365일) 근로한 후 퇴직하면 1년간 80%의 출근율에 따라 주어지는 15일의 연차에 대한 미사용 수당을 청구할 수 없고, 다음날인 366일째 근로관계 존속 후 퇴직하면 15일 연차 전부에 대해 수당으로 청구할 수 있다.
  – 계속근로 1년 미만일 때 1개월 개근 시 1일씩 주어지는 연차도 그 1개월의 근로를 마친 다음날 근로관계 존속 후 퇴직해야 퇴직 전월의 개근에 대한 연차 미사용수당 청구가 가능하다.

③ 정규직이 마지막 근무하는 해에 1년(365일) 근무하고 퇴직하는 경우, 80% 출근율을 충족하더라도 그에 따라 주어지는 15일의 연차와 3년 이상 근속자에게 주어지는 가산 연차에 대한 미사용 수당을 모두 청구할 수 없다.

| 제 ___ 차 (정기 · 임시) 노사협의회 회의록 ||
|---|---|
| 회 의 일 시 | |
| 회 의 장 소 | |
| 협 의 사 항 | |
| 보 고 사 항 | |
| 의 결 사 항 | |
| 의결된 사항 및<br>그 이행에 관한 사항 | |
| 그 밖의 참고사항 및<br>전분기 의결된 사항의<br>이 행 상 황 | |

[부록 #10] 고충사항 접수 · 처리대장(근참법 시행규칙 [별지 제4호 서식])

| 고충사항 접수 · 처리대장 | | | | | | | |
|---|---|---|---|---|---|---|---|
| 접수 번호 | 접수 일자 | 고충처리 요청인 | | 고충내용 | 처리결과 | 회신 일자 | 고충처리 위원 |
| | | 성명 | 소속부서 | | | | |
| | | | | | | | |

2024 최신개정판

한 권으로 끝내는
# 인사 · 노무 실무가이드

| | | | |
|---|---|---|---|
| **초판 1쇄 발행** | 2014년 | 11월 | 10일 |
| **개정 1판 발행** | 2016년 | 8월 | 20일 |
| **개정 2판 발행** | 2018년 | 8월 | 31일 |
| **개정 3판 발행** | 2019년 | 2월 | 28일 |
| **개정 4판 발행** | 2020년 | 10월 | 30일 |
| **개정 5판 발행** | 2022년 | 2월 | 28일 |
| **개정 6판 발행** | 2024년 | 3월 | 8일 |

**지은이** 이승주, 최지희
**펴낸이** 이종두
**펴낸곳** (주)새로운 제안

**책임편집** 엄진영
**디자인** 디자인팀
**표지디자인** 보통스튜디오
**영업** 문성빈, 김남권, 조용훈
**경영지원** 이정민, 김효선

**주소** 경기도 부천시 조마루로385번길 122 삼보테크노타워 2002호
**홈페이지** www.jean.co.kr
**쇼핑몰** www.baek2.kr(백두도서쇼핑몰)
**SNS** 인스타그램(@newjeanbook), 페이스북(@srwjean)
**이메일** newjeanbook@naver.com
**전화** 032) 719-8041
**팩스** 032) 719-8042
**등록** 2005년 12월 22일 제386-3010000251020050000320호

ISBN 978-89-5533-651-1 13320